FRAGEN

an den Islam - I

FRAGEN an den Islam

1

M. Fethullah Gülen

FONTÄNE
VERLAG

ZAMAN
'MUTLU YARINLARA'
KİTAP SERİSİ

FRAGEN AN DEN ISLAM - 1

5. Auflage

Ins Deutsche übersetzt von
Wilhelm Willeke

ISBN
978-3-935521-04-8

Druck
Pasifik Ofset
Cihangir Mah. Baha İş Merkezi A Blok.
Avcılar/ISTANBUL-Türkei
Tel: +90 212 412 17 77

Erschienen im Fontäne-Verlag
Korrespondenz:
Sprendlinger Landstr.107-109
D-63069 Offenbach
Tel: (+49) 069 30034351 Fax: (+49) 069 30034344

www.fontaene-verlag.de

INHALTSVERZEICHNIS

Über den Autor ix

Werdegang ix

Gülens Ideale x

Interreligiöse und interkulturelle Aktivitäten xii

Aktuelle Aktivitäten xiii

TEIL I: GOTT

1.1 Was kennzeichnet das Wesen und die Attribute Gottes? Können wir Ihn überhaupt beschreiben? Was sollen wir Menschen antworten, die fragen „Warum können wir Gott nicht sehen?", oder „Wenn Gott doch alles erschaffen hat, wer erschuf dann Gott?" 3

1.2. Warum erschuf Gott das Universum; tat Er es aus einer Pflicht heraus? Warum hat Er es nicht schon zu einem früheren Zeitpunkt erschaffen? 11

1.3 Gott weiß genau, wie wir in dieser Welt handeln und leben, ob wir Seinen Anforderungen folgen oder nicht. Warum aber werden wir dann überhaupt zur Prüfung in diese Welt geschickt? 17

1.4 Warum sollen wir Gott anbeten, wenn Er doch unserer Anbetung gar nicht bedarf? Wenn wir Ihn aber anbeten, warum dann nicht so, wie wir es für richtig halten? 21

TEIL II: RELIGION

2.1 Manche sagen, die Religion sei ein vom Menschen ersonnenes Konstrukt, das uns hilft, Probleme, die wir nicht lösen können, zu verdrängen - Probleme, die sich möglicherweise aber durch weitere Fortschritte des Zivilisationsprozesses eines Tages lösen lassen. Werden wir eines Tages wirklich keine Religion mehr benötigen? 31

2.2 Der Islam ist ein von Gott offenbarter Lebens- und Glaubensweg. Dieser Weg erfordert, sich Gott zu unterwerfen. Andererseits billigt man dem Menschen natürlich auch im Islam Vernunft und Verstand zu. Besteht hier kein Widerspruch? 41
2.3. Weiß der Islam wirklich auf jedes Problem eine Antwort? 45
2.4 Wie kommt es, dass der Islam als eine Religion, die Gott zum Wohle der Menschheit offenbart hat, die Sklaverei billigt? 47

TEIL III: KORAN

3.1. Ist der Koran, wie einige Menschen unterstellen, das Werk des Propheten Muhammad? Wie lässt sich beweisen, dass diese Behauptung nicht der Wahrheit entspricht? 61
3.2. Warum spricht es für die Weisheit Gottes, dass der Koran schrittweise über einen Zeitraum von 23 Jahren offenbart wurde? 73
3.3 Warum begann die Offenbarung des Koran mit dem Befehl „*Iqra*!“ - „Lies!“? 79
3.4 Stimmt es wirklich, dass sich alles, wovon der Mensch profitieren kann, im Koran wieder findet? Geht der Koran auch auf Fragen ein, mit denen sich Wissenschaft und Technik unserer Zeit beschäftigen? 89
3.5 Wie sollen wir uns verhalten, wenn darauf hingewiesen wird, dass moderne Wissenschaft und wissenschaftliche Fakten mit dem Koran übereinstimmen? 101
3.6 Was bedeutet der Satz: „Während die Zeit immer älter wird, wird der Koran immer jünger!“? 107

TEIL IV: PROPHETEN

4.1 Was versteht man unter dem Begriff Prophetenschaft? Was bedeutet sie für den Menschen? Gibt es irgendein Volk, aus dessen Reihen kein Prophet erwählt wurde? Wenn ja, werden dann diejenigen, zu denen keine Propheten entsandt wurden, dennoch einst für ihren Glauben und für ihre Handlungen zur Rechenschaft gezogen? 113
4.2. Wie viele Propheten sind der Menschheit gesandt worden? Sind alle Propheten auf der Arabischen Halbinsel erschienen? Warum wurde keine Frau als Prophet auserwählt? 121
4.3 War der Prophet Muhammad ein Prophet ausschließlich für die Araber, oder wurde er allen Völkern und allen Zeiten gesandt? 129
4.4 Warum heiratete der Prophet Muhammad gleich mehrere Frauen? 135

TEIL V: VORHERBESTIMMUNG und FREIER WILLE

5.1 Im Koran heißt es: Somit erklärt Allah zum Irrenden, wen Er will, und leitet recht, wen Er will. (74:31) Der Koran sagt uns aber auch, dass Gott dem Menschen Vernunft, Denkvermögen und einen freien Willen geschenkt hat und ihm die Wahl lässt, den Weg des Schlechten zu wählen. Wie sind diese beiden Aussagen miteinander zu vereinbaren? 153

5.2 Manchen Menschen gewährt Gott materiellen Reichtum, Komfort und Rang und Ansehen in der Gesellschaft, während Er anderen nur Armut, Not und Leid zugesteht. Bedeutet dies etwa, dass Gott die Reichen bevorzugt bzw. dass die Armen wirklich schlechte und sündige Menschen sind? Was hat es mit diesen Unterschieden auf sich? 159

5.3 Warum hat Gott Seine Diener nicht alle gleich ausgestattet? Warum hat Er einige von ihnen blind, behindert oder mit anderen Leiden erschaffen? 163

5.4 Wenn doch Art und Weise und Zeitpunkt des Todes eines jeden Menschen vorherbestimmt sind, worin liegt dann die Schuld eines Mörders begründet? 165

5.5 Die Bewohner von Sodom und Gomorrha und einige andere Zivilisationen wurden für ihre abscheulichen Sünden getötet. Doch heute gibt es mehr Sünder als damals, und anstößiges Verhalten ist viel weiter verbreitet als zu jener Zeit. Warum also bestraft Gott die entsprechenden Menschen nicht, warum verschont Er ihre Länder? 171

TEIL VI: VERSCHIEDENES

6.1 Kann sich ein Mensch allein durch seine Absicht retten? 177

6.2 Im Islam sind fünf Gebete am Tag Pflicht. In den äußersten Polarregionen dauern ein Tag und eine Nacht jedoch jeweils sechs Monate, und zwar insofern, als dass die Sonne entweder immer sichtbar oder immer unsichtbar ist. Wie soll der Mensch dort nun beten? 183

6.3 Ein Hadith besagt: Derjenige, der an meiner Sunna auch dann festhält, wenn meine Umma zerstört ist, erhält einen Lohn, der dem von einhundert Märtyrertoden entspricht. Wie wichtig ist es heute noch, die Sunna richtig zu verstehen? Wie können wir sie in unseren Alltag integrieren? 187

6.4 Warum greift der Atheismus (*Ilhad*) immer weiter um sich? 193
6.5 Was bedeutet eigentlich Dschihad, und was versteht man unter kleinerem und größerem Dschihad? 201
6.6 Manche Leute behaupten, die Muslime hätten sich wie westliche imperialistische Mächte verhalten, weil auch sie mit dem Ziel der Eroberung und Ausbeutung in fremde Länder einmarschiert seien und diese besetzt hätten. Haben sie Recht? 223
6.7 Was genau bedeutet *Tanasukh* (Seelenwanderung)? Steht dieser in irgendeiner Art und Weise im Einklang mit den Lehren des Islam? 231
Index 245

ÜBER DEN AUTOR

WERDEGANG

Muhammed Fethullah Gülen ist ein islamischer Gelehrter und Denker, ein produktiver Autor und Dichter. Er wurde 1941 in Erzurum, Türkei, geboren und von unterschiedlichen namhaften muslimischen Gelehrten und spirituellen Meistern wie Haci Sidki Efendi (in angemessener Koranrezitation), Sadi Efendi (im Arabischen) und Muhammed Lutfi Efendi[1] (in spirituellen Dingen) unterrichtet. Gülen studierte auch die Prinzipien und Theorien der modernen Sozial- und Naturwissenschaften. Dank seiner außergewöhnlichen Begabungen und seines intensiven Selbststudiums ragte er schon bald unter den Jugendlichen seines Alters hervor. Schon in jungen Teenagerjahren begann er seine Lehrtätigkeit, was ihm auf Grund seiner akademischen Leistungen und seiner offenkundigen intellektuellen Auffassungsgabe nicht schwer fiel.

1959 erhielt er nach einem Abschluss mit Auszeichnung die Lizenz, als staatlicher Prediger zu arbeiten. Nach kurzer Zeit wurde er auf einen Posten in Izmir, der drittgrößten türkischen Stadt, befördert. Dort widmete er sich der Aufgabe, seine Lebensziele zu definieren und den Kreis seiner Zuhörer zu erweitern. In seinen Reden und Vorträgen legte er großen Wert darauf, soziale Themen anzusprechen; denn er beabsichtigte, junge Leute dazu zu ermuntern, intellektuelle Aufklärung mit weiser Spiritualität und fürsorglichem, menschlichem Handeln zu verbinden.

---

1 Muhammed Lutfi ist ein Glied in der spirituellen Kette islamischer Gelehrter, zu der auch Mawlana Dschalal ad-Din ar-Rumi und Yunus Emre zählen. Letztere prägten mit ihren Gefühlen der übersprudelnden Liebe zu Gott und zur Schöpfung, mit ihrem Mitgefühl und ihrer Selbstdisziplin den Pfad der Sufis ganz entscheidend. Muhammed Lutfi, ein Dichter und eine führende spirituelle Persönlichkeit seiner Zeit, übte auf Gülen einen tiefen und bleibenden Eindruck aus.

Gülen beschränkte sich nicht darauf, nur in der Stadt zu lehren. Er reiste in die Provinzen und hielt Vorträge in Moscheen, Gemeindezentren und Kaffeehäusern. So erreichte er einen sehr repräsentativen Schnitt der Bevölkerung und kam auch mit Studenten und Lehrern in Kontakt. Die Themen seiner Vorträge variierten: Er sprach z.B. über Religiöses, Bildung, Wissenschaft, Darwinismus, Ökonomie und soziale Gerechtigkeit. Obwohl sich seine Vorträge auf ein so breites Spektrum an Themen erstreckten, besaßen sie eine außergewöhnliche Tiefe und Qualität. Dies beeindruckte die akademischen Kreise und trug ihm deren Respekt und Aufmerksamkeit ein.

GÜLENS IDEALE

In seinen Vorträgen und Schriften spornt Gülen sein Publikum an, ein Gleichgewicht zwischen materiellen und spirituellen Werten herzustellen und auf diese Weise nach der Wahrheit zu suchen. Nur so können sich die Menschen Gelassenheit bewahren und wahre Glückseligkeit erlangen. Gülen war und ist stets darum bemüht, die positiven Wissenschaften mit der Religion zu versöhnen, die Differenzen zwischen diesen beiden Polen zu beseitigen und die Philosophien des Ostens und des Westens einander näher zu bringen.

Gülen glaubt, dass das 21. Jahrhundert Zeuge der Geburt einer spirituellen Dynamik werden wird, die lange brachliegenden moralischen Werten neues Leben einhaucht. Gülen kündigt ein Zeitalter der Toleranz, des Verständnisses und der internationalen Zusammenarbeit an, das letztlich eine einzige gemeinsame Zivilisation hervorbringen wird, die auf interkulturellem Dialog und dem Teilen von Wissen gründet. Um selbst zum Erreichen dieses hehren Ziels beizutragen, gründete er wohltätige Organisationen in und außerhalb der Türkei. Außerdem inspirierte er seine Mitstreiter, sich die Massenmedien, vor allem das Fernsehen zu Nutze zu machen, um die Leute über alle Angelegenheiten von persönlichem oder gemeinschaftlichem Interesse zu informieren.

Gülen widmet sich ganz der Lösung der gesellschaftlichen Probleme und glaubt, dass die Straße zur Gerechtigkeit für alle mit einer angemessenen universellen Bildung gepflastert ist. Die Vermittlung von Wissen ist für Gülen die oberste gesellschaftliche Aufgabe und Pflicht, da sie allein die Voraussetzungen für den Aufbau einer toleranten Gesellschaft schafft. Zur Verwirklichung dieses Zieles ermunterte Gülen jahrelang die Elite der türkischen Gesellschaft, die Leitfiguren der Gemeinden, die Industriellen, aber auch die kleinen Geschäftsleute, den Bedürftigen eine qualitativ hochwertige Ausbildung zu ermöglichen. Die Spenden, die er sammeln konnte, flossen in Stiftungen, die fortan die Gründung von Schulen in der Türkei und anderen Ländern förderten. Diese Bemühungen tragen inzwischen Früchte, denn die Absolventen der von Gülen inspirierten Schulen, insbesondere der zentralasiatischen Schulen, erreichen immer wieder sehr gute Plazierungen in den Einstufungstests der Universitäten und sind ständige Anwärter auf die vorderen Plätze bei internationalen Wissensolympiaden. Dort haben sie bereits zahlreiche Goldmedaillen in Fächern wie Mathematik, Physik, Chemie oder Biologie gewonnen.

Gülens Rolle als treibende Kraft, die weltweit zur Gründung von Schulen aufruft, zielt darauf ab, den Berufstätigen von morgen zu einer ausgewogenen und vielseitigen Ausbildung zu verhelfen, indem sie den Studenten von heute dringend benötigtes Wissen und Sachkenntnisse ebenso zur Verfügung stellt wie vernünftige moralische und ethische Werte. Diese Synthese soll die Studenten befähigen, aktiv an der Gestaltung einer positiven Zukunft der Menschheit mitzuwirken.

Gülen glaubt, das die Menschen neue Ideen nur dann akzeptieren, wenn sie durch überzeugende Argumente untermauert werden. Diejenigen, die zu diesem Zweck Gewalt anwenden, bezeichnet er als intellektuell bankrott. Seiner Meinung nach werden die Menschen, wenn es darum geht, die eigenen Angelegenheiten zu regeln und den eigenen spirituellen und religiösen Werten Ausdruck zu verleihen, immer nach Entscheidungsfreiheit verlangen. Die Demokratie bedürfe zwar weiterer Verbesserungen, sei aber das einzig lebensfähige politische System. Deshalb sollten die Menschen danach streben, politische Institutionen zu modernisieren und zu stärken. Nur dann könne man eine Gesellschaft aufbauen, in der die individuellen Rechte und Freiheiten respektiert und unterstützt werden, und in der Chancengleichheit für alle mehr ist als nur ein Traum.

1981 beendete Gülen seine formale Lehrtätigkeit, nachdem er zuvor eine ganze Generation junger Studenten inspiriert hatte. Sein Engagement seit den 60er Jahren vor allem für eine Reform des Bildungswesens hat ihn zu einem der prominentesten und respektiertesten Männer in der Türkei gemacht. Zwischen 1988 und 1991 hielt er in einigen der berühmtesten Moscheen der Türkei eine Reihe von Predigten als Prediger im Ruhestand. Auf Grund von schweren gesundheitlichen Problemen werden seine Ideen heute vor allem in Form von Büchern, Audio- und Videokassetten sowie weiterer Medien präsentiert.

INTERRELIGIÖSE UND INTERKULTURELLE AKTIVITÄTEN

Seit jener Zeit konzentriert Gülen seine Bemühungen darauf, einen Dialog zwischen einzelnen Gruppen herzustellen, die unterschiedliche Ideologien, Kulturen, Religionen und Nationen repräsentieren. Er nahm an zahlreichen Tagungen und Konferenzen teil, in denen es darum ging, die Menschheit auf ein Jahrhundert der Toleranz und des Verständnisses vorzubereiten - auf ein Jahrhundert, in dem die Kulturen miteinander kooperieren und die Bindungen unter den Menschen immer stärker werden. Gülen meint, dass die Menschen unabhängig von allen nationalen und politischen Grenzen viel mehr Gemeinsamkeiten haben, als sie denken.

Demzufolge hält er es für lohnend und gleichzeitig auch für notwendig, einen aufrichtigen Dialog zu etablieren, in dessen Rahmen sich die Menschen gegenseitig besser kennen lernen. Er selbst ging mit gutem Beispiel voran und gründete die ‚Stiftung der Journalisten und Schriftsteller', deren Aktivitäten zur Förderung von Dialog und Toleranz in der Gesellschaft bei fast allen gesellschaftlichen Schichten großen Anklang fand.

Aus derselben Motivation heraus empfängt Fethullah Gülen führende Persönlichkeiten aus aller Welt und stattet ihnen Gegenbesuche ab. In der Türkei gehören der Botschafter des Vatikans, der griechisch-orthodoxe Patriarch, der Patriarch der armenischen Gemeinde, der Oberste Rabbiner der jüdischen Gemeinde und viele Journalisten, Kolumnisten, Fernseh- und Kinostars und Denker verschiedener intellektueller Richtungen zu den Menschen, mit denen Gülen regelmäßig zusammentraf. Gülen traf Papst Johannes Paul II., John O'Connor, den Erzbischof von New York, Dale F. Eickelman, einen amerikanischen Professor für Anthropologie, Professor Sidney Griffith von der Katholischen Kirche in den USA, Leon Levy, den früheren Präsidenten der Antidefamationsliga, und viele weitere führende Repräsentanten anderer Religionen.

AKTUELLE AKTIVITÄTEN

Seit nunmehr fünf Jahren hält sich Gülen aus gesundheitlichen Gründen in den USA auf. Dort lebt er sehr zurückgezogen und gibt nur noch selten Interviews, wenn die Umstände es erfordern. Trotz seiner Prominenz hat Gülen es immer vermieden, sich in die offizielle Politik einzumischen. Die Zahl seiner Bewunderer weltweit dürfte in die Millionen gehen. Seine 1995 intürkischer Sprache erschienene Autobiografie *Fethullah Gülen Hocaefendi: Kücük Dünyam* (Fethullah Gülen: Meine kleine Welt) erscheint mittlerweile in 50. Auflage.

Nach wie vor schreibt Gülen für mehrere türkische Zeitschriften wie *Yeni Ümit*, *Sizinti* und *Yagmur* sowie für die deutsche 3-Monatszeitschrift *Die Fontäne*. Gülen ist Verfasser von insgesamt über 40 Büchern (von denen die meisten in der Türkei Bestseller waren) und Hunderten von Artikeln. Viele seiner unzähligen Vorträge zu gesellschaftlichen und religiösen Themen wurden auf Audio- und Videokassetten aufgenommen.

Inzwischen wurden seine Bücher in viele Sprachen übersetzt, natürlich auch ins Deutsche:

- Sufismus
- Fragen an den Islam
- Kriterien oder die Lichter auf dem Weg
- Hin zum verlorenen Paradies
- Das unendliche Licht: Der Prophet Muhammad
- Die Grundlagen des islamischen Glaubens

Zu Gülens Bewunderern zählen Journalisten, Akademiker, TV-Stars, Politiker und inländische wie ausländische Staatsmänner. Sie sehen in ihm einen wahren Erneuerer und einen einzigartigen Gesellschaftsreformer, der selbst praktiziert, was er lehrt. Sie betrachten ihn als Friedensaktivisten, Intellektuellen, religiösen Gelehrten, Lehrer und Dozenten, Autor und Dichter, als großen Denker und spirituellen Meister. Fethullah Gülen hat sich das Ansehen dieser Menschen verdient, weil er sich mit großer Hingabe der Lösung gesellschaftlicher und spiritueller Probleme widmet, weil er Herz, Seele und Verstand der Menschen anspricht und den ganzen Menschen erneuern und stärken möchte, damit jeder Einzelne seinen Teil dazu beitragen kann, der Gesellschaft und damit dem Wohl seiner Mitmenschen zu dienen.

TEIL I

GOTT

1.1

Was kennzeichnet das Wesen und die Attribute Gottes? Können wir Ihn überhaupt beschreiben? Was sollen wir Menschen antworten, die fragen „Warum können wir Gott nicht sehen?", oder „Wenn Gott doch alles erschaffen hat, wer erschuf dann Gott?"

Gott unterscheidet sich von Seiner Schöpfung in allen Belangen. Der Schöpfer kann auf gar keinen Fall die gleiche Daseinsform wie jene haben, die Er erschuf. Obwohl diese Tatsache für den gesunden Menschenverstand nachvollziehbar scheint, fragen nach wie vor viele Menschen, warum wir Gott nicht mit unseren eigenen Augen sehen können. Unser unmittelbares Sehvermögen ist sehr beschränkt und daher sicherlich kein geeignetes Mittel, um das Unbeschränkte aufzuspüren. Dies lässt sich vielleicht folgendermaßen veranschaulichen:

Im Körper des Menschen und sogar auf jedem einzelnen seiner Zähne existieren unzählige Bakterien. Diese Geschöpfe sind sich des Zahnes, auf dem sie leben, nicht bewusst. Um den Zahn als solchen wahrnehmen zu können, müssten sie sich auf irgendeine Weise an einen Punkt außerhalb des Zahnes begeben. Dann wäre es unter Anwendung künstlicher Hilfsmittel (wie z.B. Teleskope, Mikroskope usw.) durchaus denkbar, dass sie eine ungefähre Vorstellung von den Dimensionen des Zahnes und eventuell auch von der Größenordnung des Körpers, zu dem der Zahn gehört, erhielten. Nur mittels eines so unvorstellbar großen Aufwandes könnte sich eine Bakterie des menschlichen Körpers bewusst werden, der ja das breite Fundament bzw. den Nährboden ihrer Existenz bildet. Und selbst dieses kaum vorstellbare Bewusstwerden ist noch unermesslich weit weg von dem, was wir im entferntesten Sinne als Verstehen bezeichnen würden.

Das menschliche Wahrnehmungsvermögen ist ähnlich begrenzt, wenngleich auf einer ganz anderen Ebene. Zwar können wir vielleicht mit Teleskopen und anderen Instrumenten durch Entfernungen von Millionen von Lichtjahren ‚hindurchsehen'. Aber alles, was wir auf diese Weise sehen, ist bedeutungslos verglichen mit den Dimensionen des Ganzen, von dem es nur ein winzig kleines Fragment ist. Mag es sich auch um eine andere Ebene handeln - was Menschen sehen können, ist ebenso unbedeutend wie das Bewusstsein der Bakterien um das lebende Gewebe, innerhalb dessen sie leben und sterben. Denn auch dieses Gewebe ist ja im Vergleich zu den Dimensionen des Körpers, der es umgibt, nur ein winziges Fragment.

Beschäftigen wir uns noch eingehender mit dem Thema, wird uns sehr schnell klar werden, dass unser Verstand unser Sehen und Hören und andere Sinneswahrnehmungen entscheidend beeinflusst. Wir benötigen eine Grundvorstellung von dem, was wir sehen, um es unterscheiden und wieder erkennen zu können. Wüssten wir z.B. nicht einmal ungefähr, was ein Baum ist, wären wir nicht in der Lage, dem Objekt vor unseren Augen, dass wir als Baum kennen, einen Sinn zu geben. Wenn unser Sehen also so beschränkt ist, wie es sich darstellt, und wenn wir - sogar bei Objekten innerhalb der Schöpfung und innerhalb der Reichweite unseres Sehens oder unserer Seh-Instrumente - auf ein allgemeines Verständnis angewiesen sind, um dem, was wir sehen, einen Sinn zu geben, wie anmaßend und absurd erscheint dann die Frage, warum wir den Schöpfer des Ganzen nicht direkt sehen oder erkennen können!

Wir sind Lebewesen, die erschaffen wurden; d.h., dass wir sterblich und in unseren Möglichkeiten und Fähigkeiten beschränkt sind. Nur Gott, dem Schöpfer, sind keine Grenzen gesetzt. Seine Gnade lässt uns über den Erdboden bzw. die Umwelt, in der wir leben und sterben, in der wir nach Erkenntnissen und Tugend streben und unser Heil suchen, verfügen. Der Prophet Muhammad, Friede sei mit ihm, sagte: *Verglichen mit Gottes Thron des Wissens ist das ganze Universum so winzig wie ein Ring, der in eine Wüste geworfen wurde. Verglichen mit Seinem Thron der Macht wiederum ist aber auch dieser Thron des Wissens so winzig wie ein Ring, der in eine Wüste geworfen wurde.*[2]

Dieser Vergleich vermittelt uns eine Vorstellung davon, wie weit die Unbeschränktheit des Schöpfers unser Vermögen, diese zu begreifen, übersteigt. Wie können wir also auch nur den Versuch unternehmen, uns über die wahre Beschaffenheit von Gottes Thronen des Wissens und der Macht, von denen aus der Allmächtige in Seiner Unbeschränktheit Seinen Willen und Seine Anordnungen erteilt und Sich um Seine Schöpfung kümmert, Gedanken zu machen, geschweige denn beginnen, von Gott Selbst Vorstellungen zu entwickeln?

Warum können wir Gott nicht sehen?

Der Koran lehrt:

> *Blicke können Ihn nicht erreichen, Er aber erreicht die Blicke.* (6:103)

Nach dem Aufstieg des Propheten Muhammad in die Himmel fragten ihn seine Gefährten, ob er Gott gesehen habe. Nach Abu Dharr ist überliefert, dass er bei einer Gelegenheit geantwortet habe: *Was ich sah, war Licht. Wie soll ich Ihn sehen?*[3] Bei anderer Gelegenheit soll er erwidert haben: *Ich habe ein Licht gesehen.*[4] Diese Aussagen erläutern den wohl bekannten Ausspruch *Das Licht ist die Grenze bzw. der Schleier um Gott.*[5] Zwischen uns und Gott existiert das Licht, das Er erschuf. Alles, was wir sehen, sehen wir mit Hilfe dieses Lichtes und in diesem Licht - das Licht bildet die Grundlage, die Sphäre und die Grenze unseres Sehens. Es entzieht Gott unseren Blicken und verbirgt Ihn vor uns. In Wirklichkeit sehen wir lediglich einen Teil jenes Lichtes der Schöpfung und damit auch nur einen Teil dessen, was Ihn verhüllt.

Dieses Thema lässt sich auch aus anderer Perspektive betrachten. Ibrahim Haqqi sagte: „Im gesamten Universum der Schöpfung gibt es

2 Tabari, *Tafsir*, 3:77
3 Muslim, *Iman*, 291; Ibn Hanbal, *Musnad*, 5:147
4 Muslim, *Iman*, 292
5 Muslim, *Iman*, 293; Ibn Madscha, *Muqaddima*, 13; Ibn Hanbal, *Musnad*, 4, 13

nichts, was Gott gleich, ähnlich oder entgegengesetzt wäre. Gott ist über alle Form erhaben, ja sogar immun gegenüber und frei von Form."

Nur weil existierende Dinge etwas Gleiches, Ähnliches oder Gegenteiliges haben, sind wir überhaupt in der Lage, sie wahrzunehmen und voneinander zu unterscheiden. Was das Wort lang bedeutet, wissen wir nur, wenn wir vergleichen oder entgegenhalten können, was kurz ist. Was Licht ist, wissen wir nur, wenn wir eine Vorstellung von Dunkelheit haben. Den Einen, der nichts Ähnliches, Gleiches oder Gegenteiliges aufweist, zu erkennen oder zu kennzeichnen, ist also ganz und gar unmöglich. Hierin liegt die Bedeutung der Aussage, Gott sei über alle Form erhaben.

Dem Leser wird wahrscheinlich schon klar geworden sein, dass die Frage nach der direkten Wahrnehmung Gottes lediglich ein Spiegelbild der Frage nach dem direkten Erkennen und Gewahrwerden Seines Wesens ist. Aber genauso wenig wie wir Gott sehen können, können wir Sein Wesen erkennen oder uns dessen gewahr werden. So wie Er jenseits aller Maße von Form, Qualität oder Quantität steht, übersteigt Er auch unser Auffassungsvermögen. Die Muslime drücken es in der islamischen Gotteslehre (*Kalam*) folgendermaßen aus: „Egal welche Vorstellung von Gott wir in unseren Köpfen entwickeln - Er hat nichts mit ihr gemein." Die Sufis versichern: „Gott befindet Sich jenseits aller Dinge, auch jenseits unserer Vorstellungskraft. Uns umgeben Tausende von Schleiern."

Von erfahrenen Menschen stammt die Aussage, dass Gott zwar existiere, Er könne aber weder vom Verstand des Menschen erfasst noch von den menschlichen Sinnen registriert werden. Der einzige Weg, Wissen um Ihn zu erlangen, führt über die Propheten, d.h. über jene Menschen, die Gott zu Überbringern Seiner Offenbarung gemacht hat. Wo Wahrnehmung und Verstand keinen Zugang gewähren, müssen wir uns ganz auf die Rechtleitung der Offenbarung verlassen.

Stellen wir uns einmal vor, wir würden uns in einem verschlossenen Raum befinden und an der Tür dieses Raums ein Klopfen hören. Zwar können wir in dieser Situation sehr wohl eine vage Vorstellung von dem Klopfenden entwickeln, über seine Eigenschaften können wir jedoch lediglich Vermutungen anstellen. Ganz sicher wissen wir nur, dass es an der Tür geklopft hat und dass wir die Freiheit besitzen, zur Tür zu gehen, sie zu öffnen und die betreffende Person zu bitten, sich uns zu zeigen. Dieses Vorgehen wird uns unter Umständen ermöglichen, mehr über ihre wahren Eigenschaften zu erfahren.

Diese einfache Analogie mag uns dabei helfen, uns der Frage, auf welche Weise wir Gott suchen sollten, zweckmäßiger zu nähern. Die Realität der Schöpfung, ihre Unermesslichkeit in Verbindung mit der grundlegenden Einheit ihrer Gestalt, ihre reine Schönheit und Harmonie, der Nutzen, den sie für uns bereithält, und ihre Ansprüche an unsere Arbeitskraft und unseren Verstand - all diese Faktoren führen uns die Existenz des Schöpfers vor Augen. Die Tatsache, dass eine wunderbare Vielzahl von Produkten aus einem einzigen Material gewonnen wird, weist uns auf eine treibende Kraft hin, die das Endprodukt spinnt, mischt, färbt, webt oder anderweitig präpariert. Das phänomenale Zeugnis der Schöpfung lässt uns in gleicher Weise schlussfolgern, dass es einen Schöpfer gibt. Während nun aber der Hersteller von Waren ausfindig gemacht und möglicherweise überzeugt werden kann, sich uns bekannt zu machen, liegt es nicht in unserer Macht, solche anmaßenden Nachforschungen auch beim Schöpfer anzustellen. Dies doch zu versuchen, wäre in der Tat ebenso ungehörig wie zwecklos. Es wäre genauso zum Scheitern verurteilt wie die Neugier eines Produktes gegenüber seinem Hersteller. Ohne die Unterstützung des Schöpfers Selbst können wir nur bis zu jener Stufe vordringen, auf der wir beim erstmaligen Hören des Klopfens an der Tür beginnen, uns aussichtslosen vagen Vermutungen darüber hinzugeben, wer wohl geklopft hat.

Die Wirklichkeit sieht nun aber so aus, dass - der Barmherzigkeit Gottes sei Dank - die Erschaffung des Menschen von der Offenbarung begleitet wurde. Die Offenbarung Gottes, die Er den Propheten enthüllt hat, und deren Lehren halten uns die Tür weit offen. Es ist uns möglich, auf die Schöpfung um uns herum zu reagieren. Denn sie bietet uns Zeichen, die nicht nur die Tatsache der Existenz des Schöpfers belegen, sondern auch Seine Attribute manifestieren. Von den Propheten lernen wir, über Seine Attribute nachzudenken und sie aufzuzählen: der Eine, der Barmherzige, der Erbarmer, der Allwissende, der Allmächtige, usw.. Ein wirkliches Begreifen dieser Attribute erfordert eine tiefe innere Erfahrung und Meditation, die man nur dann erreicht, wenn man sich an den Vorbildern der Propheten orientiert und die Gebote Gottes aufrichtig und umfassend befolgt, unvoreingenommen über einen langen Zeitraum hinweg studiert und ernsthaft meditiert. Solange unsere inneren Fähigkeiten nicht ausgebildet sind, sind wir nicht in der Lage, die Bedeutung der Schöpfung zu erfassen, und können uns der Meditation über die in ihr manifestierten Attribute Gottes nicht hingeben.

Aber selbst wenn sie ausgebildet sind, gelingt es nicht jedem Menschen, das Wesen Gottes zu ergründen. Abu Bakr as-Siddiq drückte dies mit den Worten aus: „*Sein Wesen zu begreifen, bedeutet einzugestehen, dass Sein Wesen unbegreiflich ist.*"

Unsere Aufgabe besteht darin, unser Abkommen mit Gott einzuhalten und Ihn anzuflehen: „O Du, der Du als Einziger der Anbetung würdig bist! Die Tatsache, dass wir unfähig sind, wahres Wissen über Dich zu erlangen, bedarf keiner Erklärung. Dennoch glauben wir, dass Du uns tatsächlich näher bist als unsere eigene Halsschlagader. Durch das Universum, das Du erschaffen und uns wie ein Buch aufgeschlagen hast, und durch die wunderschöne harmonische Gestaltung all dessen, was Du von den geringsten bis hin zu den gewaltigsten Dingen erschaffen hast, spüren wir Deine Existenz und Nähe in der Tiefe unserer Herzen. Wir erkennen, dass auch wir zur Sphäre Deiner Erscheinungsformen gehören. Dadurch erfahren unsere Seelen einen Zustand des Friedens und des Trostes, während unsere Herzen Gelassenheit finden."

Nun gibt es aber auch Menschen, die eine solche Gelassenheit oder ein nach innen gerichtetes Leben überhaupt nicht für erstrebenswert halten. Ihre Vernunft hat eine bewusste Kehrtwendung vollzogen. Bereitwillig geben sie sich einer mechanischen Form von Sophisterei hin, die ihren Verstand verführt und lähmt. Sie fragen:

Wenn Gott doch alles erschaffen hat, wer erschuf dann Gott?

Als ich diese Frage zum ersten Mal hörte, legte ich ganz spontan Zeugnis ab und sprach: „...und Muhammad, Friede sei mit ihm, ist sein Gesandter!" Denn der Gesandte hatte prophezeit, dass diese Frage irgendwann einmal gestellt werden würde. Er sagte noch viele weitere zukünftige Ereignisse von Wichtigkeit voraus, die alle genau eingetroffen sind bzw. bis zum Ende der Zeit noch eintreffen werden. Einmal erwähnte er: *Es wird fürwahr ein Tag kommen, an dem einige Leute mit gekreuzten Beinen sitzen und fragen werden: Wenn Gott doch alles erschaffen hat, wer erschuf dann Gott?*[6]

Natürlich sind Menschen, die Fragen wie diese stellen, Atheisten oder tendieren zumindest zum Unglauben und setzen alles daran, andere ebenfalls in die Irre zu führen. Mit ihrer Frage bezwecken sie, die Verantwortung, die ein Geschöpf seinem Schöpfer gegenüber schuldig ist, ebenso abzustreifen wie Glauben und Gottesanbetung. Bestenfalls beruht ihre Frage auf der Betrachtung der Beziehung zwischen Ursache und Wirkung. Jede Gegebenheit lässt sich als eine Wirkung bezeichnen, die einer vorangegangenen Gegebenheit, einer Ursache zugeschrieben wird, für die ihrerseits ebenfalls eine frühere Gegebenheit verantwortlich gemacht wird usw. Erstens ist es aber für jeden, der unbefangen nachdenkt, offensichtlich, dass die Idee der Ursache keine Tatsache, sondern nur eine Hypothese ist: Alles, was tatsächlich existiert, stellt eine bestimmte oft (aber nicht für immer) wiederholte Abfolge von Gegebenheiten dar. Wendet man zweitens diese Hypothese auf die gesamte Schöpfung an, dann kann man gar nicht auf ihren Schöpfer stoßen, denn jeder Schöpfer müsste der Hypothese zufolge ja seinerseits auch wieder einen Schöpfer haben. (Die nutzlose Idee einer nicht enden wollenden Kette von Schöpfern war sogar eines der Argumente, die muslimische Theologen verwandten, um die Notwendigkeit, an Gott zu glauben, zu begründen.)

Dass der Schöpfer aus Sich Selbst heraus existiert, dass Er ein Einziger ist und weder Gleiche noch Ebenbürtige neben sich duldet, ist ganz offensichtlich. Wenn es stimmt, dass jedes erschaffene Lebewesen etwas bewirkt, dann wurde die Fähigkeit zu bewirken mit dem Lebewesen zusammen erschaffen. Von keinem Lebewesen im Universum darf behauptet werden, es existiere aus sich selbst heraus. Vielmehr verdankt jedes Lebewesen sein Dasein dem Schöpfer, der al-

6 Bukhari, *I'tisam*, 3

lein aus Sich Selbst heraus existiert und besteht. Aus der Tatsache, dass der Schöpfer als Einziger wirklich etwas erschafft, folgt, dass Er für alle Lebewesen, die Er erschafft, auch alle erdenklichen Ursachen und Wirkungen bestimmt hat, die diesen vorangehen bzw. folgen. Deshalb sprechen wir von Gott auch als dem, der alles aufrechterhält, der Seiner Schöpfung vom Anbeginn bis zum Ende Leben gibt und sie bewahrt. Alle Ursachen haben in Ihm ihren Anfang, und alle Wirkungen finden in Ihm ihr Ende. Erschaffene Dinge sind in Wirklichkeit nichts anderes als Ziffern oder Nullen, die sich unabhängig davon, wie viele von ihnen wir in eine Reihe stellen, auf Null summieren, sofern ihnen nicht eine positive Zahl vorangestellt wird, welche ihnen einen Wert verleiht. Dieser Logik folgend kann die Schöpfung ohne Gott keine wirkliche Existenz besitzen oder irgendeinen Wert haben.

Die so genannten Ursachen haben keinen direkten oder eigenständigen Einfluss auf das Dasein, keine direkten oder eigenständigen Wirkungen. Zwar mag es wohl sein, dass wir uns der Begriffe Ursachen und Wirkungen bedienen müssen, um verstehen zu können, wie uns (durch die Gnade Gottes) ein Teil der Schöpfung in einem begrenzten Raum und für eine kurze Zeitspanne verständlich und verfügbar gemacht wird. Aber selbst dies bestätigt unsere Abhängigkeit von Gott und unsere Verantwortung Ihm gegenüber. Gott hat es keineswegs nötig, Ursachen und Wirkungen zu erschaffen. Vielmehr sind wir es, die auf Ursachen und Wirkungen angewiesen sind, um begreifen zu können, was Er erschaffen hat. Er allein ist der Erste und der Letzte, der Ewige, der Veranlasser und der Ausschlag Gebende - all unsere bemühten, aber vergleichsweise winzigen Anstrengungen in Bezug auf Ursache und Wirkung sind nichts weiter als Schleier zwischen uns und dem Majestätischen Gott.

Um es also noch einmal zu betonen: Er, Allah, ist der Eine Gott, der aus Sich Selbst heraus Existierende, der ewig und um alles Anzuflehende. Er zeugt nicht und wurde nicht gezeugt; und nichts ist ihm gleich.

1.2.

Warum erschuf Gott das Universum; tat Er es aus einer Pflicht heraus? Warum hat Er es nicht schon zu einem früheren Zeitpunkt erschaffen?

Zunächst einmal sollte man festhalten, dass wir als menschliche Wesen alles aus einer menschlichen Perspektive heraus wahrnehmen und unsere Beobachtungen in entsprechende Worte kleiden. Um ein Beispiel zu nennen: Die Menschen handeln aus Notwendigkeiten oder aus einem Verlangen heraus. Wir handeln, weil wir bestimmte Bedürfnisse haben oder dazu gezwungen werden. Weil wir in uns selbst vernarrt sind und fehlerhafte Überlegungen anstellen, maßen wir uns törichterweise an, uns mit Gott zu vergleichen, und stellen uns vor, Gott würde so handeln, wie wir es tun. Wenn die oben genannten Fragen gestellt werden, müssen wir uns also unbedingt in Erinnerung rufen, dass Gott über allen Wünschen und Bedürfnissen und weit jenseits unserer unzulänglichen Vorstellungen steht.

Wer ist über die Erschaffung des Universums unglücklich? Wer möchte in der Erntezeit nicht vom Einbringen der Ernteerträge profitieren? Wer sucht nicht sein Glück, indem er auf bestmögliche Weise all das zu nutzen versucht, was die Welt für ihn bereithält? Nur sehr wenige Menschen, die sich in einer sehr schlimmen Lage befinden, sind so vorschnell und unbesonnen, ihr Leben in dieser Welt zu beklagen. Einige wenige haben zwar auch in ihrem Kummer Selbstmord verübt, die überwältigende Mehrheit der Menschen aber ist eher dankbar als dass sie es bedauert zu leben, in diese Welt gekommen und Mensch zu sein. Wer beklagt sich schon darüber, in der Obhut seiner

Eltern versorgt und von ihrer liebenden Fürsorge in der Kindheit behütet zu werden? Wer bedauert es schon, jung zu sein und eine Zeit zu durchleben, in der das Hochgefühl des Lebens im ganzen Körper zu spüren ist? Wem missfällt es schon, als reifer Erwachsener eine Familie und Kinder zu haben und mit ihnen ein harmonisches Leben zu führen? Und mit welchen Instrumenten können wir das Glück und die Zufriedenheit der Gläubigen messen, die hier nicht nur die Saat für die kommende Welt säen, sondern sich auch in dieser Welt ihren Erfolg sichern? Die Gläubigen finden die Schlüssel zu den Türen des höchsten Glücks. Deshalb sind sie zufrieden und haben keinen Grund zu verzweifeln.

Mit vollem Bewusstsein nehmen wir all diese verschiedenen Arten des Glücks wahr und danken unserem Schöpfer, der uns zum Leben erweckt hat, von ganzem Herzen.

Das gesamte belebte wie unbelebte Universum wurde mit vielerlei Zierden künstlerisch gestaltet und geschmückt. Es ähnelt einer endlosen Parade oder einer Ausstellung von Kunstgegenständen, die erschaffen wurde, um alle Menschen zu fesseln und zum Nachdenken anzuregen. Die Schönheit der Landschaft dieser Parade, ihre außergewöhnliche Vielseitigkeit und ihr prächtiger Schmuck, ihr schierer Reichtum und der ständige Fluss von Ereignissen, der sie prägt, stellen für unsere Sinne und unseren Verstand eine präzise und greifbare Realität dar. Diese Realität spricht für die Existenz einer wirkenden Kraft, welche sie ins Dasein ruft. Die Realität der Werke und Handlungen Gottes ermöglicht uns schließlich, den, der wirkt, und auch. Seine Namen zu erkennen. Anhand dieser Namen, die sich in Gegenständen und Lebewesen manifestieren, versuchen wir, auf Seine Attribute zu schließen. Über die Kanäle und Gebete, die unseren Herzen zugänglich sind, sehnen wir uns danach, ja, kämpfen wir darum, Ihn, den Erhabenen, persönlich kennen zu lernen. Diese Aufwertung unseres Seins wird von einer weiten Sphäre der Realität inspiriert: von Dingen, Ereignissen und dem unermesslichen Reich, in dem der Mensch im Universum das Amt eines Verwalters innehat, wie auch von der Beziehung zwischen Mensch und Universum und vom Herrschaftsgebiet der Namen und Attribute Gottes.

Eine simple Analogie veranschaulicht die Absicht des Schöpfers:

Stellen wir uns einmal einen erfahrenen Kunsthandwerker oder Künstler vor. Angenommen, dieser Künstler ist ein außerordentlicher Bildhauer, der mit ein paar Hammer- und Meißelschlägen lebensechte Skulpturen aus härtestem Stein formen und die schönsten Gefühle hervorzaubern kann. Oder er ist ein geschickter Holzschnitzer, der seine Seele gewissermaßen in ein Nussbaum- oder Buchenholz gießen oder, wie man so schön sagt, ein Stück Ebenholz zum Leben erwecken kann; oder ein ausgezeichneter Maler, dessen Pinselstriche die herrlichsten Farbkombinationen hervorbringen und die staunenden Betrachter ob ihrer Schönheit anrühren können. Diesen grundverschiedenen Fähigkeiten lassen sich noch eine ganze Reihe weiterer hinzufügen. Doch eines ist klar: Ein Künstler kann nur dann als wahrer Künstler bezeichnet werden, wenn er seine Fertigkeiten auch in der Praxis demonstriert. Erst seine Kunstwerke oder das Verfahren, mit dem er sie herstellt, geben uns Aufschluss über seine Talente. Jede innere Kraft wünscht, die in ihr verborgene Realität zu enthüllen, und strebt danach, sich in eine äußere Form, in einen äußerlich wahrnehmbaren Körper zu kleiden, um so ihre Fähigkeiten unter Beweis zu stellen. Samenkörner wollen keimen, Spermien sind darauf erpicht, sich mit der Eizelle in der Gebärmutter zu vereinigen und Bläschen, die durch die Luft schweben, trachten danach, als Wassertröpfchen zu Boden zu fallen. Sie alle nehmen diese Mühen ganz einfach deshalb auf sich, weil sie sich wünschen, ihr eigentliches Wesen in der Realität zu präsentieren.

Das Bedürfnis, sein inneres Wesen zu enthüllen, um so von anderen gesehen und erkannt zu werden, ist allerdings stets mit Schwächen und Makeln behaftet; denn alle Lebewesen und ihre Wünsche sind nicht mehr als ein Abglanz des Ursprünglichen Wesens. Einzig und allein der Kunstfertige Schöpfer ist vollkommen. Keine einzelne und keine zusammengesetzte Manifestation der Essenz reicht jemals an die Essenz selbst heran. Das sollte man sich stets vor Augen halten.

Das gesamte künstlerische Wirken im Universum weist auf die Namen Gottes hin. All die Namen, die sich in den unterschiedlichen Denkmälern des kunstvollen Schöpferwerkes manifestieren, beleuchten unseren Weg und lassen uns die Attribute dieses Wesens, dieses Einen Schöpfers, erkennen. Sie stimulieren und erwecken unsere

Herzen mit Hilfe der Zeichen und Botschaften des Verborgenen, aber allzeit Gegenwärtigen Schöpfers, die unseren Sinnen zugeführt werden.

Der Schöpfer Selbst will Sich uns in ganzem Umfang bekannt machen und dabei alle Unklarheiten beseitigen. Anhand der Vielfalt und Schönheit der Schöpfung will Er uns Seine Brillanz demonstrieren. Die großartige Ordnung und die Harmonie im Universum sollen uns Seinen Willen und Seine Allmacht nahe bringen, und in der Tatsache, dass Er sogar unsere geheimen Wünsche und Sehnsüchte stillt, dokumentiert Er Seine Barmherzigkeit, Sein Mitgefühl und Seine Gnade. Daneben verfügt Er über viele weitere Namen und Attribute, über die Er Sich uns bekannt machen möchte.

Mit anderen Worten: Um Seine Macht und Seinen Willen zu manifestieren, bereichert Er diese Welt um Dinge, die Er in Seinem allumfassenden Wissen genau kennt. Indem Er all diese Dinge dem Prisma des Intellekts und des Verständnisvermögens bewusst denkender Lebewesen überlässt, weckt Er in den Sphären der Erde und der Himmel Staunen, Bewunderung und Wertschätzung.

So wie sich die Talente eines gewandten Künstlers auf erhabene Art und Weise in seinen Kunstwerken manifestieren, erschuf der Besitzer des Universums das Universum, um in ihm die Kraft und Allmacht Seiner Kreativität zu manifestieren.

Kommen wir nun zur zweiten Frage:

Warum hat Gott das Universum nicht schon zu einem früheren Zeitpunkt erschaffen?

Wenn das Wort ‚früher' irgendeinen Zeitpunkt oder Zeitraum innerhalb der Ewigkeit vor der Erschaffung der Zeit bezeichnen soll, ergibt dies keinen Sinn. In Relation zur Ewigkeit haben selbst Zeitspannen von 100 oder 1.000 Milliarden Jahren keinerlei Bedeutung. Im Zeitrahmen der Ewigkeit ist Zeit überhaupt nicht vorstellbar. Nur Gott ist ewig. Sein Wesen und Seine Existenz sind ewig. Mit Ausnahme Gottes kann keine Sache und kein Lebewesen für sich in Anspruch nehmen, ewig zu sein. Wenn sich das Wort ‚früher' aber auf die Ewigkeit selbst bezieht, dann ist zu berücksichtigen, dass diese keinen zeitlichen Beschränkungen unterworfen ist. Diese Uneingeschränktheit schließlich ist einzig und allein ein notwendiges Privileg der Existenz, Namen und Attribute Gottes. Das heißt, Gott gehört ausschließlich Sich Selbst, und nur Er selbst kann für Sich beanspruchen, ewig zu sein.

Innerhalb des alles umfassenden und verstehenden Wissens Gottes besitzt alles, was erschaffen wurde, eine absolute Realität als *Ilm* (Wissen). Im *Tasawwuf* (Sufismus) werden die erschaffenen Dinge und Lebewesen als Archetypen bezeichnet, die wir uns als innere Kräfte, Pläne oder Projekte vorstellen können. Ihnen Ewigkeit zuzuschreiben wäre falsch. Eigentlich ist es schon fast beleidigend, wenn wir uns in diese Dinge überhaupt einmischen. Wenn wir mit unseren begrenzten Maßstäben eine Aussage über Lebewesen oder Seelen, die in der Schöpfung vorkommen, treffen wollen und uns Fragen widmen, die Teilbereiche des Übersinnlichen und Unsichtbaren (*Ghaib*) betreffen, so spricht dies gewissermaßen für unsere Unfähigkeit einzugestehen, dass wir anmaßend sind, weil wir nicht erkennen oder erkennen wollen, dass unserem Verstand Grenzen gesetzt sind.

Verglichen mit Gottes Thron des Wissens ist das ganze Universum so winzig wie ein Ring, der in eine Wüste geworfen wurde. Verglichen mit Seinem Thron der Macht wiederum ist aber auch dieser Thron des Wissens so winzig wie ein Ring, der in eine Wüste geworfen wurde. Wie soll es also ein Mensch anstellen, den Besitzer dieses Thrones der Macht zu erkennen und Aussagen über Sein Wesen und Seine Essenz zu treffen!

Viele Dinge dienen Seinem Wesen und Seinen Taten als Spiegel. Doch Gott kannte Sich Selbst schon vor der Existenz dieser Dinge, bevor Er das Universum erschaffen hat. Er kennt Sich Selbst, Seine Namen und Seine Taten, ohne dabei irgendein Bedürfnis nach irgendetwas zu verspüren. Er stößt in jeder Sphäre auf Sein Wesen und auf Seine Taten: in der Sphäre Seiner Namen ebenso wie in der physischen Schöpfung; in den winzigsten Teilchen eines Atoms ebenso wie in den gewaltigsten und komplexesten Einheiten dieser Sphären. Er kennt Sich Selbst und macht Sich Seinen bewussten Dienern durch die Manifestationen Seiner Namen bekannt.

Mit Seinem ewigen Wissen (*Ilm*) erkennt Er Sich in allen Sphären auf andere Art und Weise wieder. Doch nichts, was mit Ihm verbunden ist, ändert sich jemals. Ja, unter Seinen Attributen befinden sich auch solche, die als negative Attribute bezeichnet werden: Beispielsweise isst und trinkt Gott nicht. Zeit schränkt Ihn nicht ein. Er verändert Sich nicht und es verlangt Ihn nach nichts.

Innerhalb der Grenzen unserer Zeit sehen und erkennen wir, was Er anordnet und für uns veranlasst. Aber wir wissen weder, was in weiter Vergangenheit passiert ist, noch, was die Zukunft bringen wird. Auch wissen wir zum Beispiel nichts über die Existenz der Lebewesen im Wissen Gottes oder über die ursprünglichen verborgenen Realitäten und die Sphären des Geistes. Trotz allen wissenschaftlichen Fortschritts haben wir bis heute keine Vorstellung davon - und können diese auch gar nicht haben -, wie tief und weit das Universum ist. Phänomene wie die Spiralnebel sind uns nahezu unbekannt. Wir wissen nicht, was sie bedeuten, welche Bedeutung sie für die Weltordnung haben und welche Art Licht sie auf die dunklen Punkte der gesamten Schöpfung werfen. Genauso wenig wissen wir über das Jenseits. Angesichts dieser gewaltigen Geheimnisse können wir nur bitten: „*Ma'ruf*! (Gütiger Herr!) Wir haben weder Dich Selbst noch Deine Werke vollständig entschlüsseln können. Verzeihe uns!"

1.3

Gott weiß genau, wie wir in dieser Welt handeln und leben, ob wir Seinen Anforderungen folgen oder nicht. Warum aber werden wir dann überhaupt zur Prüfung in diese Welt geschickt?

Natürlich weiß Gott, wie wir in dieser Welt handeln und leben. Er schickt uns auf die Erde, damit wir uns von Ihm prüfen lassen, auf dass wir durch die Verantwortung, die Er uns auferlegt, unsere Fähigkeiten und Fertigkeiten weiterentwickeln. Die Menschen werden nicht alle mit denselben Stärken und Talenten erschaffen. Sie gleichen in gewisser Hinsicht Mineralien, die erst dann als rein und erlesen gelten, wenn sie aufgearbeitet wurden.

Jemand, der künstlerisches Talent besitzt, möchte dieses Talent zum Ausdruck bringen. Seine Kunstwerke machen ihn in der Öffentlichkeit bekannt. Ähnlich ist die Majestät, Erhabenheit und Kunstfertigkeit der Schöpfung Gottes eine Präsentation und Reflexion Seiner heiligen Namen und Attribute. Um uns Menschen Seine Kunst (Allmacht, Stärke, Weisheit, Schönheit und Barmherzigkeit) nahe zu bringen, erschuf Er das Universum und stellte in ihm Aspekte Seiner geheimnisvollen verborgenen Schätze zur Schau.

Um uns zu demonstrieren, wie sich Seine Namen, Attribute und Künste manifestieren, gestaltete Er das Universum Schritt für Schritt. In unterschiedlichem Umfang und in wechselnder Qualität gewährt Er uns zahllose Gelegenheiten, Ihn besser kennen zu lernen. Darüber hinaus gewährt Er uns unendlich viele Möglichkeiten, ein fundiertes Wissen über Ihn zu erlangen. Er ist der Absolute Schöpfer, der alles aus einer Substanz erschafft und jedem einzelnen Element tausenderlei Nutzen zuspricht - wenn Er nur will. Aus diesem Grunde kann sich zum Beispiel Karbon entweder als Kohle oder als Diamant manifestieren. Und sowohl Kohlen als auch Diamanten können in den unterschiedlichsten Arbeitsprozessen noch weiter verfeinert und aufgearbeitet werden.

Alles, was erschaffen wurde, was sich im Universum entfaltet hat und dem Menschen zur Verfügung gestellt wurde, prüft und läutert den Menschen und bereitet ihn in gleicher Manier auf die ewige Glückseligkeit im Paradies vor, wie Rohmaterialien verfeinert, gereinigt und zu Silber, Gold oder Diamanten verarbeitet werden. In einem Hadith sagte der Prophet Muhammad, Friede sei mit ihm: *Menschen sind wie Mineralien. Jemand, der in der Dschahiliya* (der vorislamischen heidnischen Zeit der Unwissenheit in Arabien) *gut ist, ist auch im Islam gut.*[7] Umar zum Beispiel genoss bereits in der vorislamischen Zeit hohes Ansehen, Ruhm und Ehre. Nachdem er aber Muslim geworden war, stieg sein Ansehen noch. Zudem erwarb er sich eine gelassene Würde, Gutherzigkeit und die Erhabenheit des *Iman* (Glaubens). Zuvor war er eher grob, leicht erregbar und überheblich gewesen, ein Mensch, der dachte, er könnte über alles verfügen. Doch dann entwickelte er sich, was sein Auftreten gegenüber den Gläubigen betraf, zu einem der bescheidensten und demütigsten Männer. Dem Islam hatte er es zu verdanken, dass er seine Qualitäten und Eigenschaften vervollkommnen konnte. Wenn wir also einen aufrichtigen, dynamischen, tatkräftigen, mutigen und temperamentvollen Menschen sehen, wünschen wir uns, er möge Muslim werden; denn jemand, der schon vor seiner Bekehrung zum Islam ein guter, wunderbarer und angesehener Mensch ist, wird es im Islam erst recht sein.

Der Islam befasst sich mit dem wertvollsten und erlesensten aller Minerale - dem Menschen. Er nimmt den Menschen, modelliert und läutert ihn und lässt ihn reifen. Dadurch vervollkommnet er ihn und macht ihn so rein wie Gold im verfeinerten Zustand. Der Reinheitsgehalt der

7 Bukhari, *Iman*, 10, *Anbiya*, 8-14; Muslim, *Fada'il as-Sahaba*, 168; *Manaqib*; 25; Ibn Hanbal, *Musnad*, 3,101

Gefährten des Propheten betrug 24 Karat. In späteren Zeiten jedoch entfernten sich die Muslime von diesem Standard der Reinheit und erreichten nicht mehr 24, sondern lediglich 15 Karat. Im 20. Jahrhundert sind einige Menschen sogar auf einen Reinheitsgehalt von einem Karat oder weniger hinabgesunken. Als traurige Konsequenz dieser Tatsache wurde dieses Jahrhundert Zeuge von Problemen, die von einer Unzahl von zügellosen und kriminellen Menschen aufgeworfen wurden.

Wir werden in dieser Welt auf die Probe gestellt, damit wir geläutert und rein werden und uns Tugendhaftigkeit und Vollkommenheit erwerben. Zwar weiß Gott, wie gut oder weniger gut wir unsere Prüfung bestehen. Er testet uns aber dennoch; nicht deshalb, weil Er irgendetwas nicht wüsste, was Er durch uns erfahren wollte. Der wahre Grund ist vielmehr, dass Er jeden Menschen vor sich selbst und vor anderen auf die Probe stellen will. Wenn wir uns unermüdlich bemühen, uns selbst zu vervollkommnen, herauszufinden und zu überprüfen, wer wir sind und was wir besitzen (ob wir wertlos und nutzlos wie Eisen oder bedeutsam wie Gold sind), dann handeln wir nur wie Instrumente, die bestätigen, was Gott seit jeher weiß. Geprüft wird, wofür wir uns abmühen und welche Anstrengungen wir unternehmen, wenn wir etwas erreichen möchten. Einst werden wir vor Gott treten und Ihm auf folgende Weise Rechenschaft über uns ablegen: *...jedoch ihre Hände werden zu Uns sprechen, und ihre Füße werden all das bezeugen, was sie erworben haben.* (36:65) Hände und Füße repräsentieren symbolisch alle Werkzeuge, die uns zum Handeln befähigen, d.h., alle Glieder unseres Körpers, einschließlich unserer Fähigkeiten und Talente. In anderen Koranversen werden Augen, Ohren und die Haut als Zeugen erwähnt, die gegen uns aussagen werden, falls wir sie missbrauchen.

Alles, was wir besitzen, wird einer Prüfung vor uns selbst unterzogen - all unsere Körperteile, all unsere Fähigkeiten zu denken und zu fühlen und alle Gelegenheiten, die zu nutzen uns gewährt wurden. Gott, der Erhabene, prüft uns nicht, weil Er wissen will, wie wir diesen Test bestehen, sondern weil Er uns einen Spiegel vorhalten will, auf dass wir uns bewusst werden, dass wir uns gleichzeitig selbst testen und getestet werden. Gott weiß mehr als jeder andere, nämlich alles.

1.4

Warum sollen wir Gott anbeten, wenn Er doch unserer Anbetung gar nicht bedarf? Wenn wir Ihn aber anbeten, warum dann nicht so, wie wir es für richtig halten?

Wenn wir uns einmal die Situation des Menschen in diesem gewaltigen Universum vor Augen führen, fällt uns auf, wie bedürftig und abhängig er doch ist. Der Mensch ist weder allmächtig noch eigenständig. Immer wieder ist er, schon um überleben zu können, auf Dinge angewiesen, die er allein durch eigene Kraftanstrengung kaum erlangen kann. Gleichzeitig ist er schwach und verletzbar: So manches kann ihm schaden und gerade diejenigen Anliegen durchkreuzen, die ihm besonders am Herzen liegen. Er ist umgeben von Sorgen, Krankheiten und Katastrophen, die sein Lebenswerk in einem einzigen Augenblick ruinieren können. Angesichts der bloßen Anzahl und Verschiedenartigkeit von Pflanzen, Bäumen, Tieren, Flüssen und Bergen, die seine Umwelt darstellen, und angesichts der Großartigkeit der Himmel bleibt dem Menschen nichts anderes übrig, als über seine Schwäche und seine relative Bedeutungslosigkeit zu reflektieren. Diese Reflexion, die ihm eine grundlegende Einsicht in die eigene Hilflosigkeit und Geringfügigkeit gegenüber der gewaltigen Ausgewogenheit und Größe seiner Umwelt vermittelt, erweckt etwas zum Leben, das in seinem tiefsten Innern verborgen liegt und ihn einlädt, das Göttliche anzuerkennen und Es anzubeten. Der Mensch ist dazu verpflichtet, die Existenz einer gewaltigen, geheimnisvollen Macht hinter bzw. jenseits der Natur in Betracht zu ziehen, einer Macht, die die Gegenstände und Ereignisse in seiner Umwelt kontrolliert. Weil all das, was er wahrnehmen, sehen und anfassen kann, ganz offensichtlich in einem Abhängigkeitsverhältnis zu anderen Dingen steht und außerdem kurzlebig und vergänglich ist, gibt es mit Sicherheit keinen Grund, es anzubeten. Sowohl sein Verstand als auch seine Erfahrung lassen den Menschen vielmehr zu dem Schluss kommen, dass es ein höheres Wesen, einen transzendenten Willen jenseits der sichtbaren, greifbaren Harmonie des Universums geben muss, das bzw. der alles leitet und überwacht und deshalb das Ziel der Anbetung sein muss.

Wer intensiver über das Dasein nachsinnt, stößt zum Einen auf eine allumfassende Gesetzmäßigkeit und Ordnung, zum Anderen aber auch auf die Gleichförmigkeit und Regelmäßigkeit aller Dinge und Ereignisse und auf deren Gehorsam gegenüber einem Allmächtigen Willen, der im Universum waltet. Er wird sich der Tatsache bewusst werden, dass innerhalb dieser Gesetzmäßigkeit und Ordnung alle Dinge ihren eigenen Stellenwert haben, der aus ihrem Zweck oder ihrer Notwendigkeit heraus resultiert. Da auch der Mensch zu diesen ‚Dingen' gehört, wird er zu der Einsicht gelangen, dass sein Dasein keinem sinnlosen Zufall entspringt, sondern dass auch er einem Zweck dient und eine Pflicht zu erfüllen hat.

Betrachtet man den ästhetischen Aspekt des Daseins, so wird man ihn unnachahmlich schön finden. Von der Gestalt des Menschen über die kraftvolle, lebendige Schönheit der unzähligen Formen und Farben der Erde bis hin zur Pracht und Herrlichkeit der Sterne und Planeten spricht alles, was da existiert, das Herz des Menschen an und ruft in ihm etwas hervor, das mit dem Begriff Ehrfurcht nur unzureichend beschrieben wäre: Sehnsucht und Verlangen, den Schöpfer und Besitzer all dessen, was seine Sinne und seinen Verstand so erregt und entzückt, kennen zu lernen. Es hat fast den Anschein, als sei alles, was in dieser Welt existiert, zunächst an einem anderen Ort entworfen und erschaffen worden, bevor es dann dem Menschen überantwortet wurde. All diese Dinge sollte der Mensch bestaunen, selbst wenn er sie ständig benutzt und sie ihm alltäglich geworden sind. Die Welt wird dem Menschen präsentiert wie ein reichlich mit Früchten, Gemüse und Schmuckstücken aller Art gedeckter Tisch, der zu seinem Nutzen und zu seiner Freude hergerichtet wurde. Jedes Mal, wenn der Mensch seine Hand nach irgendeinem dieser Geschenke ausstreckt, spürt er unweigerlich die Gegenwart seines Wohltäters, was seine Freude und sein Staunen noch steigern sollte. Wären Babys dazu in der Lage, Gedanken zu formulieren und auszusprechen, dann würden sie sicherlich ihrer Überzeugung Ausdruck verleihen, dass die Milch ihrer Mütter in einer anderen Sphäre zubereitet und ihnen dann gesandt wurde, um ihr Bedürfnis zu stillen. Sie würden dem Einen, der sie durch die Brüste ihrer Mütter ernährt, voller Ehrfurcht danken.

Der feierlichen Sprache der Religion gemäß entwickeln sich Gefühle und Vorstellungen wie diese sozusagen ganz natürlich im Bewusstsein des Menschen. Sie sind eine Stufe auf dem Weg, der Schönen Namen und Attribute des Schöpfers, die Dieser durch Seine Schöpfung Selbst bekannt macht, gewahr zu werden. Denn jede Segnung, jede vorzügliche Eigenschaft und jede Schönheit kündet von dem Einen, der sie erschaffen, arrangiert oder zur Verfügung gestellt hat. Jedes System, jedes Gleichgewicht und jede Ordnung verweist auf den Einen, der es bzw. sie begründet hat und aufrechterhält. Um es auf den Punkt zu bringen: Jeder Mensch spürt, dass er dazu verpflichtet ist, für alle Wohltaten, die er empfängt, dankbar zu sein und Gott dafür anzubeten, dass Dieser ihm Kenntnisse über Sich vermittelt. Die Mu'taziliten und zu einem gewissen Grad auch die Maturiditen erheben diese Tatsache zu einem Grundsatz und folgern: Selbst wenn niemals Propheten zur Erde gesandt worden wären und keine Ratgeber (*Murschidun,* sing.*: Murschid*) uns den rechten Weg gewiesen hätten, wäre der Mensch allein durch die Betrachtung der im Universum manifestierten Tatsachen dazu verpflichtet, sich Wissen über Gott anzueignen und diesem Wissen entsprechend zu handeln.

Folgender Beweis untermauert ihre These: Lange bevor der Islam zu den Menschen kam, lebten viele Menschen einschließlich Muhammad (dem späteren Gesandten Gottes) in Mekka, der Hochburg heidnischer und polytheistischer Götzenanbetung. Niemand zeigte ihnen den Weg zu Gott, niemand erzählte ihnen, (auch nicht Muhammad) von der Einheit Gottes (*Tawhid*). Und dennoch lebte in der Wüste ein Beduine, der sagte: „Der Kot der Kamele weist darauf hin, dass diese existieren. Fußspuren im Sand berichten uns von Reisenden. Der Himmel mit seinen Sternen, die Erde mit ihren Bergen und Tälern und das Meer mit seinen Wellen - weisen sie nicht alle auf den Schöpfer, den Allmächtigen, den Allwissenden, den Weisen und Fürsorglichen hin?" Wenn schon ein einfacher Beduine, der nur Sand und Wüste kannte, solche Gedankenketten entwickeln konnte, wie steht es dann um andere wie zum Beispiel um jenen Mann, der später zum Gesandten Gottes ernannt wurde, um Muhammad, dessen große Scharfsinnigkeit und Verständnisgabe die Welt retten sollte? Schon lange bevor ihn die Offenbarung Gottes erreichte, erkannte er die Bedeutung der Welt, wurde er sich der Wahrheit des großartigen Buchs des Universums bewusst und begann nach ihr zu forschen. Er suchte Zuflucht in der Höhle des Berges Hira und widmete sich dort ganz dem Gebet. Aischa schilderte in einem Hadith, der am Anfang von Bukharis großem Werk *Sahih*[8] zu finden ist, unter direkter Berufung auf Khadidscha, dass sich der Prophet dort völlig dem Gebet hingab und nur gelegentlich nach Hause kam, um ein paar Lebensmittel zu holen.

Diese Beispiele mögen uns einen Hinweis darauf geben, dass der Mensch durchaus in der Lage ist, sich zumindest ein gewisses Maß an Wissen anzueignen und damit allein auf Grund eigener Beobachtungen und mit Hilfe des eigenen Verstandes Gott anzubeten. In diesem Zusammenhang ist es sicherlich recht aufschlussreich, die letzten Worte und Gedanken von Zaid ibn Amr, dem Onkel von Umar ibn al-Khattab, zu erwähnen. Wie Gott es so wollte, lebte dieser Mann nicht lange genug, um die Prophetenschaft Muhammads, Friede sei mit ihm, noch zu erleben. Intuitiv spürte er jedoch, dass die Wahrheit des Islam und die Bedeutung des Kommens des Propheten Muhammad in der Luft lagen. Er wusste das, was er so klar und deutlich spürte, aber nicht genau zu benennen. So versammelte er die Mitglieder seiner Familie um sein Sterbebett und sagte: „Am Horizont erscheint das Licht Gottes. Ich glaube ganz fest, dass es sehr schnell aufgehen wird. Über unseren Köpfen spüre ich bereits seine Vorboten." Dann wandte er sich an Gott: „O Du Großer Schöpfer! Ich war nicht in der Lage, Dich in Deinem ganzen Umfang zu erkennen. Hätte ich dieses Wissen besessen, hätte ich

8 Bukhari, *Bad al-Wahy*, 3

mein Gesicht vor Dir gebeugt und nie mehr erhoben, nur um Dich zufrieden zu stellen."[9] Offensichtlich vermag ein reines Bewusstsein, das nicht vom Heidentum oder von der Vielgötterei verformt und korrumpiert wurde, allein durch die Betrachtung der Großartigkeit und Harmonie der Schöpfung seine eigene Position und Aufgabe innerhalb dieser Schöpfung zu verstehen und danach zu streben, dem Einen, der alles erschaffen und verfügt hat, zu dienen und Seine Erwartungen zu erfüllen.

Gott zu kennen heißt auch, Ihn anzubeten. Da Er es ist, der uns Seine Wohltaten zukommen lässt, sind wir dazu verpflichtet, Ihm zu dienen. Dazu gehört das Gebet selbst samt der richtigen Gebetsformen und der Hilfsmittel, derer sich das Gebet bedient. Gott formuliert die Gebete, damit wir nicht in unserem unbeholfenen Überschwang, Ihm eine Freude bereiten zu wollen, unangemessen oder dumm handeln und reden. Sonst würden wir möglicherweise erleben müssen, wie Menschen Dinge sagen wie „Wo sind Deine Knie, o Herr, auf dass ich meinen Kopf auf sie betten kann? Wo ist Deine Hand, auf dass sie meinen Kopf streichle?", oder andere ähnlich respekt- und sinnlose Bemerkungen machen. Die Offenbarung befreit die Menschheit aus ihrem Dilemma, nicht zu wissen, wie man betet. Dadurch, dass Gott sich durch Seinen Gesandten offenbart hat, haben wir erfahren, dass wir bestimmte Regeln zu beachten haben, um in angemessener Art und Weise in den Zustand des Gebetes treten zu dürfen. Vor Beginn des Gebetes ist die rituelle Waschung, der *Wudu*, zu vollziehen. Zunächst wird die Formel *Allahu akbar* gesprochen, die besagt, dass Gott wichtiger als alle anderen Beschäftigungen und Zerstreuungen und größer als das Ego (*Nafs*) ist, dass Gott also der Einzige ist, der wirklich bedeutend ist. Um anzuzeigen, dass man sich dem Gebet ganz hingibt, soll man in friedvoller und ehrfürchtiger Ruhe stehen und dabei die Hände vor der Brust falten. Von diesem Augenblick an muss man sich dann so intensiv wie möglich konzentrieren. Dem jeweiligen Entwicklungsstand entsprechend wird man dann vielleicht im Geist die Himmelsreise erleben, die Gottes gelieb-

9 Ibn Sad, Tabaqat, 161-2; Ibn Hadschar, *Al-Isaba*

tem Gesandten gewährt wurde. Je nach Qualität der Konzentration und Aufrichtigkeit wird man den Wunsch nach der Reise zu den Orten, zu denen der Prophet emporgestiegen ist, und die Freude über diesen Aufstieg verspüren. Während man innerlich empor steigt, verbeugt man sich ehrfurchtsvoll mit dem Körper, um erneut Demut und Bescheidenheit zum Ausdruck zu bringen. So erreicht man eine ganz neue Stufe des Dienstes an Gott und wirft sich in noch größerer Ehrfurcht und Hingabe nieder. Gleichzeitig taucht man, je nach Intensität der Hingabe in unterschiedliche Sphären ein. In der Hoffnung, noch weiter vorzudringen, richtet man den Oberkörper nach der ersten Niederwerfung für eine Weile auf, um sich auszuruhen und dann mit neuer Kraft die zweite Niederwerfung vorzunehmen. Nun wird man sich der Bedeutung des folgenden Hadithes von Muslim aus der Sammlung *Sahih* bewusst: *Der Diener ist Gott niemals näher als in dem Moment, wenn er sich in der Anbetung niederwirft. Intensiviert eure Bittgebete während der Niederwerfung!* Auch werden wir jetzt besser verstehen, was uns die Koranverse *...der dich sieht, während du (im Gebet) dastehst und (der) deine Bewegungen inmitten derer, die sich vor Ihm niederwerfen (sieht).* (26:218-219) sagen wollen.

An eine bestimmte Form gebundene Gebete, die uns durch die Lehre und Rechtleitung Gottes übermittelt wurden und die vor Liebe, Ehrfurcht und Unterwerfung gegenüber Gott überfließen, sind die schönste Form der Anbetung, die der Glaube an Gott und das Wissen um Sein Göttliches Wesen hervorbringen können. Damit wir also nicht unangemessen oder töricht sprechen und handeln, folgen wir den Beispielen, die von Gott und Seinem Propheten aufgezeigt wurden. Damit stoßen wir nicht nur auf das Wohlwollen Gottes, sondern tun darüber hinaus auch etwas, wovon wir selbst sehr profitieren.

In jeder Lebenslage sind wir auf Hilfestellung, Rechtleitung und Ratschläge angewiesen. Stellen wir uns einmal vor, jemand, der es gut mit uns meint, erteilt uns einen uneigennützigen guten Rat in geschäftlichen Dingen - spare hier und investiere da, tue dies, um zu vermeiden, betrogen zu werden, und tue das, um das Personal effizienter einzusetzen usw. -, ohne uns diesen in Rechnung zu stellen. Wenn wir nicht vollkommen verrückt sind, werden wir seinen Rat annehmen.

Wenn wir uns an Gottes Rat, an die von Ihm vorgeschriebene Form des Gebets halten, werden wir den Fallstricken der Übertreibung und der Unschicklichkeit entkommen und im Gegenzug Vorteile und Segnungen jenseits unserer Vorstellungskraft ernten. Unter Umständen drücken wir, indem wir die Formel *Allahu akbar* aussprechen, auf einen Knopf, der uns Barmherzigkeit, *Rahma*, beschert. Vielleicht lässt sich unsere Seele zu einer Reise inspirieren, die der des Propheten zum Himmel, dem *Mi'radsch*, ähnelt. Möglicherweise ebnet uns die Rezitation der *Fatiha*, der Eröffnungssure des Koran, den Weg in das höchste Mysterium. Ganz sicher aber öffnen wir mit jedem Wort, mit jeder Geste und mit jeder Bewegung im Gebet verborgene Türen und Schlösser, die zu geheimen Reichen und zu ewiger Glückseligkeit führen. Das Gebet ebnet alle Wege und öffnet alle Türen. Davon abgesehen werden unsere Rezitationen und unser Flehen in der Gegenwart Gottes erhört, und um uns herum versammeln sich die Engel, wenn wir uns nur aufrichtig niederwerfen. Niemand sollte die Korrektheit dieser Behauptung in Zweifel ziehen, da sie auch vom Propheten Muhammad, Friede sei mit ihm, ausdrücklich bekräftigt wurde. Wir sollten Gott also so anbeten, wie Er es uns aufgetragen hat.

Jemand, der sich eine Maschine kauft und der mitgelieferten Gebrauchsanweisung keine Beachtung schenkt, sondern sich auf sein eigenes Wissen verlässt, ist ausgesprochen dumm. Analog dazu weiß der Schöpfer genau, welchen Weg wir einschlagen sollten, welcher Weg sowohl in dieser Welt als auch im ewigen Leben des Jenseits zum Erfolg führt. Es zeugt deshalb von Weisheit, den Regeln, die Er für das Gebet aufgestellt und die der Prophet mit Seinem Beispiel vorgelebt hat, zu folgen. Wir sind es, die der Anbetung Gottes bedürfen. Gott bedarf unserer Anbetung nicht - Er ist aller Bedürfnisse ledig. Möge Er uns die Gunst und Ehre erweisen, Ihn auf angemessene Art und Weise und voller Aufrichtigkeit anzubeten!

TEIL II

RELIGION

2.1

Manche sagen, die Religion sei ein vom Menschen ersonnenes Konstrukt, das uns hilft, Probleme, die wir nicht lösen können, zu verdrängen - Probleme, die sich möglicherweise aber durch weitere Fortschritte des Zivilisationsprozesses eines Tages lösen lassen. Werden wir eines Tages wirklich keine Religion mehr benötigen?

Die Gegner einer religiösen Lebensgestaltung behaupten, die Religion sei auf Grund der Tatsache entwickelt worden, dass der Mensch sich der Welt gegenüber machtlos fühlt und Erleichterung und Dankbarkeit empfindet, wenn er von seiner Machtlosigkeit befreit wird. Hier ein kurzer Überblick über die Hauptargumente der Anhänger einer solchen Sichtweise:

Bestimmte natürliche Phänomene übersteigen das Auffassungsvermögen des Menschen und entziehen sich seiner Kontrolle. Deshalb schreibt er sie einem Schöpfer zu. Der Mensch umgibt manche Naturereignisse mit einer Aura des Heiligen, weil er von ihnen auf eine Weise profitiert, die ihm rätselhaft bleibt; in manchen Fällen geht er sogar so weit, solche Phänomene in den Rang von Göttern zu erheben. So hielten die alten Inder den Ganges, die Ägypter den Nil und beide Völker - aus unterschiedlichen Gründen - die Kuh für heilig. Der Mensch ist in seiner Welt mit einer erschreckenden Unsicherheit konfrontiert. Darum strebt er danach, sich abzusichern, indem er all das verehrt bzw. abmildert, was ihm eine Quelle von Sicherheit bzw. Unsicherheit zu sein scheint. In manchen Kulturen finden wir eine Zweiteilung der Sphäre des Heiligen: Eine Gottheit steht für das

Gute, die andere für das Böse. Das hat dazu geführt, dass der einen Liebe und Barmherzigkeit und der anderen Terror und Strafe zugeschrieben wurden. Ähnlich wird auch das Konzept von Himmel und Hölle ‚begründet'. Man kommt zu dem Schluss, dass die Religion eine beruhigende Illusion für die unteren Schichten einer Gesellschaft darstellt. Für die Schicht der Mächtigen und insbesondere für die religiöse Führung sei sie ein Mittel zur Manipulation der Massen - kurz: ‚Opium für das Volk'.

Steht diese Argumentation auf einem soliden Fundament? Nein, die Religion ist keineswegs das Produkt der Hilflosigkeit des Verstandes und entspringt auch weder Willensschwäche noch Furcht:

Das Bedeutungsfeld des Wortes *Din* (Religion) umfasst Gehorsam, Belohnung und Pfad bzw. Weg. Diese Inhalte sind miteinander verknüpft. Der Pfad ist der Weg, der über den Gehorsam zu Gott, dem Allmächtigen, führt. Am Ende des Lebens wird jeder Mensch volle Rechenschaft über all seine guten und schlechten Taten, über alles, was er auf seinem Weg geleistet hat, ablegen müssen. Etwas formaler könnte man *Din* als die Gesamtheit des Gesetzes Gottes, das jeden, der im Vollbesitz seiner geistiger Kräfte ist, dahin führt, Gutes zu tun, definieren. So wie das Gesetz zwischen einer vor dem Gesetz haftbaren Person und einer Person, die vor dem Gesetz nicht zur Rechenschaft gezogen werden kann, unterscheidet, richtet sich der Anspruch, ein religiöses Leben zu führen, ausschließlich an diejenigen, die vernunftbegabt sind. Die Religion existiert nicht deshalb, weil der Mensch nicht logisch denken oder weil er gewisse Dinge nicht verstehen kann, sondern weil ihm die Unterstützung Gottes ermöglicht, zu denken und zu verstehen. Indem der Mensch seinen freien Willen einsetzt, gehorcht er Gott, oder auch nicht. Zwar wird vom Menschen Gehorsam verlangt; dieser Gehorsam wird ihm jedoch nicht aufgezwungen. Der Gedanke, die Religion gebe es nur deshalb, weil der Mensch den Wunsch hat, eine gute Ernte einzubringen und eine schlechte zu vermeiden, oder anders ausgedrückt, weil er keine Kontrolle und keine Macht über seine Lebensumstände hat, ist völlig absurd. Eine wahrhafte Religion negiert den freien Willen nicht. Im Gegenteil, sie unterstreicht vielmehr, dass die Schöpfung nicht ins

Leben gerufen wurde, um dem Menschen etwas aufzuzwingen, sondern um ihm Nutzen zu bringen und seinen Spielraum zu erweitern; eine wahrhafte Religion betont, dass dem Menschen die Möglichkeit gegeben ist, seinen Weg zu wählen, indem er von seiner Freiheit Gebrauch macht.

Gelegentlich wird behauptet, Religion resultiere aus einer unsachgemäßen Verwendung des Verstandes, in Wirklichkeit aber ist die Grundlage der Religion der Glaube. Zwar ist es durchaus möglich, mit Hilfe menschlicher Logik auf die Existenz des Schöpfers des Universums zu schließen, eine solche Beweisführung bleibt jedoch immer angreifbar und strittig. Allein die Unterweisung durch einen Propheten verhilft uns zu einem zweifelsfreien Glauben an Gott. Jedem Propheten wurden bestimmte Zeichen mit auf den Weg gegeben, die seine Berufung durch Gott bestätigen. Die bedeutendsten Beweise für die Berufung eines Propheten sind neben den von ihm bewirkten Wundern die ihm von Gott offenbarten Schriften. Ob ein Mensch nun zur Zeit eines Propheten lebt oder erst lange nach dessen Tod - er ist aufgefordert, in Glauben und Handlungen der Offenbarungsschrift und den Propheten zu folgen.

Die Macht, die ein Prophet gegenüber seinen Anhängern ausübt, ist also keine gewöhnliche, weltliche Macht. Alle Propheten haben außerordentliche Entbehrungen und Leiden auf sich nehmen müssen und dennoch keine Gegenleistung verlangt. Keiner von ihnen hat etwas von dieser Welt erwartet, obwohl sie jede nur erdenkliche Gegenleistung hätten einfordern können, wenn sie sich (auf eindringliche Bitten hin) darauf eingelassen hätten, ihre Mission zu beenden. Der Prophet Muhammad erlebte auf seiner wunderbaren Reise in die Gegenwart Gottes die Schönheiten und spirituellen Freuden des Himmels. Trotzdem entschied er sich, zu seinem Volk zurückzukehren, zurückzukehren zu Schmerz, Verachtung und Spott. Er war kein Mensch der Freuden, weder der des Körpers noch der des Geistes, sondern jemand, der sein Leben Gott zuliebe dem Dienst der Menschheit gewidmet hat.

Man könnte sich nun die Frage stellen, ob ein Mensch nicht direkten Zugang zu seinem Herrn haben und so eine religiöse Offenbarung direkt von Gott erhalten kann. Prinzipiell wäre das durchaus vorstellbar. Diese Person müsste aber eine vollkommen reine Seele besitzen, was natürlich nicht möglich ist. Daher hat Gott bestimmte Menschen auserwählt, sie spirituell gereinigt und zu Propheten berufen: *Allah erwählt aus den Engeln Gesandte und aus den Menschen...* (22:75) Er wählte Dschibril (Gabriel) aus, um Seinen Gesandten Seine Botschaft zu übermitteln. Die Propheten aus den Reihen der Menschen aber beauftragte er damit, *Din* zu lehren. Es handelte sich bei ihnen um Männer mit einem reinen Charakter, deren Gefährten ebenfalls außerordentliche Menschen waren; denn sie trugen die Verantwortung dafür, die Religion an die nachfolgenden Generationen weiterzugeben.

Wenn das Argument, die Religion diene der Menschheit als Hilfsmittel, um mit problematischen Ereignissen oder unangenehmen Naturphänomenen fertig zu werden, irgendeine Grundlage hätte, müssten wir davon ausgehen, dass die Religion etwas ist, auf das man sich immer dann beruft, wenn man es nötig hat. Wir müssten dann annehmen, dass nur zu bestimmten Anlässen ein Bedarf an Religion bestände; dass, sobald sich eine Situation entspannt hat, erst dann wieder auf die Religion zurückgegriffen wird, wenn die Zeit die gleiche oder eine ähnliche Notlage noch einmal herbeiführt. Die wahre Religion aber, der *Din* des Islam, befasst sich keineswegs nur mit Zeremonien anlässlich Geburt, Tod oder Heirat eines Menschen oder mit anderen Riten zur Bewältigung von Höhepunkten des individuellen oder öffentlichen Lebens. Der *Din* beschäftigt sich mit der Lenkung des gesamten Lebens des Menschen als verantwortliches Geschöpf Gottes, sowohl was dessen Inneres betrifft als auch in Bezug auf die äußeren Formen seines Daseins. Der *Din* regelt und unterstützt den ganzen Ablauf des täglichen Lebens auch dort, wo der Mensch unter ständiger verlässlicher Aufsicht durch Gott steht. Mehrmals am Tag ertönt der Gebetsruf, und immer richtet er sich an die ganze Gemeinschaft, nicht nur an eine bestimmte Gesellschaftsschicht. Das religiöse Leben ist keine Antwort auf Mondfinsternisse, Blitz und Donner oder andere Naturereignisse; es ist ein von den Propheten gestiftetes Instrument, mit dem sich der Mensch seinen Glauben verdient und in die Lage versetzt wird, stets das Gute zu wählen.

Die Kraft und die Beständigkeit des Glaubens sind an die Anbetung Gottes und an gute Taten gebunden. Ein Muslim, der seine religiösen

Pflichten vernachlässigt, wird schließlich kaum mehr tun, als gut über seine Vorfahren zu reden, die ein diszipliniertes, religiöses Leben führten. Mit anderen Worten: Er wird die Tugendhaftigkeit anderer zu schätzen wissen, es wird ihm aber nicht gelingen, ihrem Vorbild zu folgen. Ein Glaube, der nicht durch Anbetung und gute Taten genährt wird, wird früher oder später aller Voraussicht nach dahinschwinden.

Fünfmal am Tag zu beten stärkt unseren Glauben und erneuert unseren Bund mit Gott. Solange wir jeden Akt der Anbetung aufmerksam und mit bewusster Absicht vollziehen, vermittelt uns Gott ein Gefühl der Sicherheit, stärkt unseren Willen und ermöglicht uns, unseren Verpflichtungen auch in anderen Lebensbereichen nachzukommen.

Der *Din* beinhaltet Regeln und Normen zur Organisation unseres täglichen Lebens. Ein gläubiger Mensch ist dazu aufgerufen, das Wohlwollen Gottes sowohl durch sein Verhalten gegenüber seinen Mitmenschen als auch durch vorgeschriebene und freiwillige Gebete anzustreben. Seine ökonomischen Aktivitäten zum Beispiel müssen im Einklang mit dem Gesetz Gottes stehen, das - wie wir hier anmerken wollen - ein weiteres Element des *Din* ist, welches den Glauben stärkt. Dadurch, dass der Gläubige dieses Gesetz anerkennt, unterwirft er sein Handeln den Geboten Gottes und geht über seine eigenen weltlichen Anliegen hinaus. Wer beispielsweise etwas verkauft, muss den Käufer auf fehlerhafte Ware hinweisen. Sein Gewinn mag dadurch erheblich geringer ausfallen oder sogar gegen Null tendieren, dafür wird er aber die Genugtuung erfahren, seinem Herrn gehorcht zu haben und nicht der Sklave eigener Begierden geworden zu sein. Wenn er im Gebet vor seinem Herrn steht, wird sich diese Genugtuung in einer Stärkung seines Glaubens und seiner Bindung zu Gott niederschlagen.

Ein solcher Gehorsam bietet dem Gläubigen praktische Hilfen, um in die Gegenwart Gottes zu gelangen. Dieses Ziel, das sich jeder Gläubige setzen sollte, wurde auch vom Gesandten Gottes vorgegeben. Er erzählte uns von den drei Männern, die in einer Höhle eingeschlossen waren, deren Eingang von einem von der Flut angeschwemmten großen Felsblock versperrt war, und erklärte uns damit, dass jeder der drei Männer Gott eine gute Tat widmete, damit Er sie aus der Höhle befreite. Zwar wird es uns, auch wenn wir es uns noch so sehr wünschen, niemals gelingen, dem Gesandten physisch gleich zu sein; aber wir sollten versuchen, ihm in der Lebensweise nachzueifern. Das wird uns einen Pfand in die Hand geben, den wir Gott zur Errettung vor den Qualen der Hölle anbieten können.

Tugendhaftigkeit liegt aber auch in der Vermeidung von Sünden: Wir sollten uns fern halten von dem, was Gott verboten hat - so wie wir von Geschäften Abstand nehmen, in denen Zinsen anfallen und die uns auf den ersten Blick durchaus lukrativ erscheinen.

Das Streben nach Tugendhaftigkeit, ob durch Befolgen oder Vermeidung, die Praxis des Gebets und des Gedenkens sowie das Bemühen, Gesetz, Gerechtigkeit und die in ihnen vorgesehenen Strafen an der Lehre Gottes und Seines Gesandten zu orientieren - all diese Handlungsweisen sind grundlegende Elemente der Einheit des religiösen Lebens. In dieser Einheit ist alles mit allem verknüpft. Einzelkomponenten haben keine Bedeutung und können ebenso wenig vom Ganzen getrennt werden, wie man die vitalen Elemente eines Baumes voneinander trennen könnte. So wie Wasser, Licht und Wärme, Samen, Wurzeln, Zweige, Blätter, Blüten, Früchte und die Pflege durch einen Gärtner lebenswichtig für einen Baum sind, sind Glaube, Anbetung, das Gedenken Gottes, das Vorbild des Propheten und das Gesetz Gottes vitale und wesentliche Elemente des *Din*.

Gott hat den Menschen als Seinen Stellvertreter und Seinen Verwalter auf Erden erschaffen. Gott, den wir anbeten, ist Selbst absolut, transzendent und unabhängig von allen Dingen. Er bedarf unserer Anbetung nicht. Wir hingegen sind darauf angewiesen, Ihn anzubeten. Dass wir dies tun, geschieht durch Seinen Willen - wir würden auch gar nicht in der Lage sein, dies von uns aus zu bewerkstelligen; die Initiative geht von Gott aus. Gott möchte, dass wir im Einklang mit den Geboten des Koran danach streben, ein ausgeglichenes Leben zu führen. Er hat uns einen klaren und geraden Weg gewiesen, damit wir nicht auf Abwege geraten. Wenn der Mensch dem Koran und diesem geraden Weg folgt, kann er sein ganzes Potenzial (sowohl als Mitglied der Gesellschaft als auch als Individuum) ausschöpfen und zu wahrer Menschlichkeit gelangen.

Wir bedürfen der Religion. Wenn wir nur erkennen würden, was wir wirklich brauchen, wären wir wohl in der Lage, direkt von dem dem Menschen angeborenen Streben zum ewigen Glück zu profitieren. Dann könnten wir dieses angeborene Streben kultivieren und unsere wahren Bedürfnisse und Wünsche auf vielfältige Art und Weise zum Ausdruck bringen: „O Gott, zeige uns einen Weg, den du gutheißt, auf dass wir vor allen erdenklichen Abweichungen gefeit sind."

Es ist eine Tatsache, dass viele der weisesten Philosophen vom Wege abgekommen sind, während die meisten einfachen Muslime ein rechtschaffenes Leben führen konnten, weil sie nämlich dem klaren Weg des Propheten Muhammad, Friede sei mit ihm, folgten. Tatsächlich ist jeder Muslim in der Lage, ein fruchtbares Leben als offenherziges und verantwortungsbewusstes Geschöpf Gottes im Einklang mit seinem innersten Wesen führen, wenn er sich nur die Anerkennung Gottes zum Ziel setzt und den Propheten zu seinem Vorbild erwählt.

Die Religion wurde nicht von bestimmten Menschen formuliert, um andere zu manipulieren; sie ist auch nicht von der Menschheit als Ganzer als ein Weg definiert worden, sich mit der natürlichen Umwelt zu arrangieren. Nein, die Religion wurde dem Menschen als ein Teil der Barmherzigkeit Gottes offenbart, weil er sie dringend benötigt und ohne ihre Unterweisung kein wahrer Mensch sein kann. Nur ein Mensch, der die Prüfungen religiöser Erfahrungen bestanden hat, ist des ewigen Glücks würdig. Der Mensch wird sich im Jenseits nur dadurch von anderen unterscheiden, inwieweit er dem klaren Weg der Religion gefolgt ist. Der Gesandte Gottes sagte: *So wie man sein Pferd in einer Herde an der Blesse am Kopf erkennen kann, werde ich im Jenseits meine Gemeinde am Leuchten der Körperteile, die beim Wudu* (bei der Gebetswaschung) *gewaschen wurden, erkennen.*[10]

Die von Gott durch Seine Propheten offenbarte reine Religion besteht aus Grundlagen und Verästelungen. Die wesentlichen Grundlagen sind bei allen von Gott offenbarten Religionen von der Zeit des ersten Propheten bis hin zum letzen immer dieselben gewesen. Die von Gott offenbarten Religionen unterscheiden sich nur hinsichtlich der

10 Bukhari, *Wudu* 3; Muslim, *Tahara* 34,35. *Musnad* 2, 334, 362, 400, 523

Anbetung und der Gebote voneinander. Denn Gott hat die Menschen verschiedener Epochen unter Berücksichtigung ihrer sozialen Voraussetzungen und Möglichkeiten zu bestimmten Formen der Anbetung verpflichtet.

Der Glaube an die Wiederauferstehung zum Beispiel besitzt in jeder Religion eine zentrale Bedeutung, und jeder Prophet hat diesen Glauben auf die eine oder andere Art und Weise gelehrt. Wenn auf dieses Thema nicht so ausdrücklich Wert gelegt worden wäre, wäre die Religion zu einem bloßen sozio-ökonomischen oder psychologischen System von Regeln und Normen verkümmert, und besäße keinerlei Kraft, das Innere des Menschen anzuregen, Gutes zu tun und Böses zu unterlassen. Ohne den Glauben an die Wiederauferstehung wäre ein aufrichtig an Gott gerichtetes Gebet nicht möglich gewesen; außerdem wären auch keine aufrichtigen Opfer zu Ehren Gottes gebracht worden: Der Mensch erwirbt sich viele Tugenden, wenn er nur Folgendes berücksichtigt: *Wer nun aber auch nur eines Stäubchens Gewicht Gutes tut, wird es sehen; und wer auch nur eines Stäubchens Gewicht Böses tut, wird es sehen.* (99:7-8) Indem wir uns bemühen, Seinem Weg ohne Abweichung zu folgen, bereiten wir uns auf den Moment vor, an dem wir unseren Herrn ohne jede Verschleierung zu sehen bekommen werden. Diesem einen Augenblick ist nicht einmal die ganze Spanne des ewigen Lebens im Himmel vergleichbar.

Neben solchen unveränderlichen primären Grundlagen hat Gott auch Veränderungen an Seinem Gesetz offenbart. Im Verlauf der langen Geschichte der Menschheit hat das jeweils neue Gesetz Gottes frühere Offenbarungen modifiziert. Beginnend in der Kindheit der Menschheit, von der Zeit des Propheten Adam, bis hin zu ihrer Volljährigkeit zur Zeit des Propheten Muhammad finden wir hier eine Antwort der Barmherzigkeit Gottes auf die unterschiedlichen Lebensbedingungen des Menschen.[11] Als letzte und vollkommene Religion Gottes wird der Islam (dessen Offenbarungsschrift und Lehren vor jeder Verfälschung bewahrt wurden) bis zum Tag des Jüngsten Gerichts maßgeblich sein. Aber selbst wenn die früheren Offenbarungsschriften und Gesetze nicht verfälscht worden wären, hät-

11 *Musannaf* 11, 428

ten sie sich ihre Legitimität nicht erhalten können, da ihre Autorität ja durch das Erscheinen des Islam von Gott aufgehoben wurde.

Abschließend lässt sich zusammenfassen, dass die Religion kein Glaubenssystem ist, zu dessen Erfindung der Mensch sich gezwungen fühlte, weil er Angst vor Naturereignissen wie Überschwemmungen oder Gewittern hatte. Die Religion ist auch kein menschliches Konstrukt in Form von Regeln und Normen, das von einigen Wenigen erarbeitet wurde, um die sozialen und ökonomischen Angelegenheiten aller Menschen zu regeln. Wahre Religion ist in der Tat weit von allem entfernt, was der Geist eines Menschen hätte ersinnen können. Sie ist vielmehr die Sammlung derjenigen Offenbarungen und Gesetze Gottes, die den Menschen in die Lage versetzen, Glück in dieser und in der nächsten Welt zu erfahren.

Der Friede und das Glück des Menschen sind an ein religiös geprägtes Leben gebunden. Nur die Religion ermöglicht ihm, das Gesetz Gottes im inneren wie im äußeren Wesen seiner Existenz zu befolgen. Nur sie versetzt ihn in einen Zustand, in dem er sich das Paradies und den Anblick Gottes verdient. Eine ausschließlich auf dem Menschen gründende Kultur - so weit sie sich auch entwickeln mag - vermag niemals, dem Menschen Glück auf Erden zu bescheren, geschweige denn die Religion zu ersetzen.

2.2

Der Islam ist ein von Gott offenbarter Lebens- und Glaubensweg. Dieser Weg erfordert, sich Gott zu unterwerfen. Andererseits billigt man dem Menschen natürlich auch im Islam Vernunft und Verstand zu. Besteht hier kein Widerspruch?

Islam bedeutet tatsächlich, sich Gott zu unterwerfen und gleichzeitig Vernunft und Verstand anzuerkennen. Warum hier kein Widerspruch besteht, wird klar, wenn man Vernunft und Verstand einsetzt.

Die Prinzipien des *Din*, die wir in unserem Leben verstehen und beachten sollen, werden so im Koran dargelegt, dass der Verstand des Menschen sie nachvollziehen kann. Wie sollten wir sie sonst auch kennen? Der Koran offenbart die Wahrheit. Die in ihm präsentierten Hinweise auf das Wesen Gottes setzten aber ein Prophetentum voraus, denn unser Wissen um das Wesen Gottes ist untrennbar mit den Propheten verbunden. Sie sind des, über die der Menschheit das Wesen Gottes bekannt gemacht wird.

Beweise, die sich auf das Wesen Gottes und das Prophetentum beziehen, appellieren genauso an Vernunft und Verstand wie jene Beweise, die Tod und Wiederauferstehung betreffen. Und auch das Gefühl, das der Mensch in Bezug auf die Ewigkeit besitzt, speist sich aus dem ewigen Leben selbst. Wäre dies nicht so, würde ein solches Gefühl innerhalb der Grenzen menschlicher Erfahrung oder Vorstellungen gar nicht existieren.

Was nun die Offenbarungen Gottes betrifft, so handelt es sich bei ihnen um die Worte Gottes. Der Koran ist die letzte Offenbarung und auch die einzige, die unverfälscht zu uns gelangt ist. Selbst wenn alle Dschinn (Geistwesen) und Menschen gemeinsam versuchen würden, einen Vers hervorzubringen, der einem des Koran vergleichbar wäre, würden sie scheitern. Auch die Thora, die Psalmen und das Evangelium sind Worte Gottes, jedoch nicht in ihrer jetzigen verfälschten Form.

An dieser Stelle soll nicht erörtert werden, in welchem Verhältnis die einzelnen Prinzipien des *Din* zu Vernunft und Verstand stehen. Mein Ziel ist lediglich nachzuweisen, dass der Verstand alle Punkte, die den Glauben des Islam betreffen, rational nachvollziehen kann. Ein solcher Nachweis findet allerdings vor dem Hintergrund der beschränkten menschlichen Erkenntnisfähigkeit statt und besitzt daher nur wenig oder sogar überhaupt keine Aussagekraft.

Jede Handlung Gottes steht per Definition im Einklang mit Vernunft und Verstand; denn Gott ist der Weise, der Allwissende, Dessen Werke alle eine bestimmte Absicht verfolgen und nie absichtslos verrichtet werden. Im Vergleich zu den Werken Gottes haben selbst die Werke der fähigsten Menschen so gut wie gar keine Bedeutung. Die uns anvertraute Welt, in der wir leben, übersteigt bei weitem alles, was unser Leben ihr hinzuzufügen vermag; aber auch das, was wir zu dieser Welt beisteuern, stammt letztendlich ja von Gott. Die Erkenntnis, dass Gott mit jeder Seiner Handlungen ein ganz bestimmtes Ziel verfolgt, lässt sich allein aus dieser Tatsache ableiten. Dies ist eine Erkenntnis, die Vernunft und Verstand in jeder Hinsicht zufrieden stellt.

Wir können eigentlich gar nicht anders, als an Gott, den Allmächtigen, zu glauben. Seine außerordentliche Erhabenheit erfahren wir einerseits durch die Betrachtung der in der Welt wirkenden Gesetze Gottes und durch das Nachdenken über sie, andererseits durch unsere inneren persönlichen Überzeugungen.

Der Glaube an Gott und die Wahrnehmung Seines Wesens - ob in der äußeren Welt oder in unserem Innern - bewirken zwangsläufig, dass wir uns Gott unterwerfen. So führt der Pfad, dessen Ausgangspunkt in Vernunft und Verstand liegt, geradewegs zur Unterwerfung. Sich unterwerfen heißt, bewusst und absichtsvoll gehorsam gegenüber Gott und all Seinen Geboten und Verboten zu sein. In diesem Sinne handeln wir, wenn wir beten, fasten, die Armensteuer zahlen, auf Pilgerfahrt gehen und Wucher, Bestechung, berauschende Getränke, Ehebruch und ähnlich üble Dinge vermeiden.

Gott hat für Seine Gebote und Verbote zweifellos Gründe, von denen wir zumindest einige auch nachvollziehen können. Ein möglicher Grund für eine Vorschrift liegt zum Beispiel darin, dass wir sowohl als Individuen als auch als Wesen, die in Gemeinschaft mit anderen leben, von ihrer Befolgung profitieren. Gründe dafür, dass die fünf Pflichtgebete jeweils zu bestimmten Tageszeiten verrichtet werden müssen, sind unter anderem die Stärkung von Selbstdisziplin und Ordnung und die Stabilisierung des Glaubens und der Gemeinschaft. Auch die äußeren Notwendigkeiten, die beim Gebet eingehalten werden müssen, sind nicht ohne Grund genau festgelegt. Hierbei fällt auf, dass viel Wert auf die Waschung bestimmter Körperteile zur Vorbereitung auf das Gebet (*Wudu*) gelegt wird. Das Gemeinschaftsgebet trägt entscheidend dazu bei, eine gläubige Gemeinschaft zu formen und zu bewahren. Die *Zakat*, die Armensteuer, verringert die Kluft zwischen Reich und Arm in der Gesellschaft und stärkt auch das Verantwortungsgefühl gegenüber Schwächeren. Das Fasten kommt unbestreitbar der Gesundheit des Menschen zu Gute. Außerdem möchte ich hinzufügen, dass auch das islamische Strafrecht (im sozialen Kontext von der islamischen Gemeinschaft unter Befolgung der Anweisungen Gottes entwickelt) zum Gehorsam gegenüber dem Weisen und Allmächtigen führt, sofern es gewissenhaft im Lichte der Vernunft und des Verstandes angewandt wird.

Über die Pilgerfahrt, die Hadsch, sagt der Koran: *...Und der Menschen Pflicht gegenüber Allah ist die Pilgerfahrt zum Hause, wer den Weg dorthin ermöglichen kann...* (3:97) Dieser Vers stellt eine klare Aufforderung dar. Wenn wir ihn nicht in Frage stellen und die Pilgerreise unternehmen, leisten wir einen Akt des Gehorsams. Doch welchen weiteren Nutzen ziehen wir aus der Pilgerfahrt? Sie ist eine globale Konferenz der Muslime, eine Gelegenheit, sich ohne Diskriminierungen auf Grund von Rasse, Geschlecht, Hautfarbe oder Bildungsstand zu versammeln.

Ob wir nun gehorsam sind und uns deshalb der Vernunft und des Verstandes bedienen, oder ob wir unsere Vernunft und unseren Verstand einsetzen und so zum Gehorsam geführt werden: der Islam ist in jedem Fall der Weg der Wahrheit. Somit sind die Prinzipien des *Din* sowohl in Vernunft und Verstand als auch im Gehorsam verankert. Der Islam ist ein System, das von Gott eingesetzt wurde und dass auf keine andere Weise von irgendjemandem hätte verordnet werden können.

2.3.

Weiß der Islam wirklich auf jedes Problem eine Antwort?

Ja, der Islam weiß auf jedes Problem eine Antwort. Was nun zu diesem Thema gesagt werden wird, wurde auch schon von vielen anderen Menschen so vertreten. Die vielen Übertritte zum Islam auch im Westen sind ein starkes Argument für die Fähigkeit des Islam, die unterschiedlichsten Probleme zu lösen.

Wer kann eine Fabrik besser führen als ihr Konstrukteur und Erbauer? Wer ein Elektrogerät zum Laufen bringen möchte, lässt es sich am besten von jemanden erklären, der es schon kennt. Analog dazu weiß Gott, der den Menschen erschaffen hat, am besten, wie dieser sein privates und gesellschaftliche Leben führen sollte. Er hat den Menschen erschaffen. Daher ist das beste und geeignetste System jenes, das Er in Kraft gesetzt und der Menschheit geschenkt hat - der Islam.

Diese Tatsache ist heute weitgehend anerkannt. Alle von Menschen eingeführten Systeme wurden inzwischen korrumpiert und sind zu Grunde gegangen. Vorübergehende Erfolge haben sie nicht retten können. Berüchtigte vom Menschen ersonnene Systeme wie Feudalismus, Kapitalismus, Sozialismus und Kommunismus sind zusammengebrochen oder liegen in Trümmern und haben außer Verzweiflung und Wehklagen nichts Zählbares zurückgelassen. Der Islam jedoch ist uns erhalten geblieben und hat nichts von seiner ursprünglichen Strahlkraft verloren. Der Westen ist sich dessen sehr wohl bewusst, denn geistige Führer und Prediger, die aus der islamischen Welt kommen, werden in vielen Teilen der westlichen Welt freundlich aufgenommen. Selbst die

Gemeindehäuser einiger Kirchen können inzwischen genutzt werden, um den Islam auf die eine oder andere Weise zu unterstützen.

Die Welt ist auf dem Weg, ein neues Verständnis vom Islam zu entwickeln, und die Überzeugung, dass die Probleme, die die Menschheit bisher nicht hat lösen können, vom Islam bewältigt werden können, ist weit verbreitet.

Wenn selbst die Feinde eines Menschen dessen Tugenden zu schätzen wissen, verdient dieser Mensch, bewundert zu werden. Heutzutage scheinen sogar die Gegner des Islam seine Tugenden zu entdecken. Im Europa der Gegenwart gibt es viele Menschen, die den Islam zwar anerkennen, aber aus sozialen oder politischen Gründen Angst davor haben, sich offen zu ihm zu bekennen. Die überwältigende Mehrheit dieser Menschen sind Mitglieder einer Kirche.

Wer konkrete und aussagekräftige Antworten erhalten möchte, muss seine Fragen möglichst unmissverständlich und konkret formulieren. Eine so kurze Abhandlung wie diese kann sich unmöglich mit allen Teilaspekten beschäftigen und aufzeigen, wie der Islam jedes einzelne Problem löst. Wenn jemand, der behauptet, der Islam könne unsere Probleme nicht lösen, ein ganz bestimmtes Problem ins Feld führt, will ich ihm gerne antworten. Da diejenigen, die den Islam ablehnen, ihre Ablehnung aber zumeist sehr abstrakt und allgemein formulieren, bleibt mir gar nichts anderes übrig, als ihnen in dem gleichen Stil zu antworten, d.h., mit allgemein gültigen Aussagen. Eine Diskussion auf diese Art und Weise zu führen, ist jedoch nichts weiter als müßig und Zeit raubend. Da der Islam Nichtigkeiten und Verschwendung verurteilt, möchte ich mich auf sie gar nicht erst einlassen.

2.4

Wie kommt es, dass der Islam als eine Religion, die Gott zum Wohle der Menschheit offenbart hat, die Sklaverei billigt?

Diese Frage birgt historische, soziale und psychologische Dimensionen in sich, die wir sorgfältig ergründen müssen, wenn wir eine zufrieden stellende Antwort erhalten wollen.

Zunächst sollten wir uns in Erinnerung rufen, *warum* wir mit einer solchen Abscheu an das System der Sklaverei zurückdenken. Bilder brutaler Misshandlung von Sklaven insbesondere im antiken Rom und in Ägypten rufen Trauer und Entsetzen hervor. Aus diesem Grunde ist unsere Vorstellung von Sklaven auch heute noch, nach so vielen Jahrhunderten, von Männern und Frauen geprägt, die Steine zu den Pyramiden schleppen und bei deren Bau wie Mörtel verbraucht bzw. in öffentlichen Arenen zur Belustigung ihrer Besitzer wie kämpfende wilde Tiere zur Schau gestellt werden. Unser Bild von Sklaven ist das von Menschen, die erniedrigende Joche und Ketten um den Hals tragen.

In jüngerer Zeit waren es die westeuropäischen Staaten, die Sklaverei in gewaltigem Ausmaß betrieben. Die Barbarei und Bestialität des Sklavenhandels spottete jeder Beschreibung. Im Wesentlichen wurden Afrikaner gehandelt, die in speziell für diesen Zweck entworfene Schiffe verfrachtet, über die Meere verschleppt und wie Vieh betrachtet und behandelt wurden. Die Sklaven wurden gezwungen, ihre Namen zu ändern und ihre Religionen und Sprachen aufzugeben. Sie besaßen keine Hoffnung auf Freiheit, mussten härteste Arbeiten verrichten oder wurden zu Fortpflanzungszwecken missbraucht - auch hier die Parallele zum Vieh. Geburten zelebrierten sie, als handelte es sich um Todesfälle. Es ist schwer vorstellbar, wie Menschen ihre Mitmenschen in einem solchen Licht sehen, geschweige denn sie auf so eine Art und Weise misshandeln konnten. Nichtsdestotrotz entsprechen diese Darstellungen der Wahrheit: Es gibt eine Menge beweiskräftiger Dokumente, die zeigen, wie zum Beispiel Kapitäne ihre menschliche Fracht über Bord warfen, um dann für ihren Verlust Schadensersatz einzuklagen. Sklaven besaßen vor dem Gesetz keinerlei Rechte, nur Pflichten. Ihren Besitzern hingegen stand das uneingeschränkte Recht zu, so über sie zu verfügen, wie sie es wünschten. Brüder und Schwestern, Eltern und Kinder wurden auseinander gerissen oder ‚durften' zusammen bleiben - ganz so wie es dem Eigentümer gerade passte bzw. seinen wirtschaftlichen Interessen entsprach.

Nachdem Jahrhunderte furchtbarer Unterdrückung die westeuropäischen Nationen durch die Ausbeutung von Bedarfsgütern wie Zucker, Baumwolle und Kaffee reich gemacht hatten, schafften sie die Sklaverei ab - zunächst nur den Handel, dann das ganze System - und gratulierten sich selbst zu dieser Tat. Ein wichtiger Punkt ist an dieser Stelle anzumerken: Als die Europäer die Sklaverei abschafften, waren es die Sklavenbesitzer, die entschädigt wurden und nicht die Sklaven. Mit anderen Worten: Die Einstellung gegenüber den Menschen, die deren Misshandlung erst möglich gemacht hatte, hatte sich nicht geändert. Nach der Abschaffung der Sklaverei dauerte es nicht lange, da wurde Afrika von den Europäern direkt kolonisiert. Dies hatte für die Afrikaner Folgen, die nicht weniger furchtbar waren als die Sklaverei. Weil sich das Verhalten gegenüber Nicht-Europäern in den Kolonien bis heute, wenn überhaupt, nur geringfügig geändert hat, sind deren soziale und politische Lebensbedingungen die von minderwertigen Menschen geblieben; dies gilt sogar auch für Afrikaner, die in Europa unter Europäern leben. Erst seit wenigen Jahrzehnten stellen die anthropologischen Museen in den großen Hauptstädten der westlichen Welt die Knochen und ausgestopften Körper von Sklaven nicht länger zur öffentlichen Belustigung aus. Ausstellungen dieser Art waren zuvor nicht etwa von üblen gesinnten Außenseitern organisiert worden, sondern von der Elite - von Wissenschaftlern, Doktoren, Gelehrten und Vertretern des Humanitätsgedankens.

Kurz gesagt: Das Herz des Menschen sträubt sich nicht allein gegen das System der Sklaverei, sondern vor allem gegen die Unmenschlichkeit, die dieses System aufrechterhält. Wenn das System formal nicht mehr besteht, die Haltung, die diesem zu Grund lag, aber weiter existiert, dann hat die Menschheit nichts oder nur wenig erreicht. Die Sklaverei wurde von kolonialer Ausbeutung abgelöst, die ihrerseits durch die Ketten unerträglicher, kaum rückzahlbarer internationaler Schulden ersetzt wurde: Nur die Sklaverei ist verschwunden, ihre Strukturen der Unmenschlichkeit und Barbarei behaupten sich weiterhin hartnäckig. Bevor wir uns nun der islamischen Perspektive zum Thema Sklaverei zuwenden, wollen wir uns einen Namen in Erinnerung rufen, der selbst unter Westeuropäern einen guten Ruf genießt: Harun ar-Raschid (fünfter Kalif, Amtszeit 786-809). Ich möchte daran erinnern, dass dieser Mann, der die Autorität über alle Muslime besaß und von ihnen auch anerkannt wurde, der Sohn eines Sklaven war; und er war kein Einzelfall. Sklaven und ihre Kinder genossen innerhalb des islamischen Systems sowohl auf kulturellem als auch auf politischem Gebiet Prestige, Autorität, Respekt und (eine Art) Freiheit. Wie war das möglich?

Der Islam reformierte das System der Sklaverei und veränderte die Haltung der Herren gegenüber ihren Sklaven. Der Koran lehrt in vielen Versen, dass alle Menschen von einem einzigen Urahn abstammen und niemand die Überlegenheit für seine Rasse, Staatsangehörigkeit oder soziale Schicht beanspruchen darf. Und den Unterweisungen des Propheten entnahmen die Muslime folgende Prinzipien, die fortan sowohl Gesetzen als auch der sozialen Norm als Grundlage dienten:

> *Wer auch immer seinen Sklaven tötet, soll selbst getötet werden. Wer auch immer seinen Sklaven einsperrt und ihn Hunger leiden lässt, soll selbst eingesperrt werden und Hunger leiden. Wer auch immer seinen Sklaven kastriert, soll selbst kastriert werden.*[12]

12 Abu Dawud, *Diyat*, 70; Tirmidhi, *Diyat*, 17; An-Nisa'i, *Quasma* 10, 16

Ihr seid Söhne Adams, und Adam war aus Lehm erschaffen.[13]

Ihr sollt wissen, dass kein Araber über einem Nichtaraber steht und kein Nichtaraber über einem Araber; kein Weißer steht über einem Schwarzen und kein Schwarzer über einem Weißem. Allein Rechtschaffenheit und Gottesfurcht rechtfertigen einen Sonderstatus.[14]

Dieser barmherzigen Haltung war es zu verdanken, dass Menschen, die ihr ganzes Leben lang als Sklave gelebt hatten und in den Hadithen als arm und bescheiden beschrieben werden, den Respekt derjenigen genossen, die sich eines gehobenen sozialen Status' erfreuten.[15] Mit den Worten *Meister Bilal, dem Abu Bakr die Freiheit schenkte…*[16] verlieh Umar seiner Wertschätzung in diesem Sinne Ausdruck.[17]

Der Islam fordert (anders als andere Kulturen), Sklaven als dem Gefüge universeller, menschlicher Brüderschaft zugehörig zu betrachten und sie auch entsprechend zu behandeln. Der Prophet sagte:

Eure Diener und eure Sklaven sind eure Brüder. Wer Sklaven hat, soll ihnen von dem, was sie essen und an Kleidung tragen, abgeben. Er soll sie nicht mit Arbeiten belasten, die ihre Fähigkeiten übersteigen. Wenn ihr sie aber schon hart arbeiten lasst, empfehle ich euch dringend, ihnen dabei zu helfen.[18]

Niemand von Euch sollte (wenn er jemanden vorstellt) sagen „Dies ist mein Sklave", oder „Dies ist meine Sklavin". Er sollte sie ‚meine Tochter', ‚mein Sohn' oder ‚mein Bruder' nennen.[19]

Als Umar und sein Diener von Medina nach Jerusalem reisten, um dort die al-Aqsa Moschee unter ihre Kontrolle zu bringen, wechselten

---

13 Tirmidhi, *Tafsir*, 49, *Manaqib*, 73; Abu Dawud, *Adab*, 111

14 Ibn Hanbal, *Musnad*, 411

15 Muslim, *Birr*, 138, *Dschanna*, 48; Tirmidhi, *Manaqib*, 54, 65

16 Bukhari, *Fada'il as-Sahaba*, 23

17 Bilal, einer derjenigen, die sich als Erste zum Islam bekannten, war ein äthiopischer Sklave. Er wurde schließlich vom Propheten zum offiziellen *Mu'azzin* (Gebetsrufer) der islamischen Gemeinschaft bestimmt. Abu Bakr, ein Angehöriger der mekkanischen Elite, gehörte ebenfalls zu den ersten Konvertiten. Er war der politische Nachfolger des Propheten und der erste der vier rechtgeleiteten Kalifen.

18 Bukhari, *Iman*, 22, *Adab*, 44; Muslim, *Iman*, 38-40; Abu Dawud, *Adab*, 124

19 Ibn Hanbal, *Musnad*, 2.4

sie sich beim Reiten des Kamels ab. Während seiner Zeit als Staatsoberhaupt forderte Uthman seinen Diener vor aller Augen dazu auf, ihn an den Ohren zu ziehen, da er dies auch bei ihm getan habe. Abu Dharr, der den ersten Hadith wörtlich nahm, ließ seinen Diener die eine Hälfte seiner Garderobe tragen, während er selbst die andere Hälfte trug. Anhand dieser Beispiele sollte den kommenden Generationen von Muslimen ein Verhaltensmuster an die Hand gegeben und deutlich aufgezeigt werden, dass auch ein Sklave ein vollwertiger Mensch ist, dessen Anspruch auf Respekt, Würde und Gerechtigkeit sich nicht von dem Anspruch anderer Menschen unterscheidet.

Diese konstruktive und positive Behandlung wirkte sich notwendigerweise auch auf das Verhalten der Sklaven ihren Herren gegenüber aus. Der Sklave behielt auch als Sklave seinen Status als Mensch, seine moralische Würde und einen Platz an der Seite der anderen Mitglieder der Familie seines Herrn. Wenn er (was wir später noch näher erläutern werden) seine Freiheit zurück erhielt, bestand er nicht unbedingt darauf, seinen früheren Herrn zu verlassen. Das Beispiel von Zaid ibn Harith machte Schule: Obwohl der Prophet Muhammad, Friede sei mit ihm, Zaid die Freiheit geschenkt hatte und ihm die freie Wahl ließ, zog Zaid es vor, bei ihm zu bleiben. Herren und Sklaven waren durchaus in der Lage, sich gegenseitig als Brüder anzusehen, da ihr Glaube ihnen half zu verstehen, dass die Unterschiede zwischen den Menschen auf Erden nicht mehr als eine vorübergehende Situation darstellen - eine Situation, die weder Hochmütigkeit seitens der einen noch Verbitterung seitens der anderen rechtfertigte. Darüber hinaus existierten auch strikte Prinzipien, denen Gesetze Geltung verschafften:

> *Wer seinen Sklaven tötet, der soll selbst getötet werden. Wer seinen Sklaven einsperrt und ihn Hunger leiden lässt, soll selbst eingesperrt werden und Hunger leiden.*[20]

Solche Sanktionen sorgten dafür, dass die Sklavenhalter Behutsamkeit walten ließen. Daneben erfreuten sich die Sklaven auch des gesetzlich verankerten Rechts, Geld verdienen, Eigentum unab-

20 Tirmidhi, *Al-Ayman wan-Nudhur*, 13

hängig von ihrem Herrn besitzen, ihre Religion zu behalten und eine Familie sowie ein Familienleben mit den damit verbundenen Rechten und Pflichten haben zu dürfen. Die islamischen Gesetze und Normen garantierten jedoch nicht nur den Schutz der Persönlichkeit und ein gewisses Maß an materieller Sicherheit, sondern boten den Sklaven eine noch viel wertvollere Perspektive - die Hoffnung und die Mittel, die Freiheit zu erlangen.

Die Freiheit des Menschen ist von Gott gegeben, d.h., sie ist der natürliche angemessene Zustand, der als Norm anzusehen ist. Ein Menschenleben ganz oder teilweise in diesen Zustand zurückzuversetzen, ist demnach eine sehr große Tugend. Den halben Körper eines Sklaven freizulassen, hieß, die Hälfte des eigenen Körpers vor einer Strafe in der nächsten Welt zu bewahren. Die Freilassung des ganzen Körpers eines Sklaven wurde als eine Sicherheit für den ganzen eigenen Körper betrachtet. Die Befreiung von Sklaven ist einer der Gründe, die im Islam das Führen eines Krieges rechtfertigen. Muslime werden durch ihren Glauben dazu ermutigt, Vereinbarungen zu treffen und Verträge zu schließen, welche Sklaven in die Lage versetzen, nach Ablauf einer bestimmten Frist oder - so war es normalerweise - beim Tod des Besitzers Geld verdienen zu dürfen oder die Freiheit zugesprochen zu bekommen. Selbstverständlich ging man davon aus, dass eine Freilassung ohne alle Auflagen die größte und wertvollste Anerkennung im Jenseits finden würde. Es gab Gelegenheiten, bei denen sich ganze Gruppen von Menschen zusammenschlossen und eine große Anzahl von Sklaven kauften, die sie dann freiließen, um so das Wohlwollen Gottes zu erlangen.

Die Freilassung eines Sklaven war auch eine gesetzlich verankerte Wiedergutmachung für bestimmte Delikte oder die Vernachlässigung religiöser Pflichten wie zum Beispiel das Brechen eines Eides oder den Abbruch des Fastens: eine gute Gelegenheit, einen Fehler zu korrigieren oder aus der Welt zu schaffen. Der Koran fordert, dass jemand, der versehentlich einen Gläubigen getötet hat, einen gläubigen Sklaven freilässt und der Familie des Getöteten ein Sühnegeld zahlt. (4:92) Der Mord an einem Menschen betrifft sowohl die Gesellschaft als auch die Familie des Opfers. Das Sühnegeld ist eine teilweise Wiedergutmachung, die an die

Familie des Opfers gezahlt wird. Die Freilassung eines Sklaven hingegen ist eine Rechnung, die zum Wohle der Gesellschaft beglichen wird - in dem Sinne, dass diese einen freien Menschen hinzu gewinnt. Einem lebenden Menschen die Freiheit zu schenken, wurde so bewertet, als bringe man den Toten zurück ins Leben. Um die Freilassung von Sklaven zu erreichen, wurde sowohl privates als auch öffentliches Vermögen eingesetzt: Die Beispiele des Propheten und Abu Bakr's sind hinlänglich bekannt. Später wurden insbesondere unter der Herrschaft von Umar ibn Abd al-Aziz öffentliche ‚*Zakat*'- Fonds für diesen Zweck verwendet.

Man mag einwenden: „Zwar hat der Islam im Umgang mit Sklaven Menschlichkeit eingefordert und deren Freilassung mit größtem Nachdruck angeregt. Und die Geschichte vieler verschiedener Völker der islamischen Welt zeigt uns in der Tat, dass Sklaven - teilweise sogar bevor sie freigelassen wurden - schnell in die Gesellschaft integriert wurden und Positionen bekleideten, die mit enormem Prestige und großer Macht verknüpft waren. Und dennoch - wenn der Islam die Sklaverei als soziales Übel betrachtet, warum verboten dann weder der Koran noch der Prophet sie ohne Umschweife, sondern duldeten sie stillschweigend? Immerhin gibt es doch eine ganze Reihe sozialer Übel, die bereits vor dem Islam existierten und die dieser gänzlich abzuschaffen versuchte: den Genuss von Alkohol etwa, das Glücksspiel, den Wucher oder auch die Prostitution."

Vor Beginn des üblen europäischen Handels mit schwarzen Sklaven war die Sklaverei im Wesentlichen eine Randerscheinung der Kriege zwischen Völkern. Die Besiegten wurden zu Sklaven der Sieger. In der Frühzeit des Islam gab es kein verlässliches System zum Austausch von Kriegsgefangenen. Es blieben also keine anderen Möglichkeiten, als

1. sie mit dem Schwert zu töten,
2. sie gefangen zu nehmen und in der Gefangenschaft für ihr Wohlergehen zu sorgen,
3. ihnen zu erlauben, zu ihrem eigenen Volk zurückzukehren, oder
4. sie als Teil der Kriegsbeute unter den Muslimen zu verteilen.

Die erste Option ist auf Grund ihrer Grausamkeit abzulehnen. Die zweite ist nur für eine geringe Anzahl von Kriegsgefangenen und innerhalb eines begrenzten Zeitraums praktikabel, jedoch auch nur dann, wenn es die finanziellen Mittel erlauben. Diese Methode wurde natürlich praktiziert, wobei die Gefangenen gegen Lösegeld freigelassen wurden. Viele von ihnen waren jedoch so zufrieden mit ihrer Behandlung, dass sie Muslime wurden und die Fronten wechselten. Die dritte Option ist in Kriegszeiten nicht zu vertreten. Für eine allgemeine Anwendung kam also lediglich die vierte Option in Frage, aus der sich dann die vom Islam eingeführten menschlichen Gesetze und Normen entwickelten, was de facto die Rehabilitierung der Kriegsgefangenen zur Folge hatte.

Dem Sklaven eines muslimischen Haushalts bot sich die Gelegenheit, den Islam aus nächster Nähe kennen zu lernen. Eine entgegenkommende Behandlung und die Menschlichkeit des Islam einerseits, der Zugang zu vielen für Muslime geltenden gesetzlich verankerten Rechten andererseits, vor allem aber die Aussicht auf Erhalt der Freiheit gewannen die Herzen der Sklaven. Tausende von rechtschaffenen Menschen ließen die Zahl jener bedeutenden und berühmten islamischen Persönlichkeiten anwachsen, deren gutes Vorbild später *Sunna* wurde - eine Norm für Muslime, die ihnen nachfolgten. Imame wie zum Beispiel An-Nafi, der Lehrer Imam Maliks, und Tawus ibn Qaisan sind hier nur zwei Beispiele.

In der Realität war das Leben als Sklave im Islam meistens nur ein vorübergehender Zustand. Im Gegensatz zur üblichen Praxis in der westlichen Zivilisation wurde die Sklaverei in islamischen Ländern nicht von Generation zu Generation vererbt - in einer sich immer weiter vertiefenden Spirale der Erniedrigung und Hoffnungslosigkeit, die die Hoffnung der Sklaven, ihrem Status bzw. ihrer Lage jemals zu entkommen, zunichte machte. Im Gegenteil, Sklaven wurden in der muslimischen Gesellschaft als im Wesentlichen gleichrangig betrachtet. Ihnen wurde als Geschöpfen des Einen Schöpfers gestattet, sich ihre Würde zu bewahren, was sie auch taten. Darüber hinaus besaßen sie auch einen permanenten Zugang zur Hauptströmung der islamischen Kultur und Zivilisation. Wie bereits festgestellt wurde, leisteten sie hierzu auch einen enormen Beitrag. In den westlichen Gesellschaften, in denen die Sklaverei weit verbreitet war, insbesondere in Nord- und

Südamerika, leben die Nachfahren der Sklaven bis heute, noch Generationen nach ihrer offiziellen Freilassung, zum größten Teil in einer Art Subkultur oder Antikultur am Rande der Gesellschaft. Nur selten werden sie von der immer noch dominanten Gesellschaft toleriert, in der Regel hingegen werden sie verachtet.

Aber warum, so werden Kritiker fragen, schenkten die Muslime nicht allen ehemaligen Gefangenen oder Sklaven die Freiheit, wenn sie sich bei ihren Eroberungen doch so sicher fühlten? Die Antwort stellt wiederum die Realität, nicht irgendwelche Theorien in den Vordergrund. Die ehemaligen Gefangenen oder Sklaven besaßen ja weder die persönlichen und psychologischen noch die ökonomischen Mittel, die zum Aufbau einer gesicherten und ehrenhaften unabhängigen Existenz erforderlich gewesen wären. Wer dies bezweifelt, sollte sich einmal vor Augen führen, welche Konsequenzen die unverhoffte Freilassung für die Sklaven der früheren europäischen oder amerikanischen Kolonien hatte. Viele wurden ganz plötzlich in bittere Not gestürzt und von den einstigen Sklavenhaltern (die ihrerseits für ihren Eigentumsverlust entschädigt wurden) obdachlos und mittellos gemacht. Die früheren Besitzer der Sklaven weigerten sich, weiterhin Verantwortung für diese zu übernehmen. Dass die ehemaligen Sklaven in den Gesellschaften, von denen sie so lange per Gesetz ausgeschlossen waren, nicht Fuß fassen, geschweige denn sich einen Namen machen konnten, wurde ja bereits erwähnt.

Im Gegensatz dazu ermunterte ein guter Muslim, der seinen Sklaven wie einen Bruder aufnahm, diesen dazu, für seine Freiheit zu arbeiten. Er beachtete alle seine Rechte, half ihm bei der Unterstützung seiner Familie, war ihm schon vor der Freilassung dabei behilflich, einen Platz in der Gesellschaft zu finden, und konnte sich sehr wohl mit jener Regelung anfreunden, die ihm die Chance gab, Gott eine Freude zu bereiten. Das beste Beispiel für die Integration von Sklaven in die islamische Gesellschaft ist Zaid Ibn Harith. Er wurde im Haushalt des Propheten persönlich aufgezogen und später freigelassen. Er heiratete eine Frau von hohem Stande und wurde schließlich zum Befehlshaber eines muslimischen Heeres ernannt, in dem ebenfalls viele Menschen von edler Abstammung dienten. Die Liste der Beispiele ließe sich noch um viele Tausende erweitern.

Was die Haltung der Muslime gegenüber der Sklaverei betrifft, so sind zwei Punkte besonders hervorzuheben: einer, der für die Muslime selbst und ein zweiter, der für die Sklaven und die nicht-muslimischen Länder von Bedeutung ist. Obwohl die Sklaverei im islamischen *Fiqh* (der islamischen Gesetzeswissenschaft) eine eher nebensächliche Angelegenheit darstellt, eine Institution, die nach und nach reformiert werden sollte, bis sie im Gleichschritt mit den geistigen, kulturellen und sozialen Fortschritten im Laufe der Zeit ganz verschwände, konnte man gelegentlich beobachten, dass sich einige Muslime, insbesondere gewisse muslimische Herrscher, auch weiterhin Sklaven hielten. Dafür darf dem Islam jedoch kein Vorwurf gemacht werden, denn diese Praxis entsprang den spirituellen Defiziten von Muslimen, die den Islam in ihrem Leben nicht auf angemessene Art und Weise praktizierten. Der zweite Punkt ist der, dass Gewohnheiten einen Menschen dazu bewegen, eine zweite Persönlichkeit zu entwickeln. Nachdem Lincoln im 19. Jahrhundert die Sklaverei per Gesetz abgeschafft hatte, mussten viele Sklaven zu ihren Besitzern zurückkehren, weil sie bereits die Initiative und auch ihre Fähigkeit verloren hatten, sich frei zu entscheiden. Sie waren gar nicht in der Lage, ein Leben als freier Mensch zu führen. Dieser psychologische Sachverhalt begründet, warum Kriegsgefangene zunächst unter den Muslimen verteilt wurden: Nach ihrer Freilassung sollten sie ein wahrhaft islamisches gesellschaftliches Leben als freie Menschen in einer muslimischen Gesellschaft führen und ihre vom Gesetz garantierten Rechte auch voll wahrnehmen können. Der Islam strebte danach, das Problem der Sklaverei schrittweise aus der Welt zu schaffen: Zuerst sollte den Sklaven ermöglicht werden, ihr wahres menschliches Bewusstsein und ihre Identität zu erkennen. Dann wurden ihnen islamische, menschliche Werte vermittelt und die Liebe zur Freiheit nahe gebracht. Wenn die Sklaven schließlich freigelassen wurden, stellten sie fest, dass ihnen alle Wege offen standen, um als Bauern, Handwerker, Lehrer, Wissenschaftler, Befehlshaber, Kommandanten oder hohe Beamte zu nützlichen Mitgliedern der Gesellschaft zu werden.

Der Islam bemühte sich also darum, die Institution der ‚individuellen Sklaverei' zu zerstören, während er eine Versklavung von Völkern erst gar nicht ins Auge fasste oder betrieb. Als Muslim bete ich deshalb zu Gott, dass sich die versklavten, kolonisierten und unterdrückten Völker dieser Erde in Zukunft wahrer Freiheit erfreuen mögen.

TEIL III

KORAN

3.1.

Ist der Koran, wie einige Menschen unterstellen, das Werk des Propheten Muhammad? Wie lässt sich beweisen, dass diese Behauptung nicht der Wahrheit entspricht?

Zu der Behauptung, der Koran sei das Werk des Propheten Muhammad, und nicht, wie die Muslime glauben und wissen, das Wort Gottes, wurde bereits viel gesagt und geschrieben. Ich werde mich an dieser Stelle deshalb auf die wichtigsten Punkte beschränken.

Jene Behauptung wurde von modernen Orientalisten ebenso wie von ihren Vorgängern, christlichen und jüdischen Autoren, die die Verbreitung des Islam sehr bedauerten, vorgebracht. Doch Unterstellungen wie diese sind den Muslimen schon aus dem Koran vertraut. Im Koran steht geschrieben, dass die heidnischen Araber der *Dschahiliya* (der Zeit der Unwissenheit vor dem Islam) zu behaupten pflegten, der Prophet habe sich die Offenbarung selbst ausgedacht: *Und wenn ihnen Unsere deutlichen Verse verlesen werden, sagen die Ungläubigen von der Wahrheit, wenn sie zu ihnen kommt: „Das ist offenkundige Zauberei.“ Oder sie sagen: „Er hat ihn (den Koran) erdichtet.“* (46:7-8) Sie waren verzweifelt bemüht, ihre Interessen gegen den wachsenden Einfluss des neuen Glaubens zu schützen und hofften - so wie es auch ihre modernen Kollegen tun - einige Muslime dazu zu bringen, die Autorenschaft und damit auch die Autorität des Koran anzuzweifeln.

Zunächst einmal möchte ich hier bekräftigen, dass der Koran unter allen Offenbarungsschriften in zweierlei Hinsicht einzigartig ist, wie selbst die Gegner des Koran anerkennen müssen. Erstens liegt uns der Koran in seiner ursprünglichen Sprache vor, einer Sprache, die auch heute noch gesprochen wird. Zweitens ist der gesamte Text des Koran im Wortlaut verbürgt. Seit der Zeit seiner Offenbarung ist er unverändert und unbearbeitet geblieben und in keinster Weise verfälscht worden. Andere Offenbarungsschriften hingegen - die christlichen Evangelien zum Beispiel - haben nicht in ihrer Originalsprache überlebt. Auch ist die Sprache der jeweils ältesten vorliegenden Fassung dieser Schriften keine Sprache, die bis heute gesprochen wird. Es wurde vielmehr eindeutig nachgewiesen, dass die Texte dieser Schriften über Generationen hinweg von vielen menschlichen Händen editiert und nochmals editiert, verändert und verfälscht wurden, um die Interpretationen bestimmter Sekten zu stützen. Mit Fug und Recht wird behauptet, dass diese Texte ihre Autorität als Offenbarungsschriften eingebüßt haben. Sie dienen in erster Linie Gruppierungen, deren entfernte Vorfahren die betreffenden Versionen schufen, als nationale und kulturelle Mythologien. Diese Auffassung entspricht mehr oder weniger dem Konsens der westlichen Gelehrten, was den Status jener einstigen Offenbarungsschriften Gottes betrifft.

Fast zwei Jahrhunderte lang haben die westlichen Gelehrten den Koran einer ebenso gründlichen Untersuchung unterzogen wie jene Schriften. Entgegen ihrer Erwartungen ist es ihnen jedoch nicht gelungen, den Nachweis zu erbringen, dass auch der Koran über viele Generationen hinweg von vielen Händen verfälscht wurde. Sie fanden zwar heraus, dass sich die Muslime - ebenso wie die Christen - in streitende Untergruppen aufsplitteten, betonten jedoch gleichzeitig, dass die muslimischen Gruppen - im Unterschied zu den Christen - grundsätzlich danach strebten, ihre Position durch Bezugnahme auf ein und denselben Koran zu rechtfertigen. Es ist durchaus nicht ausgeschlossen, dass noch weitere Versionen der Evangelien entdeckt werden oder dort wieder auftauchen, wo sie verloren gegangen sind bzw. versteckt wurden. Im Gegensatz dazu kennen alle Muslime nur den einen Koran, dessen ursprüngliche Worte in dem Zustand erhalten geblieben sind, den sie zum Zeitpunkt des Todes des Propheten Muhammad, Friede sei mit ihm, hatten. Damals war die Offenbarung abgeschlossen, und bis heute hat sie nicht die geringste Veränderung erfahren.

Neben dem Koran besitzen die Muslime auch die Sunna, eine Aufzeichnung der Lehren des Propheten Muhammad in Form von praktischen Beispielen und Grundsätzen, die zu einem großen Teil (wenn natürlich auch nicht vollständig) in den ‚Hadith'-Sammlungen zusammengetragen wurden. Auch die Worte des Propheten werden in den Hadithen wiedergegeben. Diese zwei Quellen, Koran und Sunna, könnten in der Qualität ihrer Ausdrucksform und ihres Inhalts kaum unterschiedlicher sein. Die Araber, die - ob sie nun Gläubige waren oder nicht - den Propheten reden hörten, fanden seine Worte prägnant, eindrucksvoll und überzeugend, versicherten aber, dass er ihre Alltagssprache spräche. Wenn sie jedoch den Koran hörten, waren sie von Gefühlen der Verzückung, der Faszination und der ehrfürchtigen Scheu überwältigt. In den Hadithen spürt man die Gegenwart eines menschlichen Individuums, das sich an seine Mitmenschen wendet, die Gegenwart eines Mannes, der über bedeutsame Fragen nachdenkt und, wenn er das Wort ergreift, mit angemessenem Ernst und tiefer Ehrfurcht vor dem Willen Gottes spricht. Der Koran hingegen wird sofort als gebieterisch und erhaben wahrgenommen. Ihn zeichnen eine transzendente und unwiderstehliche Majestät von Stil und Inhalt aus. Geist und Verstand wehren sich dagegen zu glauben, Koran und Hadithe seien ein und desselben Ursprungs.

Auf Grund der vollkommenen Transzendenz seiner Perspektiven und Betrachtungsweisen unterscheidet sich der Koran gänzlich von jedem menschlichen (literarischen oder sonstigen) Kunstwerk. In anderen Offenbarungsschriften spürt der Leser bzw. Hörer in einzelnen Phrasen oder Passagen, dass er sich tatsächlich in der Gegenwart der Botschaft Gottes an die Menschheit befindet. Im Koran aber transportiert jede Silbe den Eindruck erhabener und intensiver Kommunikation mit dem Einen, der allwissend und barmherzig ist. Außerdem kann der Koran nicht wie menschliche Werke mit einer gewissen Distanz betrachtet und auf abstrakter Ebene diskutiert und abgehandelt werden. Der Koran fordert uns auf, zu verstehen, zu handeln und unseren Lebensstil zu ändern. Er versetzt uns auch in die Lage, dies zu tun, weil er uns im Innersten unseres Wesens berühren kann. Er spricht unsere ganze Realität als spirituell und physisch kompetente Wesen, als

Geschöpfe des Barmherzigen an, nicht etwa nur das eine oder andere unserer Talente. Der Koran ist keine Botschaft, die lediglich unsere Begabung für philosophische Überlegungen, unsere poetisch-künstlerische Sensibilität, unsere Macht, unser natürliches Umfeld bzw. unsere politischen und rechtlichen Angelegenheiten zu verwalten und neu zu gestalten, unser Bedürfnis nach gegenseitigem Mitgefühl und gegenseitiger Vergebung oder das Verlangen unseres Geistes nach Wissen und Trost in Anspruch nimmt. Der Koran ist nicht für einen bestimmten Menschen oder für ein bestimmtes Volk, f2 eine bestimmte Nation, ausschließlich für Männer, nicht aber für Frauen, nur für die Unterdrückten und Schwachen, nicht aber für die Reichen und Mächtigen, oder für Sünder und maßlose Menschen, nicht aber für tugendhafte und disziplinierte Menschen bestimmt. Der Koran wendet sich an die gesamte Menschheit, und seine Botschaft ist im Namen Gottes für alle Zeiten maßgeblich (und auch geschützt).

Diese Transzendenz und die Variationsbreite der koranischen Perspektive sind bei allem, was er anspricht, zu spüren. Zum Beispiel stellt der Koran die Versorgung der Eltern im hohen Alter auf eine Stufe mit dem Glauben an die Einmaligkeit Gottes. Die Aufforderung, anständig für eine geschiedene Frau zu sorgen, steht wiederum auf der gleichen Stufe wie die Ermahnung, den Allwissenden, der auch alles sieht, zu fürchten. Um die vollständige Bedeutung solcher Nebeneinanderstellungen weiß Gott am besten. Seine gläubigen Diener aber kennen ihre Konsequenzen und können darüber berichten. Sie tragen ihren Teil zur Vervollkommnung ihres inneren Selbst bei, die dringend vonnöten ist, wenn ein Mensch auf die Dauer tugendhaft, frohgestimmt und mit jener Bescheidenheit handeln soll, die eine rechtschaffene Tat auch zu einer würdevollen macht und verhindert, dass sie den, der eigentlich von ihr profitieren soll, belastet.

Der Koran fordert in mehreren Versen diejenigen, die seine Authentizität anzweifeln, auf, eine Sure hervorzubringen, die sein Niveau erreicht. Doch bis heute hat niemand dieser Aufforderung nachkommen können, und auch in der Zukunft wird das niemandem gelingen. Aus Gründen, die bereits dargelegt wurden, weiß nur Gott allein, Sich die transzendente und barmherzige Perspektive des Koran zu Eigen zu machen. Die Gedanken und Bestrebungen selbst der besten Menschen werden immer von den Umständen, innerhalb derer (bedingt durch den Willen Gottes) ihr Leben beginnt und endet, beeinflusst - das ist eine unvermeidbare Konsequenz der Tatsache, dass wir Menschen erschaffen wurden. Deshalb sind früher oder später alle rein menschlichen Werke zum Scheitern verurteilt oder verlieren zumindest an Wirkung und Kraft: Irgendwann ist ihr Stil nicht mehr aktuell oder ihr Gegenstand nicht länger relevant. Sie sind zu allgemein und zu weit von der Realität menschlicher Erfahrung entfernt oder aber zu sehr mit einigen bestimmten Umständen verknüpft, sodass es ihnen an Allgemeingültigkeit und Anwendbarkeit mangelt. Die Werke des menschlichen Verstandes oder seiner Hände sind aus einer ganzen Reihe von Gründen und unabhängig davon, ob er mit ihnen guten oder schlechte Absichten verfolgt, nur von begrenztem Wert. Daher konnte bis zum heutigen Tag niemand jener Aufforderung nachkommen. Selbst wenn die gesamte Menschheit alle bekannten Quellen nutzen und zusammenarbeiten würde, und selbst wenn sie bei dieser Arbeit von den *Dschinn* (Geistwesen) unterstützt würde - einmal angenommen, das wäre überhaupt möglich - würde sie es nicht schaffen, auch nur einen Bruchteil des Koran hervorzubringen. In den Worten des Koran:

> *...sprich: „Wenn sich auch die Menschen und die Dschinn vereinigten, um etwas Gleiches wie diesen Koran hervorzubringen, brächten sie doch nichts Gleiches hervor, selbst wenn sie einander beistünden.“* (17:88)

Der Koran ist das Wort des Allwissenden und Sehenden, der Seine Schöpfung von innen wie von außen und vom Anbeginn der Zeit bis zu deren Ende kennt. Deshalb versteht der Koran die Menschen: Er spricht sie an, er testet sie und er lehrt sie. Wenn man so will, ‚liest‘ der Koran gewissermaßen seine Leser. Den Worten des Koran zufolge verleiht das Bewusstsein, der Botschaft Gottes gegenüber zu stehen, den Gläubigen eine Gänsehaut. Die Atmosphäre, die diese Gläubigen umgibt und das Klima, in dem sie sich befinden, ändern sich so plötzlich und gründlich, als würde sich ihre eigene Körpertemperatur schlagartig verändern.

Bislang bin ich lediglich auf die allgemeine Wahrheit und die grundsätzlichen Perspektiven des Koran eingegangen, um mit ihnen zu beweisen, dass nur Gott dessen Autor sein kann. Aber auch das Wesen des Koran bietet Argumente, die nicht weniger einleuchtend sind. Diejenigen, die in guter wie schlechter Absicht die Behauptung aufstellen, der Koran sei das Werk eines Menschen, können ihre Behauptung nicht aufrechterhalten. Andere Offenbarungsschriften als der Koran stellen - eben weil sie (wie oben ausgeführt) durch den Menschen verfälscht wurden - Behauptungen auf, von denen wir wissen, dass sie falsch sind. In diesen Offenbarungsschriften erscheinen zum Beispiel Berichte über die Erschaffung der Welt oder bestimmte Naturereignisse (wie zum Beispiel die Sintflut), von denen wir dank moderner wissenschaftlicher Erforschung der Sterne oder infolge von Untersuchungen von Fossilien auf der Erde wissen, dass sie nicht stimmen. Menschen haben diese Offenbarungsschriften verändert, um sie ihren eigenen Auffassungen anzupassen. Mit dem Fortschreiten der Wissenschaft sind die Vorstellungen dieser Menschen und die von ihnen gefälschten Offenbarungsschriften irrelevant geworden und haben sich (großenteils) überholt. Der Koran aber wird von der Verfügung Gottes gegen jede Einflussnahme menschlicher Nachlässigkeit oder menschlicher Fehldeutung geschützt.

Wie könnte der Koran in Angelegenheiten, von denen die Menschen zur Zeit der Offenbarung des Koran nicht die leiseste Ahnung hatten, Wort für Wort die Wahrheit sagen, wenn nicht Gott sein Autor wäre? Ein Beispiel:

> *Haben die Ungläubigen nicht gesehen, dass die Himmel und die Erde eine Einheit waren, die Wir dann zerteilten?* (21:30)

Erst seit wenigen Jahren sind wir in der Lage, die wörtliche Bedeutung dieses Verses über die allererste Sekunde des Universums zu erfassen. Der Vers *Allah ist es, der die Himmel, die ihr sehen könnt, ohne Stützpfeiler emporgehoben hat. Dann herrschte Er über Sein Reich. Und Er machte die Sonne und den Mond dienstbar; jedes (Gestirn) läuft seine Bahn in einer vorgezeichneten Frist. Er bestimmt alle Dinge. Er macht die Zeichen deutlich, auf dass ihr an die Begegnung mit eurem Herrn fest glauben möget.* (13:2) gestattet uns, ohne weitschweifende Erläuterungen in den unsichtbaren Stützpfeilern die gewaltigen zentrifugalen und zentripedalen Kräfte zu erkennen, welche das Gleichgewicht zwischen den Himmelskörpern aufrechterhalten. Dieser und Verse ähnlichen Inhalts (z. B. 55:5; 21:33, 38-39; 36:40) teilen uns mit, dass die Sonne und der Mond Gestirne mit einer festgeschriebenen Lebensdauer sind, dass ihre Leuchtkraft bereits abgenommen hat bzw. noch abnehmen wird und dass sie in den Himmeln Bahnen folgen, die mit minuziöser Genauigkeit festgelegt sind. Das wortgetreue Verständnis dieser Verse mindert nicht die Verantwortung, die sich aus diesem Verständnis ergibt: *Auf dass ihr an die Begegnung mit eurem Herrn fest glauben möget*, oder anders ausgedrückt: Die Intention dieser Verse hat sich nicht verändert; nur die Umstände, die unsere Kenntnisse der Welt der Erscheinungen beeinflussen, haben sich gewandelt. Was die früheren Offenbarungsschriften betrifft, so enthüllt die Weiterentwicklung der Wissenschaften deren Ungenauigkeit immer deutlicher, was auch die Irrelevanz der mit ihnen verbundenen Glaubensinhalte noch verstärkt. Andererseits hat die Weiterentwicklung der Wissenschaft bei keinem einzigen Koranvers zu einem Verlust an Glaubwürdigkeit oder Plausibilität geführt. Ganz im Gegenteil: Viele Verse sind nun sogar noch umfassender und besser zu verstehen. (In anderen Kapiteln, die sich noch eingehender mit dem Thema ‚Koran und Wissenschaft' beschäftigen, werden weitere Beispiele für solche Verse angeführt; siehe zum Beispiel Kapitel 3.4.)

Und trotzdem gibt es immer noch Menschen, die darauf bestehen, nicht Gott habe den Koran verfasst, sondern ein inspirierter Prophet namens Muhammad, Friede sei mit ihm. Während diese Leute aber ständig beteuern, welch große Bedeutung sie der Vernunft zumessen, behaupten sie etwas, was für einen Menschen schlicht und einfach unmöglich ist. Wie konnte sich ein Mann vor etwa 1.400 Jahren korrekt zu Dingen äußern, die inzwischen als wissenschaftliche Wahrheiten etabliert sind? Wie können Geist und Verstand ernsthaft davon ausgehen, dass ein Mensch zu so etwas fähig wäre? Mit welchen

Instrumenten soll der Prophet mit einer anatomischen und biologischen Genauigkeit, die erst kürzlich attestiert wurde, entdeckt haben, wie die Zellen der Säugetiere Milch produzieren? Wie soll er herausgefunden haben, wie sich Regenwolken und Hagelkörner bilden? Wie soll er die fruchtbare Wirkung der Winde so genau bestimmt haben? Wie soll er sich darüber informiert haben, wie sich Landmassen bewegen und Kontinente zusammenschließen und wieder verformen? Mit welchen gigantischen Teleskopen aus welchen Observatorien soll er die physische Expansion des Universums erforscht haben? Mit welchem, Röntgenstrahlen gleichen, Sehvermögen soll er es geschafft haben, die verschiedenen Abschnitte der Entwicklung eines Embryos im Mutterleib in genauen und unverkennbaren Details zu beschreiben?

Ein weiterer geheimnisvoller Aspekt des Koran, der erwähnt werden muss, um seinen Ursprung bei Gott zu beweisen, besteht darin, dass nicht nur seine Informationen über die Vergangenheit absolut wahr, sondern auch seine Prophezeiungen sehr aufschlussreich sind. Als die Gefährten des Propheten zum Beispiel der Meinung waren, die Artikel des Vertrags von Hudaybiya seien extrem unvorteilhaft, übermittelte der Koran ihnen die frohe Botschaft, dass sie die Moschee (*Al-Masdschid al-haram*) einst gefahrlos betreten würden. Außerdem prophezeite er ihnen, dass die Religion des Islam gegenüber all den anderen Religionen siegreich sein werde. (48:27-28) Er verkündete ihnen, dass die Römer die Perser neun Jahre nach ihrer vernichtenden Niederlage im Jahre 615 besiegen würden, dass die Gläubigen jedoch diese beiden Großmächte zerstören würden (30:2-5). Zu jener Zeit, als der Koran diese erfreuliche Botschaft bekannt machte, gab es gerade einmal vierzig Gläubige, die allesamt unter den gnadenlosen Verfolgungen der Oberhäupter Mekkas litten.

Wer die Autorenschaft des Koran dem Propheten zuschreibt, lässt seinen Verstand außen vor und bringt seine Seele in höchste Gefahr. Gott ist ein einziges Wesen. Er hat auf keiner Ebene irgendwelche Teilhaber. Der Prophet war der beste aller Menschen, der Vollkommene, aber dennoch nie mehr als ein Mensch. Der Koran selbst bezeichnet ihn als solchen, ermahnt ihn, tröstet ihn und kritisiert ihn. Als der Prophet zum Beispiel einige Heuchler von der Teilnahme am Gefecht freistellte, rügt ihn der Koran: *Allah verzeiht dir! Warum erlaubtest du ihnen (zurückzubleiben), bis die, welche die Wahrheit sagten, bekannt wurden und du die Lügner erkanntest?* (9:43) Als er nach der Schlacht von Badr Gefangene machte, wird er mit folgenden Worten zurechtgewiesen: *Ihr wollt die Güter dieser Welt, Allah aber will (für euch) das Jenseits. Und Allah ist erhaben, weise. Wäre nicht schon eine Bestimmung von Allah da gewesen, so hätte euch gewiss eine schwere Strafe getroffen um dessentwillen, was ihr (euch) genommen habt.* (8:67-68) Auch als der Prophet bei einer Gelegenheit sagte, er werde am nächsten Tag dieses und jenes tun, ohne die Worte *in scha Allah* (so Gott will) hinzuzufügen, also ohne sein Vertrauen in Gott zum Ausdruck zu bringen, wird er verwarnt: *Und sprich nie von einer Sache: „Ich werde es morgen tun.", es sei denn (du fügst hinzu): "So Allah will." Und gedenke deines Herrn, wenn du dies vergessen hast, und sprich: „Ich hoffe, mein Herr wird mich noch näher als diesmal zum rechten Wege führen."* (18:23-24) Ein weiteres Beispiel: *Und du verbargst das, was du in dir hegtest, das, was Allah ans Licht bringen wollte, und du fürchtetest die Menschen, während Allah es ist, den du in Wirklichkeit fürchten sollst.* (33:37) Im Anschluss an eine Privatangelegenheit verpflichtete sich der Prophet einmal, nie mehr Honig zu essen und nie mehr Honigsorbett zu trinken. Da ermahnt ihn der Koran: *O Prophet! Warum verbietest du das, was Allah dir erlaubt hat, um nach der Zufriedenheit deiner Frauen zu trachten. Und Allah ist stets vergebend und barmherzig.* (66:1)

Auch in anderen Versen, in denen die primären Pflichten und die Verantwortung des Propheten im Koran deutlich in den Vordergrund treten, werden die Grenzen seiner Autorität klar formuliert. Zwischen dem Gesandten und der Botschaft, die ihm offenbart wurde, besteht eine genauso große Kluft wie zwischen dem Menschen und seinem Schöpfer.

Warum halten Orientalisten und ihr Publikum angesichts all dieser unwiderlegbaren Beweise ihre Behauptung, der Prophet sei der wahre Autor des Koran, auch weiterhin aufrecht? Der Grund dafür liegt in ihrer Furcht vor dem Islam. Es gibt so viele Wunder, die mit dem Koran verknüpft sind, dass wir sie hier gar nicht alle aufzählen können. Das eindrucksvollste aller Wunder aber besteht darin, dass der Koran in erstaunlich kurzer Zeit eine Zivilisation gründete, die sich fortan als unverwechselbar und dauerhaft erwies. Der Koran bildete die Verfassung, die alles bereitstellende und allen gegenüber barmherzige Grundstruktur dieser Zivilisation. Er regte die behördlichen, rechtlichen und steuerlichen Reformen an, welche notwendig sind, um einen riesigen Staat mit verschiedenen kulturellen Gemeinschaften und anderen Religionen aufrechtzuerhalten. Der Koran inspirierte eine wahrhaft wissenschaftliche Neugier, die Natur zu studieren, zu reisen und verschiedene Völker und Kulturen zu erforschen. Er drängte die Menschen, kaufmännische Unternehmungen mit Geld auszustatten und das Zinssystem vollständig abzuschaffen. Dadurch sollte das Kapital, während es anwuchs (was es auch tatsächlich tat), in der gesamten Gemeinschaft zirkulieren. Der Koran regte die ersten öffentlichen Programme zur Verbesserung der Lesefähigkeit und Hygieneprogramme an. (Die Gläubigen sollten den Koran lesen und sich auf die Anbetung Gottes vorbereiten können.) Er forderte die organisierte Neuverteilung überschüssigen Vermögens an die Armen und Bedürftigen, an Witwen und Waisen, an Gefangene und Schuldner. Er verlangte die Freilassung von Sklaven und rief zur Unterstützung derer auf, die neu zum Islam übertraten. Diese Liste ließe sich noch beträchtlich erweitern. Wichtig ist aber vor allem, dass einzig und allein der Koran das erreicht hat, woran viele weltbekannte, aber von Menschen geschaffene Werke kläglich gescheitert sind. Kennen wir nicht alle mindestens ein vom Menschen ersonnenes System, das eine ideale Gesellschaft etablieren und verwalten möchte, oder zumindest ein System oder eine Formel, die eine faire Lösung der Probleme sozialer, kultureller oder politischer Unterschiede zwischen den Menschen vorsieht? Welche dieser Systeme oder Formeln haben denn jemals zumindest teilweise oder für eine begrenzte Zeit zum Erfolg geführt?

Diejenigen, die behaupten, der Prophet sei der Autor des Koran, haben Angst vor dem Koran, vor seiner Macht und Autorität für die Muslime. Sie befürchten, die Muslime könnten seinen Anordnungen Folge leisten und die Zivilisation des Islam wiederherstellen. Sie sähen es lieber, die richtungsweisenden Menschen in den islamischen Ländern würden ihrer Behauptung Glauben schenken und sich davon überzeugen lassen, dass der Koran das Werk eines Menschen ist, ein Werk, das aus einem vergangenen Jahrhundert stammt und deshalb nicht länger maßgeblich ist. Hätten sie damit Erfolg, würde der Traum jener Menschen wahr werden, die den Islam hassen und fürchten. Die Muslime würden dann auf die gleiche Weise an ihrer Religion festhalten, wie es die Mehrheit der Christen in säkularen westlichen Gesellschaften tut: Sie würde sie an etwas Schönes erinnern, was längst der Vergangenheit angehört.

Man würde uns gerne dazu bringen zu glauben, der Koran gehöre ins siebte Jahrhundert. Um die Gläubigen zu beschwichtigen, gesteht man ein, dass der Koran ja seinerzeit sehr fortschrittlich gewesen sei. Aber jetzt, so wird gesagt, sei es die westliche Kultur, die fortschrittlich ist, die einen von intellektueller und kultureller Freiheit geprägten Lebensstil anbietet und zivilisiert ist. Der Koran und der Islam hingegen seien heute rückständig! In Wahrheit aber haben die physikalischen Wissenschaften die Korrektheit des Koran bei Fragen, die sich ausschließlich mit der Welt der Erscheinungen beschäftigen, bestätigt und uns mit einem Wissen versorgt, das uns in die Lage versetzt, den Koran noch besser zu verstehen. Bessere Kenntnisse menschlicher Beziehungen und menschlicher Psychologie werden die Wahrheit des Koran in der Zukunft auch auf diesen Gebieten nachweisen.

Es mag vielleicht den Anschein haben, als seien wir sehr weit von unserem eigentlichen Thema, der Autorenschaft des Koran, abgeschweift. In Wirklichkeit aber haben wir es nicht aus den Augen verloren. Die Behauptung, der Koran basiere auf menschlicher Inspiration, ist nur ein Beispiel und ein Bild für das Unvermögen, aufrichtig und in aller Bescheidenheit über die Realität unseres Daseins nachzudenken. Denn wir Menschen sind zu Dank verpflichtete Geschöpfe, denen alles bereitgestellt wird. Wir erschaffen uns nicht selbst. Unser Leben wird uns ebenso geschenkt wie unsere Fähigkeit zur Meditation, unser Begriffsvermögen und unser Mitgefühl. Auch unsere außergewöhnlich differenzierte, vielfältige und zur Erneuerung fähige Welt, in der diese Fähigkeiten zum Einsatz kommen sollen, wird uns zur Verfügung gestellt. Deshalb ist auch das Wunder des Koran ein Geschenk der Gnade an uns. Die Menschheit hätte ihn ebenso wenig wie sich selbst hervorbringen können. Gott sagt im Koran, die Menschheit sei nicht einmal dann, wenn sie sich zusammenschließen und zudem noch von den Dschinn unterstützt würde, in der Lage, auch nur eine Fliege zu erschaffen. Außerdem macht Er geltend, würde es uns niemals gelingen, auch nur einen Teil des Koran aus eigenen Kräften hervorzubringen.

Wir unterstreichen deshalb, dass der Koran das Wort Gottes ist, und verbürgen uns dafür, dass der Glaube an den Koran durchaus mit Vernunft und Erfahrung in Einklang zu bringen ist. Wir bescheinigen dem Koran, dass er die Verfassung und die Grundlage ist, auf die sich das individuelle und gesellschaftliche Leben gründen soll. Und da der Koran eine Gnade des Barmherzigen gegenüber der Menschheit darstellt, wird er auch in aller Zukunft maßgeblich sein. Er wird uns auf ewig eine Rechtleitung gewähren, die zur Tugendhaftigkeit und zum Glück führen wird - vorausgesetzt, wir sind der Qualität der Anbetung und dem Gehorsam, den er uns abverlangt, gewachsen.

3.2.

Warum spricht es für die Weisheit Gottes, dass der Koran schrittweise über einen Zeitraum von 23 Jahren offenbart wurde?

Der Koran wurde nicht als ein vollständiges Buch in einem einzigen Akt, sondern in mehreren Etappen über einen Zeitraum von 23 Jahren hinweg offenbart. Für diese Vorgehensweise sprechen neben der Weisheit Gottes noch zahlreiche andere Gründe, die, so Gott will, im Folgenden dargelegt werden sollen. Bevor wir jedoch damit beginnen, wollen wir zunächst anmerken, dass - wenn der Koran nicht auf diese Weise, sondern auf einen Schlag offenbart worden wäre - es mit Sicherheit auch Menschen gegeben hätte, die fragen würden: „Warum wurde er als ein vollständiges Buch in einem einzigen Akt der Enthüllung offenbart, und nicht in mehreren Etappen über einen längeren Zeitraum hinweg?"

Wenn wir uns mit dem Thema Religion befassen, ist es besonders wichtig, dass wir eine demütige und bescheidene Haltung einnehmen, damit wir Einsicht gewinnen und die Vorteile der Anordnungen und Vorschriften Gottes genießen können. Andernfalls könnte man unendlich viele ähnliche Fragen stellen, ohne dass man eine befriedigende Antwort erhielte: Warum etwa besteht das Mittagsgebet aus einer bestimmten Anzahl von Gebetseinheiten, die sich von der des Gemeinschaftsgebets am Freitag unterscheidet? Warum liegt der Armensteuersatz bei 2.5% und nicht bei 2%? Die Bedeutung und die Dauer bestimmter Gebete, der Armensteuersatz und andere Angelegenheiten dieser Art wurden von Gott, dem Weisen und Allwissenden, festgelegt. Alles, was wir erforschen, können wir nur aus einem schmalen Blickwinkel heraus betrachten; weil wir erschaffene Geschöpfe sind, ist unser Denken unfertig und unzulänglich. Wir verstehen gerade einmal das, was direkt vor unseren Augen geschieht, und wenn wir Entscheidungen treffen, tun wir das so, wie es uns unser Verstand gerade gebietet. Die Fähigkeiten, die wir uns bis zum Moment einer Entscheidung angeeignet haben, unsere tägliche Routine, unser Lebensstil und Lebensstandard - all diese Dinge fließen in unsere Entscheidungen mit ein. Das Gesetz Gottes dagegen berücksichtigt alles: Unser moralisches und spirituelles Wohlergehen ebenso wie unser irdisches Glück in der Zukunft und in der Gegenwart. Aus den einzelnen Bestandteilen webt es ein Muster, in dem auch Würde und Weisheit ihren Platz finden. Daher zieht der Mensch aus den Geboten Gottes unermesslichen Nutzen. Die Wohltaten, die ihm zuteil werden, wenn er den Geboten gehorcht, übersteigen seine Vorstellungskraft.

Die Essenz des Gehorsams gegenüber Gott liegt darin, dass man während seines Lebens die Anordnungen Gottes hinnimmt und ihnen Folge leistet; wenn wir über dieses Thema reden, dann nur mit dem einen Ziel, die Weisheit, die dem Prinzip innewohnt, so zu verstehen, wie sie ist. Keineswegs habe ich die Absicht, die Denkweise Gottes zu hinterfragen.

Der Beginn der Offenbarung des Koran lag in einer Zeit, in der die Menschheit begann, erwachsen zu werden. Aus diesem Grunde wurde der Prophet Muhammad, das makellose Vorbild der Menschheit, das Beispiel, das wir studieren und dem wir folgen müssen und um dessentwillen das Universum überhaupt erschaffen wurde, gerade damals mit seiner Mission betraut. Die Berufung des Propheten Muhammad, Friede sei mit ihm, und seiner *Umma* (der Gemeinschaft der Muslime), die sich um ihn scharte, sollte zum vollkommenen, fortschrittlichsten und dynamischsten Maßstab der Menschheit werden. Sie sollte es den Menschen ermöglichen, die oberste Sprosse menschlichen Fortschritts zu erklimmen und zu Leitfiguren aller ihnen nachfolgenden zivilisierten Menschen zu werden. Erst einmal mussten diese Reformer aber selbst reformiert werden. Ihre Qualitäten und Charaktereigenschaften waren zutiefst von den Lebensgewohnheiten geprägt, die sie Zeit ihres Lebens verinnerlicht hatten. Der Islam sollte ihre guten Eigenschaften in Eigenschaften von unübertroffener Qualität verwandeln, sie darüber hinaus aber auch von ihren schlechten Eigenschaften und Gewohnheiten befreien. Ziel der Offenbarung war es, ihre Laster auszumerzen und diese durch Tugendhaftigkeit und ehrgeiziges moralisches Streben so zu ersetzen, dass diese Veränderung für alle Zeiten Bestand haben würde. Wäre die Offenbarung des Koran in einem einzigen Akt erfolgt und hätte der Koran mit all seinen Verboten und Vorschriften die Lebensweise der Menschen angegriffen, hätten sie ihn niemals in der gebotenen Weise verstehen, geschweige denn akzeptieren und handhaben können. Eine solche Vorgehensweise hätte sogar im Widerspruch zu dem Kurs gestanden, den die Menschen steuern sollten, um die Gesetze Gottes nach und nach zu beachten und weiter zu entwickeln: Seit damals hat der Islam sich in jedem Teil der Welt, in den er getragen wurde, langsam aber stetig ausgebreitet und tiefe Wurzeln geschlagen.

Heutzutage sehen wir überall Menschen, die ganz und gar unfähig sind, sich von ihren schlechten Gewohnheiten und Süchten zu befreien. An dieser Stelle seien nur das Rauchen, Trinken und die Einnahme anderer Drogen genannt. Würde man versuchen, solche Menschen zu bestrafen oder von den negativen Auswirkungen ihrer Verhaltensweisen und dem Vorteil, sie aufzugeben, zu überzeugen, so wären sie dennoch nicht zufrieden; ganz im Gegenteil: sie wären verärgert, gelangweilt und irritiert. Sie würden sich sehr schnell beklagen und, sobald ihnen diese Freiheit gestattet würde, unter allen Umständen versuchen, dem ‚Reformprogramm' zu entkommen, um ihre alten Gewohnheiten wieder aufzunehmen. Alle Argumente, alle Warnungen von Spezialisten und Experten der Medizin oder der Soziologie, die unwiderlegbar dokumentieren, dass solche Süchte physischen, mentalen und sozialen Schaden hinterlassen, würden sie nicht davon überzeugen können, ihren Lebensstil zu korrigieren. Selbst Menschen, die von den chemischen Auswirkungen ihrer Süchte geheilt wurden, verfallen ihnen oft genug erneut. Natürlich gibt es auch immer wieder Menschen, die öffentlich gegen schädliche Gewohnheiten wie das Rauchen und das Trinken zu Felde ziehen, selbst jedoch nicht in der Lage sind, den eigenen Konsum aufzugeben. Nachdem wir uns dies nun bewusst gemacht und uns noch einmal in Erinnerung gerufen haben, dass es in unserem Zusammenhang nicht darum ging, einige wenige individuelle Charakterschwächen zu überwinden, sondern dass damals eine ganze Lebensweise reformiert werden musste, sollten wir begriffen haben, warum der Koran Schritt für Schritt offenbart wurde. Die Art, zu leben, zu sterben, zu heiraten, zu handeln, Streitigkeiten zu schlichten, vor allem aber die Einstellung des Menschen zu seinem Schöpfer mussten von Grund auf verändert werden.

Die Offenbarung des Koran riss das Unkraut aus den Herzen der Menschen, befreite die Menschheit von der Pest und von anderen Plagen und machte sie so zu einem fruchtbaren Stück Land für die Kultivierung von Tugenden, manierlichem Auftreten und ambitionierten Zielen. Dass dies alles in nur 23 Jahren geschah, kommt uns vor wie etwas, das es auch wirklich war: ein Wunder. Der berühmte islamische Gelehrte Said Nursi (1873-1960) sagte einmal: „Wenn alle Gelehrten unserer Zeit auf die Arabische Halbinsel reisen würden, würde ich mich fragen, ob sie in einhundert Jahren nur ein Prozent dessen erreichen würden, was dem Propheten Muhammad, Friede sei mit ihm, in einem einzigen Jahr gelang." Heute müssen wir anerkennen, dass ein so nebensächliches Laster wie das Rauchen selbst dann nicht auszurotten ist, wenn zahlreiche renommierte Wissenschaftler und Institute und das gesamte Netz der Massenmedien sich dafür einsetzen. Wenn nach einer Kampagne gegen das Trinken zwanzig Verkehrstote weniger zu beklagen sind, wird dies schon als Riesenerfolg gefeiert! Dem ist aber leider nicht so! Einzigartig war dagegen das Wunder des Koran. Ein solches Wunder wird sich niemals wiederholen. In weiteren 1.500 Jahren hat die Menschheit nicht so große Fortschritte erzielt wie in den 23 Jahren der Prophetenschaft Muhammads.

Die Menschen jener Zeit benötigten eine Frist von 23 Jahren, um die Offenbarung mühelos zu verstehen, sich mit ihr zu befassen und sich ihrer zu bedienen. Der Koran leitete durch Verbote, Vorschriften und weitestreichende Reformen einen gewaltigen Wandel ein. Dies geschah etappenweise über einen längeren Zeitraum hinweg. In diesem stieg das Bedürfnis nach Orientierung kontinuierlich; andererseits wurden die Menschen aber auch nicht entmutigt. Verboten gingen Warnungen und Missfallenskundgebungen voraus; bevor Vorschriften erlassen wurden, erfolgten Aufrufe und Ermahnungen. So wurden zum Beispiel alkoholhaltige Getränke in drei oder vier Stufen verboten, die Beerdigung lebendiger Mädchen in zwei Stufen; die Wiedervereinigung Krieg führender Stämme samt dem Aufbau einer eng zusammenwachsenden auf Brüderlichkeit basierenden Gesellschaft und die damit einher gehende Stärkung des kollektiven Bewusstseins dauerte nur wenig länger. All diese schwierigen Reformen wurden nicht durch Schlagworte erreicht, sondern es wurde heftig um sie gerungen. Die Gläubigen benötigten diese Zeit, um zu reformieren und selbst zu Reformern zu werden.

Wir richten unsere Pläne von heute an den Erfahrungen der Vergangenheit und den Chancen für die Zukunft aus. Um auf soziale und ökonomische Schwankungen reagieren zu können, gestalten wir unsere Projekte flexibel und versuchen, Spielraum für eventuell notwendige geringfügige Modifikationen zu lassen. Jungen Bäumen ähnelnd wuchsen die Muslime in den Anfangsjahren des Islam erst langsam und bedächtig. Sie passten sich den neuen Bedingungen nach und nach an, und entwickelten sich so auf natürliche Art und Weise. Mit jedem Tag konvertierten mehr Menschen zum Islam. Diese neuen Muslime beschäftigten sich täglich damit, ihnen nicht vertraute und unbekannte Dinge zu erlernen, sich ein islamisches Bewusstsein anzueignen und sich weiterzubilden, um dem Islam gemäß zu handeln. Sie blieben keine isolierten Individuen oder Clans im Kriegszustand, sondern wurden zu Mitgliedern einer Gesellschaft. Ihre individuellen Charaktereigenschaften und ihre Persönlichkeit, ja, ihr ganzes Leben - alles wurde im Einklang mit den Prinzipien des Islam durch die Anweisungen des Koran vollkommen neu entworfen und geordnet. So umfassend war ihre spirituelle, moralische, intellektuelle, ja sogar physische Wiedergeburt. Es dauerte eine Zeit, bis sie schließlich aufblühten, wobei ihre treibende Kraft eine ausgewogene Synthese zwischen irdischem Leben und spirituellem Fortschritt war.

Hätte Gott den Koran auf einen Schlag offenbart, wären diese Beduinen und einfachen Menschen ihm nicht gewachsen gewesen. Verfrachtet man einen Mensch, der es gewohnt ist, unter ganz bestimmten atmosphärischen Druckverhältnissen zu leben, plötzlich in extreme Höhen, bringt ihn der schlagartige Wechsel um. Auf ähnliche Weise trafen die Veränderungen, nach denen der Koran strebte, auf ein Volk, bei dem die koranischen Werte des individuellen, familiären und gesellschaftlichen Lebens, des *Iman* (Glaubens) und des *Din* (der Religion) keinen Wert besaßen. Wenn sich der Koran mit all seinen Reformen gegen die Menschen gestellt und sie aufgefordert hätte, diese auf der Stelle vorbehaltlos durchzuführen, hätte ihn niemand verstanden, geschweige denn akzeptiert. Das Ergebnis wäre das gleiche gewesen, als würde man einen Menschen auf einen Schlag lang in extreme Höhen bringen und so seinen Tod herbeiführen. Unter Berücksichtigung dessen, was der Natur der Menschen am besten entspricht, wurden die Weisungen des Koran also in mehreren Etappen gesandt und ihnen im wahrsten Sinne des Wortes ans Herz gelegt.

Da der Mensch ein Teil des Universums ist, können wir ihn nicht außerhalb des Kontextes der im Universum herrschenden Gesetze betrachten. So wie sich alles im Universum allmählich entwickelt und entfaltet, verläuft auch ein angemessener und dauerhafter Fortschritt und Aufstieg des Menschen in Etappen. Der Koran, die Basis und das Fundament dieses Fortschritts, musste daher im Einklang mit der Weisheit Gottes, die alles umschließt, etappenweise über einen Zeitraum von 23 Jahre offenbart werden. Warum es nun aber 23 Jahre, und nicht 22 oder 24 Jahre waren - danach zu fragen ginge mit Sicherheit zu weit; wie viele es auch immer hätten sein mögen, wir akzeptieren jede Zahl in Demut und vollkommener Ergebenheit. Gepriesen sei Gott, der Herr der Welten! Möge Gott Seinem Propheten und Gesandten Muhammad Frieden schenken und ihn segnen!

3.3

Warum begann die Offenbarung des Koran mit dem Befehl „Iqra!“ - „Lies!“?

Als der angehende Prophet Muhammad begann, gewisse innere und äußere Anzeichen und Hinweise auf die ihm zugedachte Autorität und Berufung wahrzunehmen, legte er großen Wert darauf, allein zu sein. Er zog sich in eine Höhle des Berges Hira zurück, die sich an einem abgelegenen Flecken Erde in den Bergen um Mekka befand. Dort verbrachte er abseits aller menschlichen Gesellschaft viel Zeit in spiritueller Zurückgezogenheit und gab sich Gebeten und Meditationen hin. Eines Nachts gegen Ende des Monats Ramadan um das Jahr 610, Muhammad war damals 40 Jahre alt, erschien ihm der Engel Gabriel und forderte ihn auf: *„Lies!“* Er entgegnete: *Ich bin des Lesens nicht mächtig. Daraufhin*, so Muhammad, *ergriff mich der Engel und umschlang mich solange mit seinen Armen, bis es mir unerträglich wurde. Dann ließ er von mir ab und forderte mich ein zweites Mal auf: ‚Lies!‘ Ich aber antwortete ihm: ‚Ich bin des Lesens nicht mächtig.‘ Da ergriff er mich erneut und umschlang mich solange mit seinen Armen, bis es mir unerträglich wurde, dann ließ er von mir ab und gebot mir: ‚Lies!‘ Und wieder sagte ich: ‚Ich bin des Lesens nicht mächtig.‘ Dann umschlang er mich ein drittes Mal, ließ mich dann aber los und sagte:*

> *Lies im Namen deines Herrn, der erschuf. Er erschuf den Menschen aus einem Blutklumpen. Lies; denn dein Herr ist gütig, der mit dem Schreibrohr lehrt, lehrt den Menschen, was er nicht wusste.* (96:1-5)

Der Befehl Gottes, die Botschaft des Islam zu verkünden, beginnt mit dem erhabenen Imperativ „*Iqra!*“. Dieses arabische Wort (das aus der gleichen grammatikalischen Wurzel wie das Wort *Qur'an* stammt) wird im Allgemeinen mit ‚Lies!‘ wiedergegeben, bedeutet aber auch ‚laut aufsagen‘ bzw. ‚rezitieren‘. Es ist an kein bestimmtes Individuum gerichtet und bedarf keines besonderen Anlasses. Über den Propheten Muhammad, Friede sei mit ihm, hinaus ist hier aber die ganze Menschheit angesprochen. Der Prophet nahm das ganze Gewicht dieses Imperativs auf sich und tat dies stellvertretend für die ganze Menschheit in ihrer Beziehung zu Gott. *Iqra* ist somit ein allgemein gültiger Befehl, der für jeden von uns eine Tür zum Islam öffnet. *Iqra* verlangt von jedem von uns, im eigenen Wesen und in den eigenen Handlungen nach dem Guten zu streben und einen Pfad zu betreten, der weg von der Fehlerhaftigkeit hin zur Tugend und zum Glück in dieser und in der kommenden Welt führt.

Iqra fordert uns auf, die Zeichen zu ‚lesen‘, die der Schöpfer in der Schöpfung platziert hat, damit wir Seine Barmherzigkeit, Weisheit und Macht besser verstehen können. *Iqra* befiehlt uns, nach der Bedeutung Seiner Schöpfung zu suchen, indem wir unsere Erfahrung und unseren Verstand einsetzen. Gleichzeitig versichert uns *Iqra* zweifelsohne, dass wir tatsächlich in der Schöpfung lesen können, dass die Schöpfung unserem Verstand zugänglich ist. Je gründlicher wir in ihr lesen, desto klarer wird uns werden, dass die erschaffene Welt ein einziges Universum ist, dessen Schönheit und Harmonie die Bewahrte Tafel (*Lauh mahfuz*, im Koran in Sure 85:21 erwähnt) reflektiert. Auf dieser Tafel wird auf Geheiß Gottes hin alles aufgezeichnet - jede einzelne Minute von vor Anbeginn der Zeit bis über das Ende der Zeit hinaus.

Es gibt nichts, was Gott nicht erschaffen hätte. Jedem Detail dieser Schöpfung - belebt oder unbelebt, Gegenstand oder Lebewesen - hat Gott die Funktion verliehen, eine ‚Schreibfeder‘ zu sein, ein Instrument, das aufzeichnet. Dementsprechend hat jedes einzelne Teilchen protokolliert, was ihm widerfahren ist und was in irgendeiner Beziehung zu ihm steht, und wird dies auch weiterhin tun - sowohl die Ereignisse, die es selbst auslöst als auch solche, denen es unterworfen ist. Der Einzige, auf den das nicht uneingeschränkt zutrifft, ist der Mensch.

Jedes belebte oder unbelebte Teilchen ist ein Buch, das seine Aufzeichnungen bewahrt und von ihnen kündet. Deshalb lautet unser Auftrag „Lies!“, und nicht „Schau!“ Die Zeichen in der Schöpfung, sprich: diese Bücher, sollen von uns nicht nur passiv angeschaut, sondern vielmehr aktiv ‚gelesen‘, von unserem Verstand analysiert und verstanden werden. Dieses großartige Universum, in dem es von Teilchen nur so wimmelt, birgt eine umfangreiche Bibliothek für die Erziehung und Bildung des Menschen, der zwar selbst Teil des Universums, aber dennoch etwas Besonderes ist. Zwar obliegt es auch dem Menschen zu protokollieren, d.h. zu schreiben; ihm ist aber darüber hinaus die besondere Ehre zuteil geworden, auch zu lesen. Wie inhaltsreich dieser Imperativ *Iqra* doch ist! Im Unterschied zu allen anderen Wesen der Schöpfung dürfen wir uns nicht damit zufrieden geben, die Welt zu erfahren. Unsere Würde verlangt vielmehr, dass wir sie wirklich kennen lernen.

Die Wissenschaft studiert die Natur und die Funktionssysteme aller Dinge im Universum. Sie befasst sich mit der Harmonie und den Prinzipien, die im Universum vorherrschen. Wissenschaft sammelt Wissen, zum einen durch Beobachtung und Klassifizierung und zum anderen durch Erläuterung und Experimente. Die ausgewogene Ordnung, die feine, von der Größe unabhängige Wechselbeziehung aller mikrokosmischen oder makrokosmischen Elemente des Universums und die äußerst produktive Dynamik dieser Elemente (Tatsachen, die allesamt von der Wissenschaft bestätigt wurden) können keinesfalls auf einen bloßen Zufall zurückgeführt werden. Es muss ein Einzigartiges Oberstes Wesen geben, das dieses unermessliche Ordnungsgefüge und seine Gesetzmäßigkeiten ins Leben ruft und am Leben erhält. Die Existenz des Schöpfers und Erhalters ist mit Sicherheit beeindruckender, präsenter und für den Verstand realer als die Existenz all dessen, was Er erschafft und erhält.

Jedes Ordnungsgefüge oder System wird, bevor es seine Arbeit aufnimmt, durchdacht und geplant. Auch jedes architektonische Projekt entsteht zunächst im Kopf des Architekten, bevor dieser einen endgültigen und detaillierten Entwurf zu Papier bringt. Wenn wir uns (um unserem beschränkten Verstand auf die Sprünge zu helfen) die Bewahrte

Tafel als einen solchen detaillierten Entwurf vorstellen, von dem die Worte des Koran künden, dann können wir das tatsächliche Universum als eine Reflexion dieses endg,tigen Plans in der Welt der Zeit betrachten. Der Mensch ist kaum in der Lage, sich die Schöpfung als ein einziges Universum vorzustellen, geschweige denn den Entwurf für ein solches Universum nachzuvollziehen. Und schon gar nicht wäre er im Stande, selbst eines zu erschaffen.

Nein! Die Aufgabe des Menschen besteht darin zu lesen. Solange er liest, ist er auf der Suche nach dem Sinn aller Dinge. Natürlich wird er dieses Ziel nie in vollem Umfang verwirklichen können. Er wird Fehler machen, aus denen er mehr oder weniger lernt, und auf diese Weise eine Methode von Experiment und Irrtum entwickeln. Die laufende Überprüfung seiner Bemühungen ermöglicht ihm, in der Vergangenheit begangene Fehler nicht noch einmal zu begehen, was seine Kenntnisse mit der Zeit immer genauer und verlässlicher macht. Welcher Art ist aber nun das Wissen, das sich der Mensch so fleißig aneignet?

Es ist ein großer Unterschied, ob man etwas nur anschaut oder es genau betrachtet. Etwas genau zu betrachten, heißt andererseits aber noch lange nicht, auch damit vertraut zu sein und es wirklich zu verstehen. Ein rein äußerliches Verständnis unterscheidet sich wiederum von einem umfassenden Verständnis, einem Verständnis, das sich darum bemüht, innere und äußere Aspekte einer Sache zu erfassen. Wer ein solches Verständnis besitzt, durchdringt das ganze Wesen dieser Sache mit seinem ganzen Bewusstsein. Er wiegt nicht nur ab, vergleicht und manipuliert, sondern begreift sie als Zeichen der Schöpfung. Entsprechend differenziert stellt sich das Abbild eines geringeren und das eines höheren Verständnisses dar. So kann zum Beispiel eine materialistische Wissenschaft, die auf Technologie basiert, nur ein gewisses Maß an Wissen hervorbringen, während eine Wissenschaft, die dem Spirituellen gegenüber aufgeschlossen bleibt, durch Kontemplation und Anbetung Gottes zur Weisheit gelangen kann. Ein weiterer Unterschied besteht zwischen Lernen und Lehre, zwischen der Fähigkeit, etwas ausschließlich für sich selbst zu beherrschen und zu verstehen, und der Gabe, es anderen zu ermöglichen, das gleiche Wissen und Verständnis zu erlangen. Ein letzter Unterschied existiert schließlich zwischen denjenigen, die lernen und lehren, um sich dem Schöpfer hinzugeben und Ihm zu vertrauen, und jenen, die lernen und lehren, um sich dadurch an die Illusion der Unabhängigkeit von Handeln oder Sein zu klammern.

Diese unterschiedlichen Arten und Abstufungen des ‚Lesens' der Welt existieren Seite an Seite und befinden sich in ständigem Fluss. Denn innerhalb des Universums gibt es bestimmte Gesetze und Kategorien, denen alles ihm innewohnende Sein und Handeln unterworfen ist. Diese Gesetze und Kategorien wurden vom Schöpfer eingesetzt, der auch ihr harmonisches Funktionieren steuert und garantiert. Zu ihnen gehören:

1. Eine Entwicklung von der Einheit zur Vielfalt, vom Einfachen zum Komplexen;
2. ein Prozess des Entstehens, der Genese, innerhalb der vielen gleichartigen, unterschiedlichen oder gegensätzlichen Elemente;
3. eine dynamische und beständige Ausgewogenheit innerhalb der Vielfalt;
4. Aufeinanderfolge oder Veränderung, der Transfer von Eigenschaften, Energie, Kraft oder Wissen vom Einen zum Anderen;
5. Erwerb, Verlust und Wiedererwerb bzw. Lernen, Vergessen und erneutes Lernen;
6. Kampf und Ausdauer bzw. Energie und Bemühen;
7. Auflösung und Wiederherstellung bzw. Analyse und Synthese;
8. Inspiration, die enthüllt und offenbart, Intuition, die durchdringend ist und Klarheit schafft.

Die Menschheit ist an all diese Gesetze und Kategorien und weitere mehr gebunden. Zwangsläufig unterscheiden sich die Menschen, die sich in ihren Ideen und Glaubensvorstellungen, ihren Gefühlen und Einstellungen wie auch in ihren Handlungsweisen mehr oder weniger ähnlich sind, trotzdem sehr voneinander. Die bestehenden natürlichen Unterschiede und Gegensätze sind jedoch weder statisch, noch sinn- oder bedeutungslos. Sie befinden sich vielmehr in einem dynamischen, fruchtbaren Gleichgewicht. Daher haben Menschen unterschiedliche (und sich ändernde) Einstellungen zu und Auffassungen von Themen wie Wissenschaft und Glauben. Man darf jedoch wohl mit Sicherheit davon ausgehen, dass es der Menschheit nicht gut tun würde, wenn sie sich ausschließlich um den Glauben bemühen und auf die aus der Wissenschaft erworbenen Kenntnisse verzichten würde. Genauso falsch wäre es auch, sich völlig wissenschaftlichen Erkenntnissen zu widmen und dabei den Glauben zu vernachlässigen oder ihm sogar ganz abzuschwören.

Da sich die Menschen und die Umstände, unter denen sie leben, so sehr voneinander unterscheiden, mögen bestimmte Lehren des Propheten Muhammad, Friede sei mit ihm, für eine gewisse Zeit aus den Augen verloren werden. Irgendwann jedoch erinnert man sich wieder an sie und belebt ihr Ansehen neu. Nachdem die Zahl der Menschen und die zwischen ihnen bestehenden Unterschiede so zugenommen hatten, war der Bruch mit den Traditionen und der Geschichte, d.h. eine Phase des Niedergangs und der Spaltung eine logische Folge; eine Phase der Bestandsaufnahme, eines Neuanfangs und des Wiederaufbaus der Geschichte und der Traditionen wird aber sicherlich folgen, ja, sie hat sogar bereits begonnen. Ganz bestimmt können wir auf die Gabe der Inspiration, auf Momente unerwarteter Geschlossenheit und auf ganz unvorhergesehene Erfolge hoffen.

Einen solchen Niedergang mit einem dann folgenden Wiederaufbau hat es bereits früher gegeben und wird es auch in der Zukunft geben. Die von Gott inspirierten Offenbarungsschriften, die Propheten und die Gesetze wurden uns, unter anderem um diesem Prozess gerecht zu werden, der Reihe nach gesandt. Der Prophet Muhammad, Friede sei mit ihm, war mit einem Charakter gesegnet, der Komponenten der charakteristischen Vorzüge aller Propheten vor ihm in sich vereinigte. In seiner Person verschmolzen Weisheit und fundiertestes spirituelles Wissen mit dem Willen, kollektive Angelegenheiten voranzutreiben und maßgeblich zu regeln. Er besaß die Kraft, die Herzen der Menschen zu inspirieren und ihre spirituellen Sehnsüchte mit einer Kraft zu verbinden, die Differenzen zwischen den Menschen auszuräumen und bleibende Versöhnung zu stiften vermag. Er war in individuellen wie auch in kollektiven Angelegenheiten dazu in der Lage, ein ideales Gleichgewicht zwischen der Forderung nach Gerechtigkeit und der Bitte um Erbarmen zu finden. Seine Biografie ist voller Beispiele für unendliches Leiden, für nachsichtiges Verhalten und für Standfestigkeit auch bei Misserfolgen; darüber hinaus kündet sie von Hilfsbereitschaft, Erfolgen und Siegen. Seine Ausdrucksweise war knapp, sachlich, einprägsam und geschliffen; sie kannte keine Schwächen, weder in dem, was er ansprach, oder in der Art und Weise, wie er etwas vorbrachte, noch in der Form, wie er auf bestimmte Anlässe reagierte - und das, obwohl er doch im Rahmen seiner Prophetenschaft auf so vielen Feldern tätig wurde. Er war nicht nur der Übermittler des Koran, sondern auch die Quelle eines spirituellen Erwachens und einer großartigen und beständigen Zivilisation.

Wenn ein Muslim den Befehl *Iqra* befolgt, erlegt ihm dies in mancherlei Hinsicht eine Verantwortung und innere und äußere Versuchungen und Kämpfe auf, die diejenigen anderer Religionen bei weitem übersteigen. Zweifellos bieten diese größeren Versuchungen aber die Chance, sich Würde und Ehre zu erwerben. Denn sie destillieren, wie das Vorbild des Propheten zeigt, die unterschiedlichsten Tugenden sowohl der einzelnen Individuen als auch der Gemeinschaften auf brillante Art und Weise.

Jüngste Entdeckungen in der Physik, Astronomie, Chemie und Biologie haben bestimmten Versen des Koran eine neue Klarheit verliehen und so Teile der ganzen Wirklichkeit, die auf der Bewahrten Tafel verzeichnet ist, ans Licht gebracht. Fortschritte innerhalb der Wissenschaft werden Schritt für Schritt gemacht; denn das Universum bewegt sich auf dem ihm vorbestimmten Kurs und im Einklang mit der Erkenntnisfähigkeit, die den Menschen gewährt wurde, immer weiter. Natürlich wollen wir die Bemühungen und Leistungen der Forscher und Wissenschaftler zur Kenntnis nehmen und angemessen würdigen. Diese Leistungen sollten die Menschen jedoch nicht zu Undank und Überheblichkeit, den Wurzeln allen Unglaubens, verleiten. Vielmehr sollten wir in unserem Streben nach Erkenntnis und bei der Anwendung unserer Erkenntnisse unsere Abhängigkeit vom Schöpfer und die Unentbehrlichkeit Seiner Führung nachdrücklich bestätigen. Das Schlimmste, was wir tun könnten, wäre, Menschen zu vergöttern, die uns ja doch irgendwann im Stich lassen. Denn dadurch würden wir uns dem menschlichen Machtstreben als einzigem Richter über unsere Angelegenheiten aus liefern.

Wenn dies geschieht, bleiben Forschungsergebnisse und Errungenschaften der Wissenschaft immer unter der Kontrolle derjenigen Menschen, die sie nicht zum Wohle der ganzen Menschheit einsetzen, sondern zum kurzfristigen Vorteil eines kleinen Kreises von Menschen. Die Wissenschaft wird zu einer Waffe, die sich gegen das religiöse Leben richtet, und zu einem hilflosen Knecht von Ideologien, die einen selbstsüchtigen und mehr oder weniger atheistischen Materialismus vertreten. Wenn einer solchen Entwicklung nicht Einhalt geboten wird, kann sie dem Standard des individuellen und gemeinschaftlichen Lebens unter Umständen irreparable Schäden zufügen. Es besteht kein Zweifel daran, dass immer mehr Menschen im Zuge der Einführung neuer Technologien immer ungeduldiger, arroganter, unverantwortlicher und hartherziger handeln. Manche von ihnen behaupten, sie seien auf irgendeine Weise selbsterschaffen und deshalb auch niemand anderem als sich selbst gegenüber verantwortlich. Trotzdem schaffen sie es nicht einmal, auch nur ihr eigenes Glück zu mehren, und produzieren stattdessen nur immer größere Bedürfnisse. Ihr Leben wird immer beschwerlicher, sorgenvoller und von immer teureren Luxusgütern diktiert; denn nur diese ermöglichen ihnen, der Realität zu entfliehen. Diese Menschen machen sich lächerlich und erregen Mitleid, wenn sie vorgeben, sie hätten eine ‚neue' Freiheit gewonnen.

Zum Teil wurden die Gesellschaften in der jüngsten Vergangenheit allein durch das unglaubliche Tempo des wissenschaftlichen Fortschritts Opfer plötzlicher und weit reichender Veränderungen. Dabei waren sie sich ihres Handelns oft gar nicht richtig bewusst und konnten die langfristigen Konsequenzen kaum einschätzen. Menschliche Gesellschaften sind jedoch keine Laboratorien und Menschen keine Versuchskaninchen, mit denen nur um des Experimentierens willen Experimente gemacht werden dürfen. Von essenzieller Wichtigkeit ist, dass die Beschäftigung mit der Wissenschaft, d.h. die Reaktion des Menschen auf Gottes Befehl *Iqra*,wieder mit einem kontemplativen Leben verknüpft wird und dass wir neu lernen, mit vollem Bewusstsein zu ‚lesen' - um eines wirklichen Verstehens und um der Weisheit willen.

Wenn uns dies gelingt, werden wir zunächst einmal die modernen Wissenschaften von der Nutzlosigkeit und vom nüchternen Formalismus, in die sie eingebunden sind, befreien und dazu beitragen können, zumindest ihre philosophischen Grundlagen und ihre soziale und moralische Relevanz zu klären. Außerdem werden wir in der Lage sein, die wahre Bandbreite der menschlichen Kräfte Auffassungsgabe, Intellekt und Intuition zu demonstrieren und den Menschen das richtige Gleichgewicht und den sachgemäßen Gebrauch dieser Kräfte wieder bewusst zu machen. Dann wird jedes Individuum, das sein ganzes Wesen auf das Studium der Schöpfung ausrichtet, die Zeichen der Schöpfung mit religiöser Ernsthaftigkeit und voller Bescheidenheit lesen und sich ein Wissen aneignen können, das auf die ganze Menschheit zivilisierend und segensreich wirken wird.

Dass wir auf diese Weise und für diesen Zweck lesen sollen, lässt sich dem folgenden Hadith gemäß nicht ernsthaft bestreiten: *Das erste erschaffene Ding war die Schreibfeder, und das erste Wort der Offenbarung war Iqra.*[21] Mit dem ganzen Wesen lesen zu können, erfordert jedoch, dass sich die inneren und äußeren Fähigkeiten gemeinsam der Erscheinungen bewusst sind und dass sie sich harmonisch auf diese konzentrieren. Jede Beeinträchtigung der inneren Fähigkeiten hat erhebliche Auswirkungen auf das richtige Funktionieren anderer Fähigkeiten.

Wenn der Koran auf das Unbehagen des Geistes verweist, spricht er von Blindheit, Taubheit und Stummheit. Denn die Zeichen der erschaffenen Welt erreichen den Verstand zuerst über die Augen, werden zuerst von diesen ‚gelesen'. Das Gehör vernimmt vor allen anderen Sinnen die Klänge der Offenbarung und leitet sie an den Verstand weiter. Die Fähigkeit zu sprechen besteht schließlich darin, alles Gesehene und Gehörte zu erklären, wiederzugeben und weiter zu vermitteln, um ein tieferes Verständnis zu erlangen. Ein Mensch, dessen Innenleben kränkelt, wird von der Außenwelt nur das sehen, was sein unmittelbares Überleben oder sein Vergnügen berührt. Weder wird sein Gehör irgendwelche verständlichen Töne ausmachen (mit Ausnahme der bereits erwähnten, die sein unmittelbares Überleben oder sein Vergnügen anbelangen), noch wird er in der Lage sein, irgendwelche Dinge zum Ausdruck zu bringen. Er wird höchstens nach etwas rufen können, das

---

21 Ibn Hanbal, *Musnad*, 5, 317; Abu Dawud, *Sunan*, 16; Tirmidhi, *Qada*, 17

er für sein unmittelbares Überleben oder für sein Vergnügen benötigt. So sehr er sich auch abmüht, wird er nicht in der Lage sein, die Zeichen zu lesen, die der Schöpfer im Universum platziert hat; er wird lediglich mechanisch zusammenhängende Körper und Oberflächen finden; und sein Verstand wird voll und ganz damit beschäftigt sein, Normen und Gesetzmäßigkeiten zu suchen, die ihm einen mechanischen Vorteil über diese Körper und Oberflächen verschaffen.

Einem Menschen, dessen Innenleben verkümmert, kann nicht länger auf seine Ressourcen Kontemplation und Mitgefühl zugreifen. An ihrer Stelle machen sich Hässlichkeit, Trivialität und Barbarei breit. Schließlich hat er auch seine unmittelbaren Bedürfnisse und seine Vergnügungen nicht mehr selbst in der Hand und ist permanent unsicher, verängstigt und unzufrieden. Ein Mensch, der so kränkelt, ist in der Tat blind, taub und stumm; das weite Universum wird für ihn zum engsten aller Gefängnisse.

Iqra, der Befehl zu lesen, ist an das ganze Spektrum unserer inneren und äußeren Fähigkeiten gerichtet. Dieser Befehl wird auf taube Ohren stoßen, solange wir ihm nicht mit unserem ganzen Wesen und einem Gleichgewicht zwischen Einsicht, Gefühl, Verstand und Intuition Folge leisten. Wir sollten uns bemühen, die Zeichen in der Schöpfung zu verstehen. Dabei sollten wir darauf achten, dass sich unser Verstehen auf die Tatsache gründet (und auch dementsprechend eingesetzt wird), dass Gott derjenige ist, der durch die Schreibfeder lehrt, der den Menschen lehrt, was er vorher nicht wusste. *Iqra* ist auch eine Aufforderung, zu rezitieren, laut vorzutragen, das uns enthüllte spirituelle Wissen in Worte zu kleiden und Lob und Dank zu sagen.

3.4

Stimmt es wirklich, dass sich alles, wovon der Mensch profitieren kann, im Koran wieder findet? Geht der Koran auch auf Fragen ein, mit denen sich Wissenschaft und Technik unserer Zeit beschäftigen?

Die vorrangigen Ziele des Koran liegen darin begründet,

- die Menschheit den Schöpfer erkennen zu lassen,
- ihr zu versichern, dass alles, was auf der Erde oder in den Himmeln zu sehen oder zu entdecken ist, den Blick auf Ihn freigibt,
- die Menschen auf den Weg des Glaubens und der Anbetung Gottes zu führen und
- das individuelle und gesellschaftliche Leben so zu regeln, dass die Menschen sowohl in dieser als auch in der jenseitigen Welt wahres Glück finden.

Einzig und allein um diesen Zielen zu dienen, erwähnt der Koran überhaupt all das, was er erwähnt, und tut dies zudem auch noch in aller Ausführlichkeit. Er enthüllt seine Gedanken einer ganz bestimmten Methodik folgend in einem ganz bestimmten Kontext. Auch dieses Vorgehen dient den vorrangigen Zielen des Koran. Diejenigen, die sich dieser Methodik nicht bewusst sind, werden das, was sie suchen, nicht finden und wahrscheinlich enttäuscht werden.

Da der Koran um der Menschen willen offenbart wurde, weil er ihnen in der Beziehung zu ihrem Schöpfer Sicherheit schenken und sie in die Lage versetzen möchte, in allen Lebensbereichen Erfolg und ewiges Glück zu erlangen, beinhaltet er zwangsläufig alle Dinge. Die Richtigkeit dieser Aussage bestätigen zahllose Bücher und Kommentare, die sich mit unterschiedlichen Aspekten dieses Buches befassen. Die Perfektion des Stils und die Beredsamkeit der arabischen Sprache, in der der Koran verfasst ist, wurden von den bedeutendsten Literaten aller Jahrhunderte gepriesen. Sie inspirierten diese Gelehrten zu bemerkenswerten Leistungen, nicht nur in der arabischen, sondern auch in anderen Sprachen, die von Muslimen gesprochen werden. Die Ratschläge des Koran haben es Gelehrten, deren Forschungsobjekte der Mensch oder die physikalische Welt waren, ermöglicht, die wahre Natur der Dinge und Ereignisse zu schauen und sie zu begreifen. Die Weisheit des Koran hat Psychologen und Soziologen Wege aufgezeigt, in individuellen oder gesellschaftlichen Angelegenheiten selbst die kniffligsten Probleme zu lösen. Ethiker und Pädagogen haben den Koran als eine unerschöpfliche und nie versiegende Quelle für die Erziehung und Ausbildung künftiger Generationen genutzt. Der groå Nutzen, der der Menschheit aus den Vorzügen des Koran erwächst, lässt sich in dem hier zur Verfügung stehenden beschränkten Raum jedoch eigentlich gar nicht angemessen würdigen.

Wenn wir in der heutigen Zeit über die Inhalte des Koran sprechen, was vielen und insbesondere den jungen Menschen ein wichtiges Anliegen ist, dann interessieren uns vor allem die wissenschaftlichen und technologischen Themen der Offenbarungsschrift und die Frage, in welchem Verhältnis sie zu den empirischen Wissenschaften der Gegenwart stehen.

Diese Frage stand bereits im Mittelpunkt einer ganzen Reihe von Büchern, die zum Ziel hatten, die koranischen Wahrheiten mit neuen wissenschaftlichen Erkenntnissen zu vergleichen. Viele dieser Bücher waren sicherlich von der Kultur und Wissenschaft ihrer jeweiligen Epoche beeinflusst; aber obwohl ihre Kommentare von großer Sorgfalt und einem intensiven Bemühen kündeten, hielten die Menschen diese doch für fragwürdig und fanden sie zu überladen oder zu weit hergeholt. Vor allem die Bemühungen, die koranischen Wahrheiten mit gewissen Hypothesen (die mehr oder weniger als wissenschaftliche Wahrheiten akzeptiert waren, bevor sie überhaupt abgesichert waren) in Einklang zu bringen, schienen den Koran verzerrt oder falsch darzustellen und ihn sogar geringschätzig zu behandeln. In Wirklichkeit sind die koranischen Aussagen zu wissenschaftlichen Themen in einer so klaren Sprache abgefasst, dass selbst ein Berghirte noch Jahrhunderte nach ihrer Offenbarung und Übermittlung an den Propheten durch den Engel Gabriel Zugang zu ihnen findet. Diejenigen, die diese Aussagen auf richtige Art und Weise lesen, sind sich sehr wohl darüber einig, welche Ziele Gott mit ihnen verfolgt. Dem jeweiligen Bildungsstand entsprechend finden sie aber an unterschiedlichen Aspekten besonders Gefallen.

Die Auslegung des Koran hat so objektiv wie möglich zu erfolgen, damit Präzision, Zuverlässigkeit und Klarheit der Offenbarung Gottes erhalten bleiben. Anstatt den Koran im Lichte bestimmter Phänomene und mit einer Fachsprache, die nicht der Sprache des Koran entspricht, zu interpretieren, sollten die Phänomene interpretiert und die Fachsprache im Sinne des Koran bewertet werden. Es erübrigt sich eigentlich zu erwähnen, dass vor allem eine hinreichende Kenntnis der arabischen Sprache, der feinen Nuancen ihrer Wörter und Strukturen und ein großes Maß an Vertrautheit mit den Anlässen, zu denen die einzelnen Koranverse offenbart wurden, dazu beitragen, diese Verse zu verstehen. Aus eben diesem Grunde sind die Kenntnisse und Interpretationen der Gefährten des Propheten, ihrer Nachfolger (vor allem der ersten Nachfolgegeneration) und der ersten Kommentatoren wie zum Beispiel Ibn Dscharir, die verlässlichsten. Es überrascht wohl kaum, dass ihre Kenntnisse am ehesten mit den später etablierten wissenschaftlichen Wahrheiten übereinstimmen. Später abgefasste Kommentare mögen zwar philosophisch spitzfindiger und erschöpfender erscheinen, sind aber oft weit hergeholt und überladen und stehen nicht mit den Forschungsergebnissen der Wissenschaft im Einklang. Um diese These zu untermauern, möchte ich hier einige wenige Beispiele aus dem Koran zitieren und analysieren:

1. Der Schöpfer, der von vor dem Anfang bis über das Ende der Zeit hinaus alles sieht und alles weiß, lenkt unsere Aufmerksamkeit auf die Tatsache, dass die Zukunft ganz allgemein das Zeitalter des Wissens und der Information und konsequenterweise ein Zeitalter des Gottvertrauens und des Glaubens sein wird:

> *Wir werden sie Unsere Zeichen überall auf Erden und an ihnen selbst sehen lassen, damit ihnen deutlich wird, dass es die Wahrheit ist.* (41:53)

Schon in der Frühzeit des Islam haben die Sufis diesen Vers als ein Zeichen und als eine Zusicherung der spirituellen Weisheit, nach der sie strebten, betrachtet und sich auf ihn bezogen. Wenn man diesen Vers aber aus anderer Perspektive liest und sich überlegt, in welchem Maße die wissenschaftlichen Erkenntnisse seit seiner Offenbarung zugenommen haben (eine Entwicklung, die nicht zuletzt durch die Arbeit muslimischer Gelehrter und Wissenschaftler initiiert und beschleunigt wurde), dann wird man akzeptieren müssen, dass die bloße Existenz des Verses schon an ein Wunder grenzt.

Je genauer die Beschaffenheit von Mikrokosmos und Makrokosmos und deren Beziehung untereinander entschlüsselt und verstanden werden, desto eindeutiger wird alles, was innerhalb der Grenzen menschlichen Denkens und menschlicher Wissenschaft liegt, bestätigen, dass es nur einen Schöpfer gibt. Wenn sich erst einmal Hunderte von Büchern mit diesem Thema befasst haben, werden wir mit eigenen Augen sehen können, dass alles, was uns von Gott versprochen wurde, auch tatsächlich vorhanden ist. Bereits heute haben wir das Gefühl, in naher Zukunft Aussagen und Lobpreisungen zu Ehren Gottes hören und auch verstehen zu können, die von Tausenden von Zungen in der Natur angestimmt werden:

> *Die sieben Himmel und die Erde und alle darin lobpreisen Ihn; und es gibt nichts, was Seine Herrlichkeit nicht preist; ihr aber versteht deren Lobpreisung nicht. Wahrlich, Er ist nachsichtig, verzeihend.* (17:44)

Auch heute schon verstehen wir einiges von der Bedeutung dieses Verses. Die winzigsten Atome wie auch die gewaltigsten Sternennebel verkünden uns in der Sprache ihres Daseins ihre Unterwerfung unter den Einen Gott und preisen Ihn. Es gibt allerdings nur wenige Menschen, die diesen universellen Lobpreis Gottes hören und verstehen können. Auch die Zahl der aufrichtigen Muslime, die allen Menschen auf Erden dabei helfen könnten, diesen Lobpreis zu vernehmen, ist gering. Zudem leben sie über eine Vielzahl von Orten versprengt.

2. Bemerkenswert ist auch, was der Koran über die Menschwerdung und die Entwicklungsphasen eines Embryos im Uterus enthüllt:

> *O ihr Menschen, wenn ihr über die Auferstehung im Zweifel seid, so (bedenkt,) dass Wir euch aus Erde erschaffen haben, dann aus einem Samentropfen, dann aus einem Blutklumpen, dann aus einem Klumpen Fleisch, teils geformt und teils ungeformt, auf dass Wir es euch deutlich machen.* (22:5)

In zwei anderen Versen wird diese Entwicklung noch detaillierter erläutert. Die verschiedenen Phasen werden dort noch deutlicher hervorgehoben:

> *Und wahrlich, Wir erschufen den Menschen aus einer Substanz aus Lehm. Alsdann setzten Wir ihn als Samentropfen an eine sichere Ruhestätte. Dann bildeten Wir den Tropfen zu einem Blutklumpen; dann bildeten Wir den Blutklumpen zu einem Fleischklumpen; dann bildeten Wir aus dem Fleischklumpen Knochen; dann bekleideten Wir die Knochen mit Fleisch; dann entwickelten Wir es zu einer anderen Schöpfung.* (23:12-14)

> *Er erschafft euch in den Schößen eurer Mütter, Schöpfung nach Schöpfung, in drei Finsternissen.* (39:6)

Die *drei Finsternisse* können inzwischen folgendermaßen gedeutet werden: das Parametrium, Miometrium und Endometrium sind drei Zellgewebe, welche drei wasser-, hitze- und lichtundurchlässige Membranen, nämlich Amnion, Corion und die Wand der Gebärmutter umschließen.

3. Was der Koran über Milch und deren Herstellungsprozess sagt, ist genauso einzigartig wie das Getränk selbst. Seine Worte zu verstehen, ist von großem Nutzen:

> *Wahrlich, auch am Vieh habt ihr eine Lehre. Wir geben euch von dem zu trinken, was in ihren Leibern (ist): Zwischen Kot und Blut (ist) in der Mitte Milch, die denen lauter (und) angenehm ist, die sie trinken.* (16:66)

Der Koran schildert den Prozess äußerst genau: die Teilverdauung und Absorption dessen, was als Nahrung aufgenommen wird; dann die Verfeinerung der Nahrung in den Drüsen in einem zweiten Vorgang. Neben den vielen Ausscheidungen, die der Körper als nutzlos aussortiert, und dem kostbaren Blut, das im Körper zirkuliert, ist die Milch nur eines von vielen Sekreten. Und dennoch ist sie ein gesundes und bekömmliches Nahrungsmittel.

4. Der Koran hat kundgetan, dass alles in der Natur paarweise erschaffen wurde.

> *Preis (sei) Ihm, der die Arten alle paarweise geschaffen hat von dem, was die Erde sprießen lässt, und von ihnen selber und von dem, was sie nicht kennen!* (36:36)

Alles existiert in Paaren. Jedes Ding hat ein Gegenstück, das ihm entgegengesetzt ist oder es ergänzt. Dass sich Menschen, Tiere und auch einige Pflanzen in zwei Geschlechter aufteilen, ist schon seit langem bekannt. Wie aber verhält es sich mit all den Paaren *von dem, was sie nicht kennen*? Diese Worte könnten sich auf eine ganze Reihe von unbelebten oder belebten Daseinsformen beziehen. Was die vielgestaltigen Kräfte und Prinzipien der Natur im Bereich der belebten oder unbelebten Daseinsformen betrifft, so existieren hier viele Arten von Paaren. Tatsächlich sind von den Atomen bis hin zu den Wolken alle Dinge in Paaren vertreten. Dies bestätigen auch unsere modernen Messinstrumente.

5. In seiner einzigartigen Darstellungsweise berichtet der Koran von der Erschaffung der Welt und ihren ersten Lebewesen:

> *Haben die Ungläubigen nicht gesehen, dass die Himmel und die Erde eine Einheit waren, die Wir dann zerteilten? Und Wir machten aus dem Wasser alles Lebendige. Wollen sie denn nicht glauben?* (21:30)

Die Beschreibung des Koran ist einleuchtend und klar und sollte nicht mit den verschiedenen in Umlauf befindlichen Thesen vermengt werden, die besagen, der Grundstoff der Schöpfung sei Äther oder eine riesige Wolke, ein gewaltiger Sternnebel, eine Masse aus heißem Gas oder irgendetwas anderes. Der Koran hat auch erklärt, dass alle Lebewesen aus Wasser erschaffen wurden. Ob diese einzigartige Quelle des Lebens durch das Zusammenspiel von Gasen und Nebelschwaden entstand, welche zuerst von der Erde aufstiegen, dann kondensierten, in der Form von Regen zu ihr zurückkehrten und schließlich die Meere bildeten, die dem Leben ein geeignetes Umfeld und die notwendigen Bedingungen boten, oder ob sie sich auf irgendeine andere Art entwickelte, damit hält sich die Offenbarungsschrift nicht auf. Der Koranvers präsentiert das Universum klar, deutlich und unmissverständlich als ein einzigartiges Wunder der Schöpfung. Alles, was sich im Universum befindet, ist integraler Bestandteil dieses Wunders und trägt Zeichen, die dies belegen. Alles ist miteinander verbunden wie die Blätter in wuchtigen Bäumen, die zwar alle unterschiedlich sind, sich aber dennoch ähneln und über gemeinsame Wurzeln verfügen. Außerdem betont der Vers natürlich auch die Lebenskraft und die Bedeutung des Wassers, das drei Viertel der Masse der meisten lebenden Körper ausmacht.

6. Die Sonne nimmt einen besonderen Platz innerhalb der Schöpfung ein. Mit gerade einmal vier arabischen Wörtern, deren ganze Bedeutung wiederzugeben nicht einfach ist, weist der Koran auf ihre wichtigsten Aspekte hin:

> *Und die Sonne eilt dem ihr gesetzten Ziel zu. Das ist die Anordnung des Erhabenen, des Allwissenden.* (36:38)

Das arabische Wort *Mustaqarr* (Aufenthaltsort) kann hier für eine festgelegte Bahn im Weltraum oder für einen bestimmten Ort des Verweilens, andererseits aber auch für eine festgelegte Bahn in der Zeit stehen. Es wird uns nicht nur mitgeteilt, dass sich die Sonne auf einer vorbestimmten Bahn bewegt, sondern auch, dass sie auf einen bestimmten Punkt im Universum zustrebt. Das Sonnensystem (die Sonne und die von ihr abhängigen Planeten und Monde) rast, wie wir heute wissen, mit einer fast unvorstellbaren Geschwindigkeit auf das Sternenbild Lyra zu. (Mit jeder Sekunde nähern wir uns diesem Sternenbild um zehn Meilen, was knapp einer Million Meilen am Tag entspricht). Unsere Aufmerksamkeit wird also auf die Tatsache gelenkt, dass die Sonne, wenn sie die ihr zugewiesene Aufgabe einmal erfüllt hat, auf einen Befehl hin verweilen und ihren ständigen Aufenthaltsort einnehmen wird.

Es spricht für die Ergiebigkeit des Koran, dass er so viele Fakten mit so wenigen Worten artikuliert. In diesem Fall werden mit nur vier

Wörtern viele weitgehend unklare Dinge geklärt; und dies, obwohl der Koran vor vierzehn Jahrhunderten offenbart wurde, zu einer Zeit also, in der die Menschen glaubten, die Sonne drehe sich täglich einmal um die Erde.

7. Eine weitere inspirierende und viel sagende Aussage des Koran betrifft die Ausdehnung des Universums im Raum. Auch hier kommt das arabische Original mit nur vier Wörtern aus:

> *Und den Himmel haben Wir mit (Unserer) Kraft erbaut; und siehe, wie Wir ihn reichlich geweitet haben.* (51:47)

Dieser Vers verrät uns, dass die Entfernung (der Raum) zwischen Himmelskörpern größer wird und dass sich das Universum ausdehnt. Im Jahre 1922 behauptete der Astronom Hubble, dass sich alle Galaxien mit Ausnahme der fünf der Erde am nächsten gelegenen mit einer Geschwindigkeit, die direkt proportional zu ihrer Entfernung von der Erde ist, immer weiter in den Raum hinein bewegen. Hubble zufolge bewegt sich eine 1 Million Lichtjahre entfernte Galaxie mit einer Geschwindigkeit von 168 kmpro Jahr fort, eine zwei Millionen Lichtjahre entfernte doppelt so schnell usw.. Der belgische Mathematiker und Priester Le Maitre entwickelte später die Theorie, dass das Universum sich ausdehne. Aber egal in welche Worte die Menschen diese Realität kleiden, ob sie nun Hubbles Koeffizienten oder (in Zukunft) irgendjemand anderem Vertrauen schenken - die Offenbarung äußert sich dieser Realität gegenüber ganz unmissverständlich.

8. Der Koran gibt uns einige Hinweise auf das unsichtbare Wirken dessen, was wir heute als die Gesetze der Physik bezeichnen: auf Anziehung und Abstoßung oder auch auf Rotationen und Umbrüche im Universum:

> *Allah ist es, der die Himmel, die ihr sehen könnt, ohne Stützpfeiler emporgehoben hat.* (13:2)

Die Bewegungen der Himmelskörper, von den einzelnen Monden bis hin zu ganzen Sonnensystemen, sind von Ordnung, Gleichgewicht und Harmonie geprägt. Innerhalb dieser Ordnung werden die

Himmelskörper von unsichtbaren Stützpfeilern gehalten. Zwei dieser Stützpfeiler sind die Kraft der Abstoßung und die Fliehkraft:

> *Und Er hält den Himmel zurück, damit er nicht auf die Erde fällt, es sei denn mit Seiner Erlaubnis.* (22:65)

Dieser Vers klärt uns darüber auf, dass die Himmelskörper zwar jeden Augenblick auf die Erde stürzen könnten, dass der Allmächtige dies aber nicht zulässt. Hierin liegt ein Beweis für den allumfassenden Gehorsam Seinem Wort gegenüber, der in der Sprache der zeitgenössischen Wissenschaft als die Balance zwischen der zentripedalen und der zentrifugalen Kraft bezeichnet wird. Ob die Menschen nun Newtons oder Einsteins Theorien zu den mechanischen und mathematischen Gesetzen dieses Gehorsams folgen, ist nicht so wichtig. Von weit größerer Bedeutung ist, dass wir unsere Gedanken auf diesen Gehorsam und auf die Gnade Gottes, die das Universum in seiner verlässlichen Bewegung hält, richten.

9. Im Koran findet sich ein Vers, von dem manche Kommentatoren dachten, er spiele vielleicht auf die Reise zum Mond an, auf ein Unternehmen also, das einst als abwegig galt, aber vor noch gar nicht allzu langer Zeit Realität wurde:

> *...und bei dem Mond, wenn er voll wird, dass ihr sicherlich von einem Zustand (der Not) in den anderen versetzt werdet.* (84:18-19)

Frühere Kommentatoren verstanden diesen Vers ganz anders. Sie lasen ihn im übertragenen Sinne: Für sie ging es hier um das spirituelle Leben des Menschen, das man sich als einen Aufstieg von einer Stufe zur nächst höheren bzw. von einem Himmel zum anderen vorstellte. Andere waren der Auffassung, dieser Vers beziehe sich ganz allgemein auf den Wechsel von einem Zustand in einen anderen. Im Laufe der Zeit versuchten spätere Koranexegeten, den Vers mit Hilfe weitschweifiger Umschreibungen zu deuten. Denn die wörtliche Bedeutung des Verses ließ sich mit dem, was sie über die Möglichkeit, Entfernungen dieser Größenordnungen zurückzulegen, zu wissen glaubten, nicht in Einklang bringen. In Wirklichkeit aber bezeichnen die Wörter, die dem Schwur (*Bei dem Mond!*) folgen, tatsächlich die Reise zum Mond im wortwörtlichen wie auch im übertragenen Sinne, sofern man den unmittelbaren Kontext des Verses berücksichtigt.

10. Die Passagen der Offenbarungsschrift, die über das geographische Aussehen der Erde und über den Wandel ihres Erscheinungsbilds berichten, sind besonders interessant:

> *Sehen sie denn nicht, dass Wir über das Land kommen und es an seinen Enden schmälern? Können sie denn siegen?* (21:44)

Der Hinweis auf das *Schmälern an seinen Enden* dürfte sich auf die inzwischen anerkannte Tatsache beziehen, dass die Erde an den Polen flacher ist, und nicht auf die Erosion der Berge durch Wind und Regen oder der Strände durch das Meer bzw. auf das Vordringen der Wüste in Landstrichen, die vom Menschen kultiviert (und damit beherrscht) werden.

Zu einer Zeit, in der die Menschen gemeinhin glaubten, die Erde sei flach und statisch, enthüllte der Koran in mehreren Versen, mit offenen Worten ebenso wie mit versteckten Hinweisen, dass sie rund ist. Was ihre exakte Form betrifft, so beschrieb der Koran diese - was noch viel erstaunlicher ist - nicht als eine Kugel, sondern vielmehr wie ein Straußenei.

> *Und danach gab Er der Erde das Aussehen eines Eies. Aus ihr brachte Er ihr Wasser und ihr Weideland hervor.* (79:30-31)

Das arabische Verb *daha* bedeutet soviel wie ‚das Aussehen eines Eies verleihen' und das hieraus abgeleitete Nomen *dahia* bezeichnet das Ei selbst. Da in der damaligen Zeit die Sinneswahrnehmung diese wissenschaftliche Tatsache kaum akzeptieren konnte, interpretierten einige Exegeten das Wort fälschlicherweise als ‚ausbreiten' (*Und Er breitete hernach die Erde aus* anstatt *Und danach gab Er der Erde das Aussehen eines Eies*). Wahrscheinlich fürchteten sie, die wortwörtliche Bedeutung sei nur schwer zu verstehen und könne deshalb in die Irre führen. Erst vor gar nicht allzu langer Zeit haben moderne Messinstrumente aber tatsächlich den Nachweis erbracht, dass die Erde eher einem Ei als einer vollkommen runden Kugel ähnelt, dass sie an den Polen flach und am Äquator leicht gekrümmt ist.

11. Als letztes Beispiel wollen wir uns anschauen, was der Koran über Sonne und Mond sagt:

> *Und Wir machten die Nacht und den Tag zu zwei Zeichen, indem Wir das Zeichen der Nacht gelöscht haben, und das Zeichen des Tages haben Wir sichtbar gemacht.* (17:12)

Ibn Abbas nach zu urteilen, bezieht sich das Zeichen der Nacht auf den Mond, das Zeichen des Tages auf die Sonne. Deshalb lernen wir aus den Worten *indem Wir das Zeichen der Nacht gelöscht haben*, dass der Mond einst genauso viel Licht ausstrahlte wie die Sonne, dass Gott ihm aber sein Licht nahm und ihn dunkel und finster werden ließ. Der Vers schildert also die Vergangenheit des Mondes und deutet damit auch an, welches Schicksal andere Himmelskörper erwartet.

Viele weitere Verse im Koran beziehen sich auf das, was wir heute als wissenschaftliche Fakten bezeichnen. Die Existenz dieser Verse weist darauf hin, dass das Streben des Menschen nach Wissen ein Teil jener Barmherzigkeit ist, die ihm sein Schöpfer großzügig zuteil werden lässt. ‚Barmherzigkeit Gottes' ist sogar einer der Namen, den der Koran sich selbst gibt. Alle Wahrheiten und alle Kenntnisse, die er enthält, gehen so weit über den Horizont des Menschen hinaus, dass er kaum über sie reden, geschweige denn sie verstehen kann.

Auch wenn der Koran Anspielungen auf viele wissenschaftliche Wahrheiten enthält, heißt das noch lange nicht, dass er wie ein Buch der Wissenschaft oder der wissenschaftlichen Erklärungen gelesen werden darf. Dies sollten wir nie vergessen. Vielmehr ist er - und so haben ihn die Gläubigen auch stets verstanden - das Buch der Rechtleitung, das der Menschheit den Weg zum rechten Glauben und zum rechten Handeln weist, auf dass wir uns die Barmherzigkeit und Vergebung Gottes verdienen mögen. In der Verantwortung der Muslime liegt es sicherzustellen, dass die Beschäftigung mit Bildung, Wissenschaft oder anderen Dingen vom Licht des Koran geleitet wird, der sie somit auch anregt und unterstützt. Keineswegs sollte diese Beschäftigung von einem Geist der Arroganz, Überheblichkeit und Prahlerei geprägt sein. Denn dann entspräche sie dem Weg der Ungläubigen, der zur Verödung des Verstandes und zur Erniedrigung des Menschen und der Erde führt, welche der Mensch nur mit der Erlaubnis Gottes vorübergehend bewohnt und treuhänderisch verwaltet.

Ich bete zu Gott, dass Er die muslimische Gemeinschaft mit aufrichtigen und rechtschaffenen Muslimen segne, die im Stande sind, den Koran auf richtige Art und Weise zu lesen und zu deuten. Mögen sie der Menschheit Nutzen bringen und ihre Schritte zur Tugendhaftigkeit und zum Glück in diesem und im jenseitigen Leben lenken!

3.5

Wie sollen wir uns verhalten, wenn darauf hingewiesen wird, dass moderne Wissenschaft und wissenschaftliche Fakten mit dem Koran übereinstimmen?

Heutzutage nutzen wir viele Wissenschaftszweige und wissenschaftliche Fakten wie eine Art Brille, durch die wir Dinge, Begebenheiten und sogar religiöse Angelegenheiten betrachten. Manchmal beziehen wir uns in Gesprächen auf einzelne von ihnen, manchmal gleich auf mehrere. Auf diese Weise suchen wir nach Beweisen für die Existenz und die Einheit des Schöpfers und bemühen uns, sie denjenigen vorzulegen, die solche Beweise offenbar unbedingt brauchen.

Wenn wir die Wissenschaft im Lichte des Koran betrachten, weisen wir andererseits darauf hin, dass dieser Informationen über die Natur der Dinge enthält, die nicht im Widerspruch zu den Ergebnissen der wissenschaftlichen Studien der Menschen stehen. Am Beispiel der Medizin erkennen wir zweifellos, dass viele unterschiedliche Wege zum Glauben an den Schöpfer führen. Ich las einmal ein Buch mit dem Titel *Die Medizin ist die Nische des Glaubens*. Das stimmt, denn wenn man unsere körperliche Existenz und Entwicklung studiert, ist es einfach unmöglich, Gott nicht anzuerkennen. Die Beschreibung eines Embryos im Koran zum Beispiel entspricht genau dem, was wir heute wissen. Der Koran enthält nicht eine einzige Aussage zu diesem Thema, die der modernen Wissenschaft Anlass zur Kritik böte. Wie konnte ein ungebildeter Mann vor über tausend Jahren, zu einer Zeit, als allseits unaufgeklärter Aberglaube herrschte, Fakten kennen, die erst viele

Jahrhunderte später nach intensiver wissenschaftlicher Forschung durch Röntgenstrahlen und andere hoch entwickelte Geräte bestätigt wurden? Indem wir zahlreiche Hinweise auf die präzise Darstellung wissenschaftlicher Tatsachen im Koran geben, machen wir also geltend, dass all diese Dinge zur Zeit der Offenbarung des Koran keinem Menschen bekannt sein konnten. Ihre Nennung im Koran belegt den himmlischen Ursprung der Offenbarungsschrift. Und das wiederum bestätigt die Wahrheit der Prophetenschaft Muhammads. Gott schenke ihm Frieden und Heil!

Da die wunderbare Wesensart des Koran und seine wissenschaftlichen Fakten bereits an anderer Stelle erörtert wurden, wollen wir dieses Thema hier nicht weiter vertiefen.

Aber warum berufen wir uns überhaupt auf die Wissenschaft, wenn wir über unsere Religion sprechen? Der Grund ist, dass viele Menschen ausschließlich wissenschaftliche Fakten akzeptieren. Materialisten und Menschen, die der Religion ablehnend gegenüber stehen, haben versucht, sich der Wissenschaft zu bedienen, um die Religion zu provozieren, und den eigenen Einfluss missbraucht, um ihre Gedanken zu verbreiten. Damit haben sie die Urteilsfähigkeit einer großen Anzahl von Menschen in Mitleidenschaft gezogen oder sogar zerstört. Also sollten wir die gleichen Werkzeuge wie sie verwenden, um zu beweisen, dass Wissenschaft und Technik nicht im Widerspruch zu unserer Religion stehen. Mit anderen Worten: Wir sollten die Menschen auf den richtigen Weg führen, indem wir uns mit den gleichen Fragestellungen wie Marx, Engels, Lenin und andere Materialisten beschäftigen, die sich täuschten, weil sie ihre eigenen Interpretationsansätze benutzten. Ich persönlich jedenfalls befürworte diese Art von Beweisführung. Ich bin der Meinung, dass sich die Gläubigen mit den Theorien dieser Menschen auseinander setzen sollten, damit sie sich gegen Materialismus und Atheismus zur Wehr setzen können. Die Verse des Koran fordern uns auf, zu reflektieren und zu studieren. Sie ermahnen uns, die Sterne und Galaxien zu beobachten. Sie stellen uns die prachtvolle Herrlichkeit des Schöpfers vor. Sie raten uns, uns unter die Menschen zu mischen und unsere Aufmerksamkeit auf die wunderbare Beschaffenheit unserer Organe und der physischen Schöpfung zu richten. Die Verse des Koran führen uns die gesamte Schöpfung vor Augen: von der Welt der Atome bis hin zu den gewaltigsten Körpern und vom ersten Auftreten des Menschen auf Erden bis hin zu dem Zeitpunkt, an dem er sie wieder verl3st. Der Koran spricht eine Vielzahl von Fakten an und teilt uns dadurch mit: *Wahrlich, nur die Wissenden unter Seinen Dienern fürchten Allah.* (35:28) So ermutigt er uns, nach *Ilm* (Wissen) zu streben, unseren Verstand zu nutzen und zu forschen. Man sollte jedoch stets darauf achten, dass alle Überlegungen und alle Forschungsbemühungen im Einklang mit dem Geist des Islam stehen. Anderenfalls würden wir uns vom Koran entfernen, auch wenn wir behaupteten, dem Rat und Befehl des Koran Folge zu leisten.

Die Wissenschaft und die Fakten, die sie präsentiert, können und sollen dazu verwendet werden, die Wahrheiten des Islam zu zementieren. Wenn wir sie aber missbrauchen, um mit unserem Wissen zu prahlen oder andere durch unsere Autorität zu beeindrucken, wird das, was wir sagen, unsere Zuhörer - wenn überhaupt - nicht gerade positiv beeinflussen. Worte und Argumente, die an sich brillant und überzeugend sind, werden dann auf Grund unserer versteckten Absichten ihre Wirkung verlieren: Sie werden unseren Zuhörern zum einen Ohr hinein und zum anderen wieder hinausgehen. Auch wenn unsere Bemühungen darauf ausgerichtet sind, die Menschen zum Schweigen zu bringen, anstatt sie zu überzeugen, werden wir unseren Zuhörern den Weg zum Verstehen verbauen und unsere Ziele nicht erreichen. Wenn wir aber versuchen, unsere Zuhörer in aller Aufrichtigkeit zu überzeugen, dann werden diejenigen, die solche Argumente brauchen, um glauben zu können, bekommen, was sie wünschen, und von unserem Wissen profitieren - selbst dann, wenn uns das gar nicht bewusst ist. Manchmal kann ein Argument, das auf diese Weise aufrichtig vorgetragen wurde, den Zuhörern mehr nutzen als ein anderes, das freier und redegewandter formuliert wurde - auch wenn wir zunächst das Gefühl haben mögen, es sei wirkungslos verpufft. Wenn wir die Wissenschaft und wissenschaftliche Fakten vorstellen, müssen wir uns vor allem darum bemühen, das Wohlgefallen Gottes zu erlangen. Außerdem müssen wir auch dem Bildungsstand unserer Zuhörer Rechnung tragen.

Es wäre falsch, die Wissenschaft als der Religion ‚überlegen' einzustufen oder grundlegende islamische Inhalte so zu präsentieren, als hätte man es nötig, die Religion zu rechtfertigen oder ihre Glaubwürdigkeit anhand zeitgenössischer wissenschaftlicher Fakten zu untermauern. Eine solche Vorgehensweise wäre nicht korrekt, weil sie darauf schließen ließe, dass wir selbst an den Wahrheiten des Islam zweifeln und auf die Wissenschaft ‚angewiesen' sind. Ebenso unangebracht wäre es, die Wissenschaft oder wissenschaftliche Fakten als absolut und als entscheidende Kriterien für die Authentizität oder den außerweltlichen Ursprung des Koran zu akzeptieren und ihnen somit den Stellenwert von Zeugen für die Richtigkeit des Koran beizumessen. Dies wäre nicht nur absurd, sondern ganz und gar geschmacklos und dürfte weder geduldet noch toleriert werden. Verweise und Anspielungen auf die Wissenschaft haben bestenfalls einen zweitrangigen und unterstützenden Charakter und mögen insofern wertvoll sein, als dass sie das Tor zu einem Weg aufstoßen, von dessen Existenz viele Menschen sonst erst gar nicht erfahren würden.

Die Wissenschaft sollte als ein Instrument genutzt werden, das aufrüttelt und den Verstand der Menschen anregt, die sonst weiter in ihrer Starre verharren würden. Sie ist eine Art Handfeger, mit dem man den Staub von der Wahrheit wischt. In ihr manifestiert sich auch das Verlangen nach einer Wahrheit, die in unberührten Bewusstseinsebenen verborgen liegt. Wer aber davon ausgeht, dass die Wissenschaft allgewaltig ist, strebt bald nur noch danach, den Koran und die Hadithe ihr anzupassen. In den Fällen, in denen Koran und Hadith nicht mit der Wissenschaft übereinstimmen, öffnet er Zweifel und Verfälschung Tür und Tor.

Unsere Position muss klar definiert sein, und sieht so aus: Koran und Hadith sind wahr und absolut. Wissenschaft und wissenschaftliche Fakten sind wahr, solange sie mit Koran und Hadith übereinstimmen. Sobald sie aber eine andere Position einnehmen oder von der Wahrheit von Koran und Hadith wegführen, sind sie fehlerhaft. Selbst zweifelsfrei etablierte wissenschaftliche Fakten können keine Säulen sein, auf denen die Wahrheiten des *Iman* (Glaubens) ruhen. Sie können und sollen nur als Instrumente betrachtet werden, die uns neue Ideen vermitteln und uns zum Nachdenken anregen. Gott ist es, der die Wahrheiten des *Iman* in unser Bewusstsein gepflanzt hat. Wer annimmt, dies geschehe durch die Wissenschaft oder könne durch sie geschehen, liegt völlig falsch: Der *Iman* resultiert aus der Rechtleitung Gottes, und zwar einzig und allein aus der Rechtleitung Gottes. Wer das nicht begreift, unterliegt einem Irrtum, den zu berichtigen sehr schwer ist. Denn jemand, der im Universum nach Beweisen sucht, wird diese Beweise stets an Stelle Gottes sprechen lassen. Er wird, auch wenn er sich dessen nicht bewusst ist, immer ein Diener und Anbeter der Natur bleiben. Er wird die Blumen, das Grünen und den Frühling der Natur erforschen und diskutieren; der *Iman* aber wird in seinem Bewusstsein weder knospen noch austreiben. Sein ganzes Leben lang wird er dort möglicherweise niemals die Existenz Gottes spüren. Rein äußerlich mag es vielleicht nicht den Eindruck erwecken, als bete er die Natur an, in Wirklichkeit jedoch tut er das unablässig.

Der *Iman* im Herzen entscheidet darüber, ob ein Mensch ein *Mu'min* (Gläubiger) ist, und nicht die Anhäufung von Wissen im Kopf. Wenn ein Mensch mit Hilfe objektiver und subjektiver Beweisführung an die Grenzen seines Auffassungsvermögens gelangt ist, muss er sich, um überhaupt irgendwelche spirituellen Fortschritt erzielen zu können, aus seiner Abhängigkeit von den Äußerlichkeiten, der Qualität und den Bedingungen all dieser Beweise befreien. Erst wenn er diese Abhängigkeit abstreift und im Licht und in der Rechtleitung des Koran auf dem Weg seines Herzens und seines Bewusstseins wandelt, wird er vielleicht, wenn Gott will, die Erleuchtung, nach der er sucht, finden: Der deutsche Philosoph Immanuel Kant formulierte es einmal so: „Ich spürte das Bedürfnis, all die Bücher, die ich gelesen habe, hinter mir zu lassen, um an Gott zu glauben."

Das großartige Buch des Universums, das Buch der wahren Natur des Menschen und die Bücher, die diese kommentieren, haben ohne Zweifel ihren eigenen Platz und ihre eigene Bedeutung. Nachdem der Mensch diese gelesen hat, sollte er sich jedoch von ihnen trennen und sozusagen Auge in Auge mit seinem *Iman* leben. Dies mag jenen, die noch nicht sehr tief in die Erfahrung des Glaubens und Bewusstseins vorgedrungen sind, sehr theoretisch erscheinen. Jene aber, deren Nächte in Ergebenheit strahlen und denen die Sehnsucht im Streben nach ihrem Herrn Flügel verleiht, werden es verstehen.

3.6

Was bedeutet der Satz: „Während die Zeit immer älter wird, wird der Koran immer jünger!"?

Vor Anbeginn der Zeit kam der Koran aus der Ewigkeit zu uns. Nach dem Ende der Zeit wird er dorthin zurückkehren. Sein Ursprung liegt im alles umfassenden Wissen Gottes (*Ilm*), der die Vergangenheit, die Gegenwart und die Zukunft zur Gänze und in allen Einzelheiten kennt. Der Koran wurde vor 14 Jahrhunderten offenbart. Zu seinen Wundern gehört die Tatsache, dass er der Menschheit heute noch Antworten auf zeitgemäße Fragen gibt und sie auch in der Zukunft über Dinge aufklären wird, die zum jetzigen Zeitpunkt noch nicht absehbar sind. Dies gelingt ihm deshalb, weil er ein Teil des alles umfassenden Wissens Gottes ist, der unsere Herzschläge hört und gleichzeitig das ganze Universum mühelos beherrscht.

Je älter der Mensch wird, desto schwächer wird sein Gedächtnis. Im Gegenzug wird er aber gelassener und erkennt bestimmte Zusammenhänge besser: Er wird vernünftiger und entscheidet behutsamer. Für die Gesellschaft gilt, dass auch sie sich weiter entwickelt und sich immer größere Erkenntnisse über die Welt aneignet. Aus den Bemühungen der Menschen sind Wissenschaften wie die Physik, Chemie, Biologie, Astronomie oder Astrophysik hervorgegangen, die bestimmte Phänomene, welche man früher einfach hinnahm oder gar als geheimnisvolle Rätsel auf sich beruhen ließ, überzeugend deuten können. So wie das zunehmende Alter das Individuum einsichtiger und weiser macht, scheint die Zunahme menschlicher Erkenntnis insgesamt unser Wissen um die Welt zuverlässiger und fundierter zu machen.

Warum aber, fragt man sich, soll der Koran jünger werden, während die Zeit und das Wissen älter werden. Dies geschieht in dem Sinne, dass seine Aussagen verständlicher, frischer und kraftvoller werden. Denn die Weiterentwicklung der Wissenschaften und die Eröffnung neuer Einblicke in die Natur lassen bestimmte Verse im Koran klarer werden. Einige Beispiele wurden schon genannt: der Aufstieg in den Himmel, atmosphärische Ereignisse, die fruchtbare Wirkung der Winde, die Frage nach der Ursache für den Regen, das Vorhandensein von Wasserlagern unter der Erde, die Tatsachen, dass alles paarweise erschaffen wurde und dass sich das Universum ausdehnt, die Rotation und die präzise Form der Erde, die allmähliche Neuformierung ihrer Landmassen, die Bewegung der Sonne und des Mondes, die Möglichkeit, zum Mond zu reisen, die zentripedalen und zentrifugalen Kräfte, die die Himmel wie unsichtbare Säulen stützen, die Ordnung, Einheit und Entstehung der Schöpfung, das Schicksal der Sterne, der Sonne und des Mondes, die Bildung eines Fötus und dessen Entwicklung im Uterus oder die Milchproduktion der Säugetiere; darüber hinaus all die historischen Fakten über längst erloschene Nationen und Staaten und besondere Prophezeiungen, die sich seit der Offenbarung des Koran bewahrheitet haben. Diese Liste lässt sich beliebig erweitern; denn ähnlich wie ein Bergsteiger, der sich vergeblich danach sehnt, einen außer seiner Reichweite liegenden Gipfel zu besteigen, werden wir immer hinter dem Koran zurückbleiben und nach seiner Weisheit streben. Wenn unsere wissenschaftlichen Erkenntnisse weiter reifen, werden wir vielleicht eines Tages in der Lage sein, Entfernungen von Trillionen von Lichtjahren zu überblicken. Sollten wir nicht spätestens dann in Ehrfurcht vor der Herrlichkeit und Pracht Gottes, der dieses gewaltige Universum erschuf und es in Seiner unendlichen Gnade für uns verständlich machte, erstarren?

Der Koran ist nicht nur voller Weisheiten, die die Welt der Erscheinungen betreffen, sondern auch ein Leitfaden der geeignetsten Normen und Bestimmungen für das Leben der Menschen. Er macht unser Leben zivilisiert und sicher und unsere Beziehungen stark und beständig. Was diesen Punkt betrifft, so haben wir den koranischen

Lehren bislang zu wenig Beachtung geschenkt. Anders als auf dem Gebiet der Wissenschaften haben sich die Menschen und insbesondere die Muslime (denn sie glauben ja an den Koran) in diesem Bereich von der Rechtleitung ihres Schöpfers abgewandt und Wege eingeschlagen, die in die Barbarei und ins Elend führen. Zieht man die Bemühungen um die Installierung von Ideologien wie Kommunismus oder Kapitalismus, Faschismus oder Liberalismus zu einem Vergleich mit den Aktivitäten der Muslime im gesellschaftlichen Bereich heran, wird man zu der Erkenntnis gelangen, dass Muslime auf diesen Teil der Weisheit des Koran nicht genug Wert gelegt haben. Dabei befindet sich die Menschheit derzeit in einer äußerst gefährlichen Situation: Nicht einmal die grundlegendsten Probleme, mit denen wir konfrontiert sind, können wir lösen. Ständig hören wir, wie Menschen selbstsicher verkünden, dieses oder jenes System werde uns wirtschaftlichen Fortschritt und Sicherheit bringen. Ist es aber erst einmal installiert, sehen wir, dass Egoismus, Ausbeutung, Opportunismus, Betrug und Gefühllosigkeit in den Herzen weiter an Raum gewinnen.

Nicht nur in ihren wirtschaftlichen und politischen Beziehungen, sondern auch in ihren persönlichen und familiären Angelegenheiten haben sich die Menschen vom Weg des Koran entfernt. Sie haben es zugelassen, sich von Ausbildungs- und Erziehungssystemen, die in den Disziplinen Psychologie und Soziologie im Rahmen vorübergehender Zeiterscheinungen entwickelt wurden, in den Bann ziehen zu lassen. Welche Folgen bringen diese nicht-islamischen Moden für das gesellschaftliche Leben mit sich? Alkoholismus und Abhängigkeiten aller Art treten auf, und bei den übelsten Straftaten ist ein enormer Anstieg zu verzeichnen. Männer und Frauen, jung wie alt, ängstlich wie depressiv, wissen nicht, wie man liebt und für andere sorgt, sind eingeschüchtert, einsam und verzweifelt. Solange wir uns nicht auf die Rechtleitung des Koran zurückbesinnen, werden weder Ordnung in unsere Gesellschaft noch Wärme und Liebe in unsere Familien zurückkehren.

Wenn wir anderen Menschen den Koran vorstellen und diese sich dem Buch vorurteilsfrei nähern, dann hören sie eine Botschaft, die mit ihrem innersten Wesen korrespondiert und mit den Möglichkeiten und Bedürfnissen übereinstimmt, die ihr Schöpfer, der Eine, ihnen eingepflanzt hat. Wie sollte es auch anders sein, da wir doch genau wie der Koran in Ihm unseren Ursprung haben?

Was für die Zeit gilt, gilt wohl auch für uns: Auch wir nähern uns den ‚letzten Tagen' bzw. dem Ende der Zeit. Während wir vermeintlich in einer Welt des Elends, der Ungerechtigkeit und der Grausamkeit gefangen sind, richtet der Koran sein Wort an uns, und seine Aussagen sind klar, jugendlich frisch und kraftvoll. Er rüttelt uns wach, weckt unsere Lebensgeister und bringt uns unsere Willens- und Schaffenskraft zurück, damit wir erkennen und tun, was rechtens ist. Obwohl der Koran schon lange bei uns ist, haben wir unsere Pflicht, ihn voller Ehrerbietung anzuerkennen, noch nicht erfüllen können. Ähneln wir nicht vielleicht sogar durstigen Männern und Frauen, die so desorientiert sind, dass sie das klare, Durst löschende Wasser zu ihren Füßen gar nicht bemerken?

TEIL IV

PROPHETEN

4.1

Was versteht man unter dem Begriff Prophetenschaft? Was bedeutet sie für den Menschen? Gibt es irgendein Volk, aus dessen Reihen kein Prophet erwählt wurde? Wenn ja, werden dann diejenigen, zu denen keine Propheten entsandt wurden, dennoch einst für ihren Glauben und für ihre Handlungen zur Rechenschaft gezogen?

Die Prophetenschaft ist der höchste Rang, die größte Ehre. Sie beweist, dass das innere Wesen eines Menschen dem anderer Menschen überlegen ist. Ein Prophet ist wie ein Ast, dessen Spitzen von der Sphäre Gottes bis in die Sphäre des Menschen hinein ragen. Er ist das reine Herz und die Zunge der Schöpfung. Er besitzt nicht nur das, was wir einen alles überragenden Verstand nennen, der die Realität von Dingen und Geschehnissen durchdringt, was durchaus auch von Genies behauptet werden kann; er ist vielmehr ein vollkommenes Geschöpf, dessen Talente allesamt gleichermaßen vorzüglich und lebendig sind, ein Geschöpf, das unentwegt zum Himmelreich strebt und diesem entgegen geht, das für die Lösung der vor ihm liegenden Probleme die Inspiration Gottes zu Rate zieht und das als das Bindeglied zwischen den Dingen und Geschöpfen hier und im Jenseits gilt. Der Körper des Propheten hört auf sein Herz und unterwirft sich ihm; bildlich gesprochen ist er der Sitz des spirituellen Verstandes. Und auch sein Geist hört auf ähnliche Art und Weise auf sein Herz und unterwirft sich ihm. Die Empfindungen und Überlegungen eines Propheten sind immer auf die Namen und Attribute

Gottes ausgerichtet. Er bewegt sich auf das zu, was er wahrnimmt, und er erreicht sein Ziel, seinen Bestimmungsort.

Die Wahrnehmungskraft eines Propheten, die vollständig ausgebildet ist - zu ihr gehören Sehen, Hören und damit auch Verstehen - übersteigt die gewöhnlicher Menschen. Auch können weder seine Wahrnehmungskraft noch sein Denkvermögen in Form von Wellenlängen aus Licht oder Schall oder auf irgendeine andere Weise dargestellt oder gedeutet werden. Gewöhnliche Menschen besitzen nicht die Macht und die Mittel, sich das Wissen von Propheten anzueignen, das die Grenzen der menschlichen Natur weit übersteigt. Selbst mit höchstem konzentrierten Einsatz können unsere menschlichen Kräfte der Analyse und Synthese nie an das Wissen eines Propheten heranreichen.

Die Propheten haben die Menschheit in die Lage versetzt, Einblick in die Schöpfung zu nehmen und so deren Bedeutung herauszufinden und zu verstehen. Ohne die Propheten und deren Lehren hätte der Mensch weder die wahre Natur und Bedeutung der Dinge und Ereignisse verstanden, noch in das eintreten können, was ihn umgibt, und mit dem fertig werden können, was in ihm ist.

Die Propheten haben den Menschen nicht nur die Botschaft und die Rechtleitung Gottes gebracht, sondern ihnen auch ein gewisses Maß an Wissen um Gott und Seine Namen und Attribute vermittelt. Die dringlichste Aufgabe der Propheten bestand darin, die Realität dieses Lebens, seinen wahren Zweck und seine Bedeutung zu lehren. Da Gott jenseits der menschlichen Wahrnehmung und jenseits des menschlichen Begriffsvermögens steht, kam den Propheten die Aufgabe zu, solange sie ihre Aufgaben wahrnahmen, die gehorsamsten, sorgfältigsten, bewusstesten und diszipliniertesten Menschen zu sein. Hätten die Propheten keine klaren Aussagen in Bezug auf den Schöpfer, den Allmächtigen und Allwissenden, der die ganze Schöpfung vom kleinsten Atom bis hin zum größten Sternennebel beherrscht, aufrechterhält und liebevoll umsorgt, gemacht, wäre es den Menschen niemals möglich gewesen, richtig und angemessen über Gott zu denken oder zu sprechen.

Alles im Universum versucht gewissermaßen, die Namen und Attribute des Allmächtigen und alles Umfassenden Schöpfers zu präsentieren. Auch die Propheten haben der komplizierten und geheimnisvollen Verbindung zwischen Gott und Seinen Namen und Attributen Beachtung geschenkt, sie bekräftigt und sich ihr treu ergeben. Ihre Pflicht bestand darin, Gott zu erkennen und über Ihn zu sprechen. Deshalb sind sie in die wahre Bedeutung der Dinge und Ereignisse eingetaucht und haben sie ihren Mitmenschen direkt und aufrichtig weiter vermittelt.

So wie wir selbst bei kaum erwähnenswerten Ausstellungen, Messen und ähnlichen Veranstaltungen von einem Führer oder einem Ordner, der unsere Schritte lenkt und unsere Aufmerksamkeit weckt, profitieren, sind wir auch in der grandiosen Ausstellung dieser Schöpfung auf Wegweiser angewiesen, die unsere Aufmerksamkeit auf deren Realität lenken, uns zu ihrem Zweck und ihrer Bedeutung hinführen und uns unseren Weg in ihr weisen.

Soll man wirklich davon ausgehen, dass der Eine, der diese Schöpfung arrangiert hat, um Sich bekannt zu machen, der uns einen Zugang zu Seinen Werken eröffnet hat, damit wir sie bewundern und ehrfürchtig betrachten, dass Er Seine Namen und Attribute denen, die danach streben, Ihn kennen zu lernen, nicht durch einige ausgewählte Diener offenbart hat? Wenn es wirklich so wäre, würde dies dann nicht Seine Schöpfung zu einem nichts sagenden Werk machen? Das Höchste Wesen, das alle Dinge zu Zungen und Briefen gemacht und Seine Weisheit und Gnade durch sie offenbart hat, ist frei von aller Nichtigkeit und Sinnlosigkeit. Daher halten wir es für sehr unwahrscheinlich, dass irgendein Volk irgendwo auf der Welt von der Offenbarung Gottes durch Seine Propheten ausgeschlossen wurde. Der Koran drückt sich in diesem Punkt sehr klar aus:

> *Und in jedem Volk weckten Wir einen Gesandten (der da predigte): „Dient Allah und meidet die Götzen!“* (16:36)

Viele Menschen aber vergaßen die Lehren, die ihnen von jenen auserwählten Dienern überbracht wurden, kamen mit der Zeit vom Weg ab, vergötterten gelegentlich sogar genau diejenigen, die sich gegen diese Lehren wandten, und verfielen schließlich dem Götzendienst.

Überall in der Welt gibt es Beispiele für das, was die Vorstellungskraft des Menschen in den Rang von Götzen erhoben hat: den Olymp der Götter im alten Griechenland etwa oder bis heute den Ganges in Indien. Selbst wenn man akzeptiert, dass sich das erste Auftreten von Konfuzius in China und Brahma und Buddha in Indien und deren heutiger Rang grundsätzlich voneinander unterscheiden, ist es doch nahezu unmöglich, die Hintergründe zu verstehen, die zu deren Aufstieg führten. Genauso schwierig ist es herauszufinden, was sie ursprünglich lehrten, oder in Erfahrung zu bringen, inwieweit die Zeit und der Niedergang des Menschen ihre ursprüngliche Botschaft verfälscht haben.

Hätte uns der Koran, der alle Zweifel ausräumt, nicht Jesus Christus bekannt gemacht, könnten wir uns heute kein wahrheitsgetreues Bild von seinem Leben und seiner Lehre machen. Denn Priester haben die Wahrheit über Jesus Christus mit den Philosophien und dem Götzenglauben der alten Griechen und Römer vermengt. Sie haben dem Menschen die Attribute Gottes zugesprochen und Gott eine menschenähnliche Gestalt verliehen.

Vielleicht war es ganz einfach so, dass das Römische Reich das Christentum nur dann als offizielle Staatsreligion akzeptieren wollte, wenn die Feste, Feiertage, Riten und Rituale der Kirchen von den Praktiken der Götzendiener der alten Römer und Griechen abgeleitet oder sogar direkt nachgeahmt wurden. Denn ohne die erhellende Offenbarung des Koran ist es sehr schwierig, Jesus Christus von Adonis oder Dionysos zu unterscheiden.

Wenn man bedenkt, dass das Christentum relativ jung ist, und wenn man berücksichtigt, was die Christen ihrem Propheten und ihrer Offenbarungsschrift angetan haben, dürfen wir uns sehr wohl die Frage stellen, wie viele ‚Jesu Christi' im Laufe der Zeit von ihren Anhängern auf die gleiche Weise behandelt wurden. Ein Hadith aus zuverlässiger islamischer Quelle besagt, dass einige Jünger der Propheten deren Mission nach ihrem Tod weiterführen werden, andere aber später alles, was sie begründet haben, wieder umstoßen werden.[22] Dies ist ein sehr wichtiger Punkt. Viele der Religionen, die wir jetzt für irreführend hal-

22 Muslim, *Fada'il as-Sahaba*, 210-212; Ibn Hanbal, *Musnad*, 417

ten, haben sich erst im Laufe durch die wohl überlegte Böswilligkeit ihrer Feinde in Unwahrheiten, Aberglauben und Legenden verwandelt, obwohl sie ursprünglich möglicherweise der reinsten Quelle Gottes entsprungen sind.

Zu behaupten, jemand sei ein Prophet, obwohl er es nicht ist, ist genauso als *Kufr* (Unglaube) einzustufen wie die Weigerung, an einen wahren Propheten zu glauben. Wenn die falschen Religionen in diesem Punkt mit dem Christentum vergleichbar sind, wenn also auch sie im Laufe der Zeit von ihren Anhängern verzerrt wurden, dann sollten wir diese Religionen einer sorgfältigen Prüfung unterziehen und uns mit unserem Urteil zurückhalten. Wir sollten uns überlegen, was Buddhismus, Brahmanismus, die Lehren, die Konfuzius zugeschrieben werden, Schamanismus und ähnliche Religionen in ihrem ursprünglichen Zustand einmal ausgezeichnet hat: Möglicherweise werden wir in ihnen Überbleibsel der ursprünglichen Lehren entdecken.

Was sie einmal waren - ob wahr oder falsch (wir wissen es nicht), ist nicht das, was sie heute sind. Nehmen wir einmal das Unmögliche an und stellen wir uns vor, ihre Begründer würden wiederkehren und die Religion betrachten, die sie ursprünglich eingeführt haben: Sie würden sie niemals wieder erkennen.

Es gab viele Religionen, die in der Welt verzerrt dargestellt und abgeändert wurden. Deshalb ist es sehr wichtig zu akzeptieren, dass sie ursprünglich rein und unverdorben waren. Der Koran sagt:

> *Und es gibt kein Volk, in dem es nicht einmal schon Warner gegeben hätte.* (35:24)

> *Und in jedem Volk weckten Wir einen Gesandten.* (16:36)

Diese Offenbarungen erklären, dass Gott Gesandte zu allen Völkern auf Erden geschickt hat. Die Namen einiger von ihnen kennen wir durch den Koran. Eine große Anzahl von Propheten sind uns jedoch nicht namentlich bekannt. 28 von 124.000 (evtl. 224.000) Namen sind uns geläufig. Doch auch für diese gilt, dass wir bei vielen nicht genau wissen, wo und wann sie lebten.

Im Grunde genommen sind wir nicht darauf angewiesen, alle Propheten zu kennen. Der Koran bemerkt:

> *Und sicher entsandten Wir schon Gesandte vor dir; darunter sind manche, von denen Wir dir bereits berichtetet haben, und es sind darunter manche, von denen Wir dir nicht berichtet haben.* (40:78)

Mit diesen Worten warnt uns der Koran davor, uns mit bestimmten Propheten zu beschäftigen, die er nicht erwähnt.

Neue Studien in den Bereichen Vergleichende Religionswissenschaft, Philosophie und Anthropologie beweisen, dass viele Völker, die sehr weit voneinander entfernt leben, bestimmte Konzepte und Praktiken gemeinsam haben: zum Beispiel den Wandel vom ‚Mehr-G´ter-‘ zum ‚Ein-Gott-Konzept‘ oder die Ähnlichkeit ihrer Bittgebete in Zeiten außergewöhnlicher Sorge, mit denen sie bei dem Einen Höchsten Wesen Zuflucht zu suchen. Es gibt viele solcher Phänomene, die auf eine einzige Quelle und eine einzige Lehre hindeuten. (Doch möchte ich dieses Thema hier nicht ausführlich behandeln; siehe dazu auch das nächste Kapitel: „Wie viele Propheten sind der Menschheit gesandt worden?“)

Wenn auch primitive Stämme, die von der Zivilisation und vom Einfluss der bekannten Propheten abgeschnitten sind, genau wissen, was es mit der Einheit Gottes auf sich hat, obwohl sie vielleicht nicht genau wissen, wie sie diesem Glauben entsprechend leben sollen, dann muss jedes Volk und jede Nation eine eigene Botschaft und einen eigenen Gesandten gehabt haben, wie uns ja auch der Koran bestätigt:

> *Und für jede Nation ist ein Gesandter (bestimmt). Wenn also ihr Gesandter kommt, so wird zwischen ihnen in Gerechtigkeit entschieden, und kein Unrecht widerfährt ihnen.* (10:47)

Kein Volk oder Land ist von diesem Gesetz ausgeschlossen.

Damit stellt sich uns die Frage, ob auch jene, die behaupten, ihnen sei kein Prophet gesandt worden, einst für ihre Glaubensgrundsätze und Handlungen zur Rechenschaft gezogen werden. Wie wir gerade erläutert haben, gibt es keinen Grund zu der Annahme, dass irgendwelchen Völkern in der Welt das Licht der Propheten vollkommen vorenthalten wurde. Es mag Zeiten gegeben haben, in denen die Finsternis die Oberhand zu gewinnen schien. In Wirklichkeit jedoch handelte es sich bei solchen Zeiten um vorübergehende Eintrübungen, nach deren Verschwinden die Gnade und der Segen Gottes die Menschen erneut erleuchtete, indem Er Seinen auserwählten Dienern Offenbarungen zukommen ließ. Jedes Volk hat an irgendeinem Punkt seiner Geschichte die Barmherzigkeit der Offenbarung mehr oder weniger gesehen und gehört oder sogar vollständig erfahren. Nichtsdestotrotz müssen wir zugestehen, dass die Zerstörung von Glaubensinhalten, die die Propheten etabliert hatten, in manchen Fällen so nachhaltig war und dass bestimmte Völker die Religion so sehr entstellt und so bizarre Anbetungsriten in sie eingeführt haben, dass die wahren Lehren mehr oder minder, teilweise sogar in vollem Umfang, verloren gingen. In solchen Fällen mag eine lange Phase der Finsternis an die Stelle der Erleuchtung getreten sein. Obwohl auf jede Finsternis eine Erleuchtung folgt und auf jede Erleuchtung eine Finsternis, gibt es wohl einige Völker, die unbewusst und gegen ihren eigenen Willen in der Finsternis verharrten. Solchen Völkern übermittelt der Koran eine frohe Botschaft. Sie werden für das Unrecht, das sie möglicherweise tun, solange nicht bestraft oder verantwortlich gemacht, bis ihnen eine entsprechende Warnung zugekommen ist: *...Und Wir bestrafen nie, ohne zuvor einen Gesandten geschickt zu haben.* (17:15) Bevor der Mensch Verantwortung übernehmen muss, erhält er also zunächst einmal eine Warnung; erst dann folgen Belohnung oder Bestrafung.

Was nun die Einzelheiten betrifft, so vertreten die Imame der islamischen Denkschulen unterschiedliche Auffassungen. Imam Maturidi und seine Schule zum Beispiel argumentieren, dass sich kein Volk aus der Verantwortung stehlen könne, da es genügend Beweise gibt, die auf den Einen Schöpfer hinweisen und so auf den Weg zum Glauben an Ihn deuten. Die Glaubensschule der Ascharíten hingegen erklärt unter Berufung auf den oben zitierten Koranvers, dass jeder Verurteilung Warnung und Rechtleitung vorausgehen m3sen und dass ein Volk nur dann zur Rechenschaft gezogen werden kann, wenn ihm ein Prophet gesandt wurde. Eine dritte Gruppe von Gelehrten hat diese beiden Positionen miteinander kombiniert. Sie meinen, dass jene, denen kein Prophet gesandt wurde und die deshalb auch nicht absichtlich dem

Unglauben oder dem Götzendienst verfallen sind, zu den *Ahl nadschat* gehören (zu dem Volk, dem Nachsicht gewährt wird, das einer Bestrafung entgeht und das, wenn Gott es so will, gerettet wird). Denn es ist ja eine Tatsache, dass einige Völker die Dinge und Ereignisse, mit denen sie konfrontiert sind, nicht analysieren, ihre Bedeutung nicht erfassen und somit den richtigen Weg zu glauben und zu handeln auch nicht aus ihnen ableiten können. Solchen Völkern wird zunächst einmal der richtige Weg gewiesen. Sie erhalten Erklärungen und Anweisungen, wie sie handeln sollen. Erst dann sind sie in Hinblick auf die Taten, die sie in der Folge vollbringen, verantwortlich und werden entsprechend belohnt oder bestraft. Was aber jene betrifft, die sich bewusst für den Unglauben entscheiden, die eine feindselige, negative Haltung gegenüber Glauben und Religion einnehmen oder sich wissentlich über Gott und Seine Anordnungen hinwegsetzen, so wird Gott sie mit Sicherheit zu ihrer Haltung befragen und für ihr Abweichen und ihre Verderbtheit bestrafen, selbst wenn sie im entferntesten, unwirtlichsten und verlassensten Winkel der Welt leben.

Um es noch einmal zusammenzufassen: Keiner Region und keinem Volk dieser Erde wurde die Erleuchtung Gottes durch Seine auserwählten Diener, die Propheten, vorenthalten. Direkt oder indirekt haben alle Völker aller Epochen zu einem bestimmten Zeitpunkt ihrer Geschichte einen Propheten und seine Lehre gekannt. Einen bis zur Sendung eines weiteren Propheten währenden Zeitabschnitt, in dem die Namen früherer Propheten vergessen und ihre Lehren vollständig ausgehöhlt wurden, bezeichnet man als Phase der Dunkelheit. Es wird allgemein anerkannt, dass Völker, die in solchen Zeitabschnitten leben, nicht bestraft werden, sondern auf Vergebung hoffen können, sofern sie nicht wissentlich und bewusst in den Polytheismus oder Atheismus abgeglitten sind.

Gott, der Allwissende und Allumfassende, weiß es am besten.

4.2.

Wie viele Propheten sind der Menschheit gesandt worden? Sind alle Propheten auf der Arabischen Halbinsel erschienen? Warum wurde keine Frau als Prophet auserwählt?

In verschiedenen Ländern und zu verschiedenen Zeiten wurden Propheten auserwählt, die uns Menschen gesandt wurden. Eine Hadithversion spricht von 124.000 Propheten[23], eine andere von 224.000. Zu entscheiden, welcher Version Glauben geschenkt werden darf, obliegt der Hadithwissenschaft. Ganz abgesehen davon spielt es aber auch keine Rolle, ob es nun 124.000 oder 224.000 Propheten gegeben hat. Viel wichtiger ist, dass kein Land, kein Volk und kein Zeitalter übergangen wurde; ihnen allen wurden Propheten gesandt. Der Koran sagt:

> *Und es gibt kein Volk, in dem es nicht einmal schon Warner gegeben hätte.* (35:24)

> *Wir bestrafen nie, ohne zuvor einen Gesandten geschickt zu haben.* (17:15)

Ein Volk für etwas, das es falsch gemacht hat, zu bestrafen, ohne dass es vorher durch einen Propheten gewarnt worden wäre, würde im Widerspruch zur Ehre und Barmherzigkeit Gottes stehen. Bevor der Mensch Verantwortung übernehmen muss, erhält er zunächst eine Warnung, erst dann folgen Belohnung oder Bestrafung: *Wer nun aber auch nur eines Stäubchens Gewicht Gutes tut, wird es sehen; und wer auch*

---

23 Ibn Hanbal, *Musnad*, 5, 169

nur eines Stäubchens Gewicht Böses tut, wird es sehen. (99:7-8) Wenn einem Volk kein Warner gesandt wurde, weiß es nicht, was Gut und Böse ist, und wird deshalb für seine Fehler nicht bestraft. Doch aus der Tatsache, dass einst jeder einzelne Mensch für gute und schlechte Taten zur Rechenschaft gezogen wird, können wir folgern, dass jedem Volk ein Gesandter geschickt wurde. *Und in jedem Volk weckten Wir einen Gesandten (der da predigte): „Dient Allah und meidet die Götzen!“* (16:36)

Die Propheten wurden nicht, wie manche irrtümlich vermuten, ausschließlich auf der Arabischen Halbinsel auserwählt. Eine solche Behauptung ist mit den Lehren des Koran unvereinbar und wird von keinem einzigen Beweis gestützt. In Wirklichkeit kennen wir nicht einmal alle Propheten, die auf der Arabischen Halbinsel auserwählt wurden, geschweige denn all jene, die aus anderen Erdregionen stammen. Ob es nun 124.000 oder 224.000 Propheten gegeben hat - wir kennen nur 28 von ihnen, wobei die Prophetenschaft von dreien dieser 28 auch nicht als uneingeschränkt gesichert gilt. Der Koran nennt uns die Namen aller 28, von Adam, dem ersten, bis hin zum Propheten Muhammad, dem letzten Propheten. Wo diese 28 inErscheinung traten, können wir ebenfalls nicht mit Sicherheit sagen. Man nimmt an, dass sich das Grab Adams in Dschidda befindet und dass dies auch der Ort ist, an dem er sich mit Eva wieder vereinigte. Diese Annahme ist aber keineswegs verbürgt und zuverlässig. Wo der erste Prophet seine Mission erfüllte, wissen wir nicht. Über den Tätigkeitsbereich Abrahams besitzen wir zumindest einige wenige Kenntnisse: Er lebte zeitweise in Anatolien, Syrien und Babylon. Lot wurde mit Sodom und Gomorrha am Toten Meer in Verbindung gebracht, Schuaib mit Madyan, Moses mit Ägypten und Johannes und Zacharias mit den Mittelmeerländern. Letztere kamen möglicherweise auch nach Anatolien, zumal Christen Maria und Jesus mit der Stadt Ephesos assoziieren. Auch diese Assoziationen sind jedoch nicht nachgewiesen und basieren nicht auf absolut verlässlichen Beweisen.

Weitere Namen von Propheten, die zu den Israeliten gesandt wurden, sind uns bekannt; Namen anderer Propheten und die Schauplätze ihres Wirkens kennen wir hingegen nicht. Weil ihre Lehren im Laufe der Zeit verzerrt wurden und verloren gegangen sind, besitzen wir außerdem kaum Informationen darüber, wer diese Propheten waren und wohin sie gesandt wurden.

Schauen wir uns doch nur einmal das Christentum an: Auf dem Konzil von Nicäa (325 n. Chr.) wurde das Prinzip der Dreifaltigkeit an die Stelle des Prinzips der Einheit Gottes gesetzt: Die Anhänger Jesu verfälschten seine Religion. Das von Gott offenbarte Evangelium wurde von Menschenhand modifiziert und in den Dienst der Dreifaltigkeit gestellt. Der Prophet Gottes wurde zum ‚Sohn' Gottes gemacht, und Maria wurde als Heilige ‚Mutter' Gottes verehrt. Einige bekannten sich sogar zu dem verschwommenen Glauben, Gott wohne Dingen innen und sei in ihnen gegenwärtig. Die ganze Menschheitsgeschichte ist von Verfälschungen und Verzerrungen der Wahrheit geprägt, die ähnlich begannen und sich dann immer weiter fortsetzten. Hätte uns der Koran nicht von der Prophetenschaft Jesu und der Reinheit und Erhabenheit Marias berichtet, würden wir kaum zwischen den Kulten und Riten Jupiters (Zeus) und Jesu oder zwischen denen der Venus (Aphrodite) und Marias unterscheiden können.

Es mag eine ganze Reihe von Religionen geben, die einst göttlichen Ursprungs waren, die dann aber verzerrt und ihrer Wahrheit beraubt wurden. Deshalb können wir nicht definitiv sagen, dass diese und jene Personen als Propheten zu diesen und jenen Orten gesandt wurden. Wir können darüber spekulieren, ob Konfuzius oder Buddha (oder vielleicht sogar Sokrates?) Propheten waren, mehr aber auch nicht. Doch eines wollen wir klarstellen: Wir verleihen ihnen nicht den Status von Propheten. Was uns die Religionsgeschichte über diese Männer mitteilt, reicht dafür nicht aus und gründet sich auf Informationen, die aus verschiedenen Quellen zusammengetragen wurden. Es ist jedoch bekannt, dass die Lehren von Konfuzius und Buddha zu deren Lebzeiten sehr viele Menschen inspirierten.

Von Sokrates wird gesagt, er sei ein vom Judentum beeinflusster Philosoph gewesen, aber es existiert kein schriftlicher Beweis, der diese Behauptung stützen würde. Aussagen, die Plato Sokrates zugeschrieben hat, lassen darauf schließen, dass Sokrates es schon in sehr jungen Jahren vorzüglich verstand, Menschen im wahren Wissen und im wahren Glauben zu unterweisen. Doch weder herrscht Klarheit darüber, ob Sokrates diese Aussagen wirklich selbst getätigt hat, noch lässt sich sagen, was genau diese Aussagen zu bedeuten hatten. Verbürgt ist lediglich, dass Sokrates in einem Umfeld und in einer Art lehrte, das bzw. die zum Gebrauch des Verstandes anregten.

Ich möchte hier noch einmal betonen, dass ich nicht behaupte, diese alten Lehrer seien tatsächlich Propheten gewesen. Von jemandem, der kein Prophet ist, zu behaupten, er sei ein Prophet, ist ein genauso schwer wiegender*Kufr* (Unglaube) wie die Weigerung, an einen wahren Propheten zu glauben. Ich sage lediglich, dass es so gewesen sein kann. Denn der erwähnte Hadith besagt schließlich, dass 124.000 bzw. 224.000 Propheten in allen Regionen der Erde erschienen sind. Im Lichte dieses Hadithes sind auch die Ergebnisse neuer Studien über religiöse Glaubensüberzeugungen und -praktiken in verschiedenen Ländern besser zu verstehen.

Vor allem die Beobachtungen von Professor Mahmud Mustafa bei zwei Stämmen afrikanischer Urvölker bestätigen, was oben gesagt wurde: Er schreibt, dass die Mau-Mau an Gott glauben und Ihn Mucay nennen. Dieser Gott ist ein Einziger Gott, der allein durch Seine Werke handelt. Er zeugt nicht und wurde nicht gezeugt. Er hat keinen Gefährten und keinen Partner. Man kann Ihn weder sehen noch wahrnehmen, nur durch Seine Werke kann man Ihn erkennen. Er wohnt hoch in den Himmeln, von wo aus Er auch über alles verfügt. Aus diesem Grund erheben die Mau-Mau beim Beten ihre Hände zum Himmel. Ein anderer Stamm, die Neyam-Neyam, neigt zu ähnlichen Glaubenssätzen: Es gibt nur Einen Gott, der über alles entscheidet und alles verfügt. Was Er sagt, ist absolut. Alles, was sich im Wald bewegt, tut dies, weil Er es so will. Er ist es auch, der jenen, denen Er zürnt, Blitz und Donner schickt. Die Gottesvorstellung dieser Stämme ähnelt ganz offensichtlich der des Koran und ist ihr verwandt. Das Glaubensbekenntnis der Mau-Mau kommt dem Inhalt der Sure *al-Ikhlas* im Koran sehr nahe.

Wie konnten diese primitiven Stämme, die doch Welten von der Zivilisation und dem Einfluss der uns bekannten Propheten entfernt sind, eine so reine und vernünftige Vorstellung von Gott entwickeln? Erinnern wir uns an den Koranvers, der ausdrücklich darauf hinweist, dass kein einziges Volk ausgeschlossen wurde:

> *Und für jede Nation ist ein Gesandter (bestimmt). Wenn also ihr Gesandter kommt, so wird zwischen ihnen in Gerechtigkeit entschieden, und kein Unrecht widerfährt ihnen.* (10:47)

Als ich 1968 mit einem Mathematikdozenten an der Universität von Riad, Professor Adil aus Kirkuk im Irak, zusammentraf, erzählte er mir von den vielen amerikanischen Indianern, die er kennen gelernt hatte, als er im Rahmen seiner Doktorarbeit in den USA studierte. Es hatte ihn sehr beeindruckt, wie viele von ihnen an Einen Gott glaubten, der niemals isst und trinkt und auch nicht der Beschränkung durch die Zeit unterliegt, der alles im Universum beherrscht und lenkt, Dessen Souveränität alles untersteht und Dessen Willen alles unterworfen ist. Die Indianer beschäftigten sich auch mit einigen Attributen Gottes. Sie wiesen mich z.B. darauf hin, dass Er keinen Partner hat, denn wenn Er einen hätte, würde es mit Sicherheit zu einem Konflikt zwischen den Partnern kommen. Wie lässt sich die angebliche Primitivität der hier genannten Völker mit der Erhabenheit ihrer Gottesvorstellung in Einklang bringen? Offenbar haben ihnen wahre Gesandte diese Wahrheiten gebracht - Wahrheiten, die auch heute noch in ihren Glaubensüberzeugungen gegenwärtig sind.

Die ursprüngliche Botschaft wurde von Generation zu Generation weitergegeben. Infolgedessen hat sie wohl allmählich immer mehr leichte Veränderungen erfahren, bis sie schließlich teilweise entstellt und missverständlich wurde.

Zusammenfassend lässt sich Folgendes festhalten: Obwohl wir nur vier Regionen namentlich benennen können, in denen Propheten wirkten, und auch die Anzahl der Propheten nicht genau beziffern können, bestätigen uns sowohl der Koran als auch die Geschichte und unsere heutige Realität, dass Gott Propheten erwählt und sie zu allen Völkern in alle Erdregionen gesandt hat.

Warum wurde keine Frau als Prophet auserwählt?

Gott schickte den Völkern Gesandte aus ihren eigenen Reihen. Diese Propheten waren ohne Ausnahme Männer, nie waren es Frauen. Die überwältigende Mehrheit der Rechts- und Traditionsgelehrten unter den Sunniten ist der Meinung, dass keine weiblichen Propheten gesandt wurden. Abgesehen von einem fragwürdigen und wenig vertrauenswürdigen Hadith, der davon spricht, dass Maria und die Frau des Pharao, die mit einem der grausamsten Tyrannen und dickköpfigsten Ungläubigen der Menschheitsgeschichte verheiratet war, in tiefster Aufrichtigkeit an Gott glaubten, gibt es weder im Koran noch in irgendeinem Hadith einen Hinweis darauf, dass eine Frau im Rang oder in der Rolle einer Prophetin zu ihrem Volk geschickt worden wäre. Mit Sicherheit aber ist dies kein Argument für die Behauptung, Gottes religiöse Offenbarung für Seine menschlichen Geschöpfe sei aus diesem Grund in irgendeiner Weise unvollkommen oder unvollständig gewesen.

Gott, der Allmächtige, hat alles paarweise erschaffen. Selbst die Dinge, der unbelebte Teil der Schöpfung also, agieren Prinzipien und Kräften entsprechend, die paarweise auftreten. Ein Beispiel sind Positiv und Negativ. Dies gilt für alle Geschöpfe, für Mikro- genauso wie für Makrokosmen. Würden die winzigen Teilchen, aus denen Atome bestehen, nicht durch ein kompliziertes Gleichgewicht von paarweisen, einander entgegengesetzten Ladungen auseinander gehalten, würde der Atomkern explodieren oder implodieren. Der Mensch, der sich ja ebenfalls aus Atomen zusammensetzt, ist das Gleichgewicht erzeugende Bindeglied zwischen Mikro- und Makrokosmos. Der Mensch wurde erschaffen, um als Verwalter dieser Schöpfung zu fungieren, daher passt er zu ihr: Was für das Universum gilt, trifft auch für den Menschen zu. Mit anderen Worten: Auch die Menschen sind paarweise, nämlich als Männer und Frauen, erschaffen worden. Zwischen diesen beiden Paaren existiert eine komplexe Beziehung, die von Sympathie und Antipathie bestimmt ist. Während der eine Teil des Paares zu Sanftheit, Schwäche und Mitgefühl neigt, neigt der andere zu Stärke und von Konkurrenzdenken geprägter Härte. Vertreter beider Teile können jedoch zusammenkommen und sich in der Harmonie der Familie zusammenfinden - ganz so wie auch im Mikro- und Makrokosmos ein harmonisches Gleichgewicht zwischen Atomen und Himmelskörpern besteht.

In unserer Zeit wurde die Frage der Geschlechter dermaßen hochgespielt, dass einige Menschen alle Grenzen von Vernunft und Erfahrung überschritten haben und es ablehnen, die ganz offensichtlich vorhandenen Unterschiede zwischen Mann und Frau zur Kenntnis zu nehmen. Einige versuchen sogar zu beweisen, dass Männer und Frauen in jeder Hinsicht gleich sind. Die Diskussion um dieses heikle Thema wirkt zum Teil sogar schon lächerlich. Überbewertung und Übertreibung haben es zur Quelle großen Kummers im Leben der Menschen gemacht. Überall dort, wo die Frau im Rahmen ihres ach so modernen Lebensstils ihre wahre Identität aufgegeben hat, um die Eigenschaften und Funktionen des Mannes zu imitieren, wurde das Familienleben ausgehöhlt: Kinder werden in Kindertagesstätten und in Internate geschickt, während sich die Eltern nicht mehr dazu bequemen wollen, Eltern zu sein, weil sie als ‚Individuen' allzu sehr damit beschäftigt sind, sich auf sich selbst zu konzentrieren. Diese Vergehen gegen Natur und Kultur haben das Elternhaus als einen Hort der Balance zwischen Autorität und Liebe und als einen Fokus der Sicherheit und des Friedens zerstört.

Gott, der Weise, hat bestimmte Prinzipien und Gesetze im Universum verankert. Außerdem hat Er in ihm Menschen erschaffen, die sich durch einen ausgezeichneten und erhabenen Charakter auszeichnen. Was seine physische Statur betrifft, ist der Mann stärker und leistungsfähiger als die Frau. Eindeutig ist er es, der dazu ausersehen ist, zu kämpfen und sich Wettkämpfen zu stellen, weil er sich nicht aus physischer Schwäche vom Kampf zurückziehen muss. Die Frau ist unbestreitbar nicht so veranlagt. Auf Grund ihrer monatlichen Regelblutung (die schwierig und schmerzhaft sein kann und zuweilen bis zu 15 Tagen dauert) und infolge der unvermeidbaren Einschränkungen vor und nach der Entbindung, ist die Frau nicht immer in der Lage, zu beten und fasten. Auch kann sie in öffentlichen Ämtern nicht die gleiche Präsenz und das gleiche Engagement wie der Mann an den Tag legen. Wie kann eine Frau und Mutter mit einem Baby auf dem Schoß Armeen führen und verwalten, Entscheidungen über Leben und Tod treffen oder schwierige Strategien gegenüber Feinden verfolgen und durchsetzen? Die Aufgabe eines Propheten besteht darin, der Menschheit im gesellschaftlichen wie auch im religiösen Leben in jeder Beziehung ohne Unterbrechung und ohne Zögern Rechtleitung zu bieten, so lange Gott dies verlangt. Daher können Frauen keine Propheten sein. Wäre der Mann derjenige, der Kinder zur Welt bringt, gäbe es keine männlichen Propheten. Auf diesen

Punkt weist der Prophet Muhammad hin, wenn er die Frauen als Geschöpfe beschreibt, *die die religiösen Pflichten nicht vollständig erfüllen und einige von ihnen nicht realisieren können*.[24]

Ein Prophet ist ein Vorbild, dessen Auftreten maßgeblich ist. Er ist in jeder Hinsicht Mensch, weil andere Menschen nicht die Ausrede haben sollen, seinem Weg nicht folgen zu können, weil dieser die Kräfte des normalen Menschen übersteigt. Was aber jene Dinge betrifft, die ausschließlich Frauen betreffen, so wurden diese durch die Unterweisung der zu den Familien der Propheten gehörenden Frauen vermittelt.

24 Bukhari, *Haid*, 6

4.3

War der Prophet Muhammad ein Prophet ausschließlich für die Araber, oder wurde er allen Völkern und allen Zeiten gesandt?

Es existieren keinerlei Quellen und Beweise, die darauf hinweisen würden, dass der Prophet Muhammad, Friede sei mit ihm, ausschließlich den Arabern oder seinen Zeitgenossen gesandt worden wäre. Im Gegenteil bestätigen alle verfügbaren Quellen und Beweise, dass seine prophetische Mission für alle Zeiten und für alle Menschen Gültigkeit besitzt. Auch sein eigenes Leben, in dem er danach strebte, den Islam in der ganzen Welt zu verbreiten, zeugt von dieser Tatsache.

Männer wie Alexander der Große, die römischen Cäsaren, Napoleon, Hitler oder die imperialistischen Eroberer Europas, Russlands und Amerikas bemühten sich allesamt um der weltlichen Macht und Autorität willen um die Ausdehnung ihrer Herrschaft. Als der Prophet Muhammad jedoch seine Anhänger dazu aufrief, den Islam in der ganzen Welt zu verbreiten, hatte er andere Ziele: Sie sollten die Hindernisse aus dem Weg räumen, die die Menschen vom Glück in dieser Welt und im Jenseits trennen. Sie sollten die Menschen (die zwar als Krone der Schöpfung erschaffen wurden, aber auch auf das niedrigste Niveau sinken können) vor der Hölle bewahren und sie in die Lage versetzen, verloren gegangene Werte und die Reinheit, mit der sie geboren wurden, wiederzuerlangen. Muhammad, Friede sei mit ihm, der stets von Gott rechtgeleitet wurde und Seinen Anordnungen Folge leistete, bemühte sich als letzter Gesandter sein ganzes Leben lang, das Licht des

Islam so weit wie möglich zu verbreiten, damit alle Unwissenden die Botschaft Gottes hören konnten, bevor es zu spät für sie wäre.

Wenden wir uns nun einigen Punkten zu, die die Universalität der Mission Muhammads demonstrieren:

1. Schon als der Prophet Muhammad, Friede sei mit ihm, selbst noch in Mekka weilte, schickte er einige Muslime nach Abessinien. Dank der Bemühungen dieser Gläubigen erhielten viele Abessinier die Chance, den Islam kennen zu lernen und anzunehmen. Der eigentliche Grund für die Auswanderung der Muslime war zwar, dass sie der massiven Verfolgung durch die Heiden entkommen wollten. Die Tatsache aber, dass der Negus (der abessinische Herrscher) und weitere hochrangige Persönlichkeiten aus seiner Gefolgschaft zum Islam übertraten, war eines der ersten Zeichen und einer der ersten Beweise der Universalität der Prophetenschaft Muhammads.

2. Unter den ersten Muslimen befanden sich Bilal aus Abessinien, Suhaib aus Rom (Byzanz), Salman aus Persien usw.. Obwohl sie verschiedenen Völkern und Rassen angehörten, zählten sie zu den angesehensten Muslimen. Darüber hinaus zeigt die Tatsache, dass die Genannten und viele andere Nicht-Araber höhere Positionen einnahmen und eine größere Wertschätzung genossen als viele Araber, dass der Islam von Anfang an eine universelle Perspektive verfolgte.

3. Lange vor der Eroberung des Irak und Persiens, übermittelte der Prophet Suraqa, der ihm von Mekka nach Medina gefolgt war, die frohe Kunde, dass er, Suraqa, einst die Armreifen des persischen Herrschers Chosroes, des Sohns des Ormuz, (*Al-Kamil*, 2, 74) tragen werde. Diese Prophezeiung beweist, dass der Prophet damals bereits wusste, dass der Islam in den Irak und nach Persien getragen würde, und deutet an, dass er auch dorthin getragen werden musste. Und so geschah es: Suraqa trug nach der Eroberung tatsächlich die Armreifen von Chosroes.

4. Als der Prophet sich im Haus von Umm Haram bint Milhan (seiner Tante väterlicherseits und der Ehefrau von Ubada ibn Samit) ausruhte, nickte er kurz ein und sagte, nachdem er wieder aufgewacht war, lächelnd: *Mir wurde meine Umma* (die Gemeinschaft der Muslime) *gezeigt. Ich sah meine Umma, wie sie eine Seeschlacht führte und wie Könige*

auf ihren Thronen saßen.[25] Vierzig Jahre später starb Ubada, die ihren Ehemann begleitete, bei der Eroberung Zyperns und wurde dort beigesetzt. Ihr Grab befindet sich noch immer dort. Auch mit diesen Worten wies der Prophet darauf hin, dass seine Gefährten die Botschaften Gottes über das Meer tragen würden und tragen mussten.

5. Bei Gelegenheit erzählte der Prophet seinen Gefährten: *Nach meinem Tode wird Ägypten erobert werden. Seid seiner Bevölkerung gegenüber freundlich und gut gesinnt. Behandelt sie zuvorkommend. Denn zwischen euch und ihnen bestehen Verwandtschaft und Pflichten* (*Dhimma* - garantierte Sicherheit von Leib und Leben für nicht-muslimische Einwohner unter muslimischer Herrschaft).[26] Auf diese Weise teilte er ihnen mit, dass das Licht des Islam noch zu ihren Lebzeiten Ägypten erreichen würde, und bat sie eindringlich, die Verwandtschaftsbande zu achten, die durch seine Heirat mit der Koptin Maria geknüpft worden waren.

6. Vor dem *Khandaq*-Krieg (dem Grabenkrieg) sagte er während der Aushebung der Gräben die Eroberung von Hira, den Zusammensturz der Säulen des Palastes von Chosroes (den Zusammenbruch des persischen Reiches) und die Einnahme von Damaskus voraus. Alles geschah so, wie er es prophezeit hatte.[27]

Lässt sich angesichts dieser Argumente die Behauptung, die Prophetenschaft Muhammads sei Exklusiveigentum der Araber, noch weiter aufrecht erhalten? Viele Hadithe und Koranverse betonen ausdrücklich, dass die Prophetenschaft Muhammads für alle Völker und für alle Zeiten Gültigkeit besitzt. Einige von ihnen möchte ich hier zitieren:

1. In einem Hadith sagt der Prophet: *Alle Gesandten wurde zu ihren eigenen Völkern geschickt. Ich wurde der ganzen Menschheit gesandt.*[28] In einem anderen Hadith ist von Schwarzen und Weißen die Rede. Dies bestätigend überliefert uns At-Tabari einen weiteren Hadith: *Ich wurde al-*

---

25 *Al-Bidaya wan-Nihaya,* 7, 152
26 At-Tabari, 4, 228
27 *al-Bidaya wan-Nihaya,* 4, 99
28 Bukhari, *Dschihad*, 122

len als eine Gnade (Rahma) und als ein Prophet gesandt. Vollendet meinen Auftrag! Möge Allah euch gnädig sein![29]

2. Als der Bote von Chosroes zu ihm kam, wandte sich der Prophet mit den Worten an ihn: *Schon sehr bald werden meine Religion und ihre Macht den Thron von Chosroes erreichen.*[30]

3. Schon Jahrhunderte vor der Eroberung Anatoliens und Konstantinopels sagte er voraus, dass die siegreichen Armeen des Islam einst an die Tore Europas klopfen würden, und verkündete, dass Konstantinopel (Istanbul) von den Muslimen erobert würde. Viele Versuche, dieses Vorhaben zu verwirklichen und der Ermutigung der folgenden Worte des Propheten gerecht zu werden, wurden unternommen: *Konstantinopel wird erobert werden. Gesegnet ist der Kommandeur, der es einnehmen wird, und gesegnet sind seine Truppen.*[31] Da diese Stadt ein Symbol unumschränkter Herrschaft war, hatte der Prophet seine Umma gleichzeitig damit beauftragt, den Islam über die ganze Welt zu verbreiten.

4. Die Koranverse, die sich auf die Entsendung des Propheten beziehen, sind alle eindeutig und bedürfen keiner Erklärung und Interpretation. Sie sagen unmissverständlich aus, dass sich die Offenbarung Gottes durch den Propheten nicht nur an eine Familie oder einen Stamm, an eine Rasse oder eine Gruppe von Menschen richtet, sondern für die gesamte Menschheit bestimmt ist. Muhammad, Friede sei mit ihm, hatte den Auftrag, alle Lebewesen, Menschen wie Dschinn, zu warnen. Diejenigen, die ihn und die Wahrheit, die er brachte, ablehnen, werden das Schicksal der Ungläubigen teilen:

> *Dieser (Koran) ist nichts als eine Ermahnung für die Welten.* (38:87)

> *Dies ist nichts als eine Ermahnung und ein deutlicher Koran, auf dass er jeden warne, der am Leben ist und auf dass das Wort gegen die Ungläubigen in Erfüllung gehe.* (36:69-70)

> *Und Wir haben dich nur als Bringer froher Botschaft und Warner für alle Menschen entsandt.* (34:28)

---

29 At-Tabari, 2, 625
30 *Al-Kamil*, 2, 146
31 Ibn Hanbal, *Musnad*, 4, 335

> *Sprich: „O ihr Menschen! Ich bin für euch alle ein Gesandter Allahs, Dessen das Königreich der Himmel und der Erde ist.“* (7:158)

Der Koran gibt uns ausdrücklich zu verstehen, dass die früheren Propheten zu ihren eigenen Gemeinschaften oder Völkern gesandt wurden. Er macht uns auf den Unterschied zwischen ihnen und dem Propheten Muhammad, Friede sei mit ihm, aufmerksam:

> *Wir entsandten Noah zu seinem Volk, und er sagte: „O mein Volk, dient Allah; ihr habt keinen anderen Gott außer Ihn!“* (7:59)

> *Und zu den Ad (entsandten Wir) ihren Bruder Hud. Er sagte: „O mein Volk, dient Allah; ihr habt keinen Gott außer Ihn!“* (7:65)

> *Und zu den Thamud (entsandten Wir) ihren Bruder Salih. Er sagte: „O mein Volk, dient Allah; ihr habt keinen Gott außer Ihn!“* (7:73)

> *Und (Wir entsandten) Lot, da er zu seinem Volk sagte:* (7:80)

> *Und zu den Madyan (entsandten Wir) ihren Bruder Schuaib.* (7:85)

An fast allen Stellen, an denen diese Propheten im Koran erwähnt werden, wird betont, dass sie aus den Reihen ihrer eigenen Geschwister erwählt und zu ihren eigenen Völkern gesandt wurden. So lässt der Koran erst gar keine Unklarheit darüber aufkommen, welche Propheten sich ausschließlich an ihre eigenen Völker wandten und welcher Prophet der ganzen Menschheit gesandt wurde.

Seit dem Tag, an dem der Prophet Muhammad, Friede sei mit ihm, die erste Offenbarung erhalten hat, schenkte man ihm nahezu überall auf der Welt Gehör und respektierte ihn. Seine Lehren, die einen Way of Life der Völker von China bis nach Marokko etablierten und die Herzen von Millionen von Menschen in allen Teilen der Welt berührten, waren, sind und bleiben die beste Grundlage für ein ausgeglichenes und zivilisiertes Leben und helfen der Menschheit, sich auf allen Gebieten weiterzuentwickeln. Trotz der anhaltenden Unterdrückung von Muslimen, der Zerstörung ihrer Kultur und der verzerrten Darstellung ihrer Werte und ihrer Historie sind die Ideale und Prinzipien des Islam in den Herzen der großen Mehrheit der Muslime in aller Welt frisch und lebendig geblieben. Tatsächlich genießen sie überall ein hohes Ansehen. Auch viele Nicht-Muslime stimmen zu, dass die gravierenden Probleme, denen sich die Menschheit gegenüber sieht, nur dadurch gelöst werden können, dass man eben diese Prinzipien anwendet. Allein die Unerschütterlichkeit des Islam in Sieg und Niederlage und seine Verbreitung unter höchst unterschiedlichen Menschen, Sprachen, Kulturen und Lebensräumen ist ein unumstößlicher Beweis dafür, dass die Mission des Propheten Muhammad nicht nur für eine bestimmte Zeit, sondern für alle Völker und für alle Zeiten gedacht war.

4.4

Warum heiratete der Prophet Muhammad gleich mehrere Frauen?

Einige Kritiker des Islam haben, entweder weil sie nicht genau wussten, was es mit den Ehen des Propheten Muhammad, Friede sei mit ihm, auf sich hatte, oder weil sie mit dem, was sie wussten, nicht ehrlich und objektiv umgingen, den Propheten als einen zügellosen Wüstling verunglimpft. Sie haben ihm Charakterschwächen vorgeworfen, die schon mit einer durchschnittlichen Tugendhaftigkeit kaum vereinbar sind, geschweige denn mit der eines Propheten und des letzten Gesandten Gottes, dem besten aller Vorbilder, dem die ganze Menschheit folgen soll. Wenn man jedoch einfach einmal die Fakten auflistet - was dank der großen Anzahl von Biografien und authentischen Aufzeichnungen der Aussagen und Handlungen des Propheten gar kein Problem darstellt -, wird deutlich, dass der Prophet ein äußerst diszipliniertes Leben führte. Seine Ehen waren ein Teil dieser Disziplin und ein Teil der vielen, vielen Belastungen, die er als Gottes letzter Gesandter auf sich nahm.

Es gibt mehrere Gründe dafür, dass der Prophet gleich mehrere Frauen heiratete; sie alle hatten, selbst wenn man den privaten Charakter einiger dieser Gründe berücksichtigt, mit seiner Rolle als Oberhaupt der neuen islamischen Umma zu tun, mit seinem Wunsch also, seiner Anhängerschaft die Normen und Werten des Islam nahe zu bringen. Im Folgenden möchte ich versuchen, einige dieser Gründe zu erläutern und dabei zu zeigen, dass die in diesem Zusammenhang gegen den Propheten erhobenen Vorwürfe nicht nur abscheulich und unangemessen, sondern auch völlig falsch sind.

Der Prophet heiratete erstmals im Alter von 25 Jahren. Zu jener Zeit war er noch nicht zu seiner Mission berufen worden. Unter Berücksichtigung des kulturellen Umfelds, in dem er lebte, oder auch anderer Gesichtspunkte wie seiner Jugend, ist es durchaus als bemerkenswert einzustufen, dass er auf Grund seiner Keuschheit, aber auch auf Grund seiner Integrität und Zuverlässigkeit in allen anderen Bereichen einen überaus guten Ruf genoss. Als ihm das Amt des Propheten übertragen wurde, machte er sich sehr schnell Feinde, die sich nicht scheuten, Verleumdungen über ihn zu verbreiten. Doch nicht ein einziges Mal wagte es einer von ihnen (obwohl sie doch unwissende und skrupellose Menschen waren), dem Propheten etwas anzudichten, was niemand hätte glauben können. Man muss sich vor Augen führen, dass Keuschheit und Selbstdisziplin von Anfang an die Basis seines Lebens darstellten und dass dies auch immer so blieb.

Im Alter von 25 Jahren, in der Blüte seines Lebens, heiratete Muhammad Khadidscha, eine Frau, die viele Jahre älter war als er. Diese Ehe war in den Augen des Propheten und Gottes etwas sehr Außergewöhnliches. 23 Jahre lang war sein Leben mit Khadischa von immer während er Freude und vollkommener Treue geprägt. Im achten Jahr seiner Prophetenschaft jedoch starb Khadidscha, und der Prophet war wieder genauso allein, wie er es bis zu seinem 25. Lebensjahr gewesen war, nur dass er jetzt Kinder hatte. Seine Gegner können nicht bestreiten, sondern müssen vielmehr zugeben, dass während der langen Jahre seiner Ehe kein einziger Makel seine Moral getrübt hatte. Zu Lebzeiten Khadidschas nahm der Prophet keine andere Frau, obwohl die öffentliche Meinung seiner Anhängerschaft ihm dies durchaus zugestanden hätte, wenn er es denn gewollt hätte. Nach Khadidschas Tod lebte Muhammad vier oder fünf Jahre lang allein. All seine anderen Eheschließungen erfolgten erst, nachdem er 55 Jahre alt geworden war, in einem Alter also, in dem der Mensch normalerweise nur noch ein sehr geringes Interesse an einer Heirat verspürt. Der Vorwurf, die Ehen, die er noch in diesem fortgeschrittenen Alter einging, würden seine Lüsternheit und Maßlosigkeit beweisen, entbehrt nicht nur jeder Grundlage, sondern ist auch bösartig.

Eine Frage, die mir oft gestellt wird, lautet: Wie können Vielehe und die Rolle Muhammads als Prophet miteinander im Einklang stehen? Für die Beantwortung dieser Frage sind einige Punkte von besonderer Wichtigkeit. Aber zunächst möchte ich sagen, dass viele Menschen, die Fragen wie diese ständig aufwerfen, über den Islam und die Religion schlecht informiert sind oder absichtlich Richtiges und Falsches durcheinander bringen, um andere zu täuschen und Zweifel zu verbreiten. Weiterhin wird oft vergessen, dass auch die bedeutenden jüdischen Patriarchen, die in Bibel und Koran als Propheten bezeichnet und von den Anhängern der drei Religionen Judentum, Christentum und Islam als Vorbilder in Sachen moralischer Stärke verehrt werden, alle die Polygamie praktizierten.

Die Polygamie ist keine Erfindung der Muslime. Was den Propheten des Islam betrifft, so werden wir sehen, dass seine Ehen für seine Mission eine weitaus größere Bedeutung hatten, als die Menschen gemeinhin glauben.

Dass der Prophet mehrere Frauen ehelichte, war in gewisser Hinsicht sogar eine Notwendigkeit, durch deren Praxis (oder Sunna) die Statuten und Normen des muslimischen Gesetzes etabliert werden sollten. Die Religion darf nicht von den privaten Beziehungen zwischen Eheleuten und von Angelegenheiten, die nur die Partner voneinander wissen können, ausgeschlossen werden. Deshalb sollten Frauen mit klaren Anweisungen und Ratschlägen Rechtleitung geben können, ohne auf Anspielungen und Andeutungen zurückgreifen zu müssen, die das, was sie mitzuteilen haben, unklar und unverständlich erscheinen lassen. Die keuschen und tugendhaften Frauen des Propheten waren Lehrmeisterinnen, die dafür verantwortlich waren, den Menschen die Normen und Regeln, die das Verhalten der Muslime in ihrem Privatleben betreffen, zu vermitteln und weiterzugeben.

Einige Ehen des Propheten Muhammad, Friede sei mit ihm, wurden aus ganz bestimmten Gründen geschlossen, die mit seinen Frauen zu tun hatten:

1. Da sich unter ihnen Frauen jüngeren, mittleren und gesetzten Alters befanden, konnten die Erfordernisse und Normen des islamischen Gesetzes vor dem Hintergrund verschiedener Lebensabschnitte und Erfahrungen dargestellt werden. Die einzelnen Bestimmungen dieses Gesetzes wurden zunächst in der Familie des Propheten erlernt und angewandt, bevor sie dann über die Unterweisung der Frauen des Propheten an andere Muslime weitergegeben wurden.

2. Die Tatsache, dass seine Frauen aus unterschiedlichen Familien und Stämmen kamen, ermöglichte dem Propheten, Bande der Verwandtschaft und Verbundenheit zu knüpfen, die sich durch die gesamte Umma zogen. So gelang es ihm, ein Gefühl tiefer Zuneigung unter den Menschen der neuen Umma zu verbreiten. Er schaffte es auf äußerst praktische Art und Weise, Gleichheit und Brüderlichkeit auf der Grundlage der Religion unter ihnen zu schaffen und zu bewahren.

3. Jede einzelne seiner Frauen aus den verschiedenen Stämmen erwies sich zu Lebzeiten des Propheten und auch nach seinem Tod als großer Gewinn für die Sache des Islam. Sie alle übermittelten ihren Stämmen seine Botschaft und verdeutlichten ihnen wichtige Punkte: äußerliche und innerliche Erfahrungen, die Qualitäten, die Verhaltensweisen und den Glauben ihres Mannes, dessen Leben in allen - öffentlichen wie privaten - Einzelheiten die Verkörperung des Koran darstellte, und den Islam in der Praxis. So erfuhren alle Stammesangehörigen, Männer wie Frauen, vom Koran, von den Hadithen, vom *Tafsir* (Interpretation und Kommentar des Koran) und vom *Fiqh* (Gesetzeswissenschaft des Islam) und lernten so die Essenz und den Geist des Islam kennen.

4. Durch seine Ehen knüpfte der Prophet Muhammad ein Netz von verwandtschaftlichen Beziehungen, das die gesamte Arabische Halbinsel umspannte. Dies bedeutete, dass er sich frei bewegen konnte und in jeder Familie als Familienmitglied betrachtet wurde. Alle hatten das Gefühl, zu ihm persönlich gehen zu können, um von ihm etwas über das Leben im Diesseits und das Jenseits zu erfahren. Aber nicht nur die einzelnen Menschen, sondern auch die Stämme profitierten von ihrer Nähe zum Propheten. Sie schätzen sich glücklich und waren stolz auf die Frauen, die mit ihm verheiratet waren - die Ummayaden etwa

auf Umm Habiba, die Haschemiten auf Zainab bint Dschahsch und die Banu Makhzum auf Umm Salam.

Was bis zu dieser Stelle erläutert wurde, war sehr allgemein gehalten und lässt sich teilweise auch auf andere Propheten übertragen. Doch nun wollen wir uns den Lebensläufen der *Ummahat al-Mu'minin* (der Mütter der Gläubigen) zuwenden, und zwar nicht in der Reihenfolge ihrer Eheschließungen mit dem Propheten, sondern aus einer anderen Perspektive.

- I -

Khadidscha war die erste Frau des Propheten. Als sie heirateten, war sie 40, Muhammad 25 Jahre alt. Sie war die Mutter aller seiner Kinder mit Ausnahme seines Sohnes Ibrahim, der nicht lange lebte. Khadidscha war ihrem Mann nicht nur Ehefrau, sondern auch Freundin. Sie teilte seine Interessen und Ideale auf bemerkenswerte Art und Weise. Ihre Ehe war sehr glücklich. 23 Jahre lang lebten sie in vollkommener Harmonie zusammen. Bei jeder von den Götzendienern vorgebrachten Beleidigung und Schmähung gegen den Propheten stand Khadidscha ihm als seine liebste Gefährtin und Helferin zur Seite. Er liebte sie von ganzem Herzen und heiratete zu ihren Lebzeiten keine andere Frau. Diese Ehe ist allen anderen Ehen ein Vorbild an Vertrautheit, Freundschaft, gegenseitigem Respekt, Unterstützung und Trost. Obwohl sich der Prophet Muhammad, Friede sei mit ihm, all seinen Frauen gegenüber aufrichtig und treu verhielt, vergaß er Khadidscha auch nach ihrem Tod niemals. Bei vielen Gelegenheiten sprach er ausführlich über ihre Tugenden und Verdienste. Der Prophet heiratete erst vier oder fünf Jahre nach ihrem Tod erneut. Er sorgte für seine Kinder und indem er sich darum kümmerte, dass sie genug zu essen bekamen, und sich mit ihren Sorgen und Nöten auseinander setzte, nahm er die Pflichten von Mutter und Vater gleichzeitig wahr. Diesem Mann vorzuwerfen, er sei ein Genussmensch oder gar ein Schürzenjäger gewesen, ist die abscheulichste und dümmste Lüge, die man sich vorstellen kann: Denn wenn auch nur ein einziges Fünkchen Wahrheit in dieser Behauptung läge, hätte er nicht so leben können, wie er es getan hat.

- II -

Aischa war Muhammads zweite Frau, wenn auch nicht in der Reihenfolge seiner Trauungen. Sie war die Tochter seines engsten Freundes und ergebensten Anhängers Abu Bakr. Als einer der Ersten, die zum Islam übergetreten waren, hatte Abu Bakr lange Zeit gehofft, die tiefe Zuneigung zwischen ihm und dem Propheten dadurch zementieren zu können, dass er ihm seine Tochter zur Frau gibt. Dadurch, dass der Prophet Aischa heiratete, zeichnete er einen Mann aus, der während seiner gesamten Mission als Prophet gute wie schlechte Zeiten mit ihm teilte. So wurde Abu Bakr und Aischa Siddiqa die Ehre zuteil, dem Propheten spirituell und physisch nahe zu stehen. Aischa, die sich als eine überaus intelligente und weise Frau erwies, verfügte außerdem über die Persönlichkeit, die Mission des Propheten weiterzuführen. Ihre Ehe war ihr eine Lehrzeit, in der sie auf ihre Rolle als spirituelle Führerin und Lehrerin für alle Frauen dieser Welt vorbereitet wurde. Sie wurde eine der wichtigsten Schülerinnen und Mitstreiterinnen des Propheten. In seiner Obhut reiften ihre Fähigkeiten und Talente - wie die von so vielen anderen Muslimen jener gesegneten Zeit - heran und vervollkommneten sich, sodass sie an einem Ort der Freude als Ehefrau und Schülerin mit ihm zusammenlebte. Ihr Leben und ihre Verdienste um den Islam nach ihrer Heirat bewiesen, dass dieser außergewöhnliche Mensch es wert war, die Frau des Propheten zu sein. Denn als die Zeit gekommen war, bewährte sie sich als eine der angesehensten Hadith-Autoritäten, als ausgezeichnete Koran-Exegetin und als hervorragende und kenntnisreiche Expertin des islamischen Rechts (*Faqiha*). Mit ihrer einzigartigen Intelligenz repräsentierte sie in der Tat die inneren und äußeren Qualitäten und Erfahrungen (*Zahir* und *Batin*) des Propheten Muhammad, Friede sei mit ihm. Dies werde sicherlich die Gründe dafür gewesen sein, dass dem Propheten in einem Traum anvertraut wurde, er werde Aischa heiraten. Zu einer Zeit, als sie noch unberührt war und nichts über Männer und weltliche Dinge wusste, war sie bereit und schloss sich der Familie des Propheten an.

- III -

Umm Salama stammte aus dem Stamm der Makhzum und war zunächst mit ihrem Cousin verheiratet. Das Ehepaar hatte den Islam gleich in den Anfangstagen angenommen und war nach Abessinien geflüchtet, um den Nachstellungen der Quraisch zu entgehen. Nach der Rückkehr aus Abessinien emigrierten beide mit ihren vier Kindern nach Medina. Ihr Ehemann nahm an vielen Kriegszügen teil und erlitt bei der Schlacht von Uhud schwere Verletzungen, an denen er später starb. Abu Bakr und Umar machten Umm Salama einen Heiratsantrag, da sie um ihr schweres Schicksal als mittellose Witwe, die ihre Kinder versorgen musste, dies aber kaum allein schaffte, wussten. Sie lehnte ihre Anträge jedoch ab, da sie der Meinung war, niemand könne ihr den verstorbenen Gatten ersetzen.

Einige Zeit später macht ihr der Prophet selbst einen Antrag, was anständig und absolut schicklich war. Denn diese großartige Frau, die sich nie gescheut hatte, für ihren Glauben an den Islam Opfer zu bringen und zu leiden, war nun ganz auf sich allein gestellt, nachdem sie viele Jahre lang im edelsten Stamm Arabiens gelebt hatte. Sie durfte nicht hängen gelassen und zum Betteln gezwungen werden. Auf Grund ihrer Frömmigkeit, ihrer Aufrichtigkeit und allen Leids, das sie ertragen musste, verdiente sie es zweifellos, Unterstützung zu erhalten. Dadurch, dass der Prophet sie in seine Familie aufnahm, tat er das, was er schon seit seiner Jugendzeit getan hatte: Er war denen ein Freund, die keine Freunde hatten, versorgte diejenigen, die ohne Unterstützung dastanden, und beschützte jene, die schutzlos waren. In der Situation, in der sich Umm Salama befand, hätte man ihr das, woran es ihr mangelte, nicht liebenswerter oder barmherziger zukommen lassen können.

Umm Salama war ähnlich intelligent wie Aischa. Auch sie besaß eine schnelle Auffassungsgabe und brachte alle Fähigkeiten und Talente mit, um eine spirituelle Führerin und Lehrerin zu werden. Als der großzügige und mitfühlende Prophet sie unter seinen Schutz stellte, erhielt die Schule des Wissens und der Rechtleitung damit gleichzeitig eine neue Schülerin, der später alle Frauen dieser Welt zu Dank verpflichtet sein sollten. Wir wollen uns an dieser Stelle in Erinnerung rufen, dass der Prophet zu jener Zeit auf das Alter von 60 Jahren zuging. Dass er eine Witwe mit mehreren Kindern zur Frau nahm und die damit verbundenen Verpflichtungen und finanziellen Belastungen auf sich nahm, kann nur voller demütiger Bewunderung für die unerschöpflichen Reserven seiner Menschlichkeit und seines Mitgefühls zur Kenntnis genommen werden.

- IV -

Umm Habiba war die Tochter von Abu Sufyan, der lange Zeit der entschlossenste Feind der Mission des Propheten sowie der entschlossenste Unterstützter des *Kufr* (Unglaubens) war. Dennoch gehörte seine Tochter zu den Ersten, die den Islam annahmen. Sie wanderte nach Abessinien aus, weil sie von den Ungläubigen verfolgt wurde. Dort trat ihr Mann zum Christentum über. Sie aber trennte sich von ihm und blieb Muslimin. Als ihr Mann kurz darauf starb, war sie ganz allein im Exil und völlig verzweifelt.

Welche Optionen blieben Umm Habiba angesichts dessen? Sie hätte zum Christentum übertreten und auf die Unterstützung der Christen hoffen können. Das aber war undenkbar. Sie hätte in das Haus ihres Vaters zurückkehren können, das nun zu einer Art Kommandozentrale im Krieg gegen den Islam geworden war. Aber auch das war unvorstellbar. Sie hätte als Bettlerin von Haus zu Haus ziehen können. Für jemanden, der zu einer der wohlhabendsten und edelsten arabischen Familien gehört hatte, schied aber auch diese Option aus, da sie Schande über den Namen dieser Familie gebracht hätte.

Gott aber entschädigte Umm Habiba für alles, was sie verloren oder für den Islam geopfert hatte: Sie hatte ein einsames Exil in einer unsicheren Umgebung unter Menschen, die einem anderen Volk und einer anderen Religion als der ihren angehörten, erdulden müssen. Außerdem hatten sie die Konvertierung ihres Mannes und sein Tod sehr bedrückt. Als der Prophet von ihrer misslichen Lage erfuhr, ließ er ihr durch den Negus einen Heiratsantrag übermitteln; und das zu einer Zeit, da er erst sehr wenige Gef(rten um sich geschart hatte. Materielle Mittel, um sich selbst geschweige denn andere zu versorgen, standen ihm kaum zur Verfügung. Damit handelte er ebenso ehrenhaft wie großzügig und erbrachte den praktischen Beweis für den Vers: *Und Wir entsandten dich nur aus Barmherzigkeit für alle Welten.* (21:107)

So also wurde Umm Habiba als Ehefrau und Schülerin in die Familie des Propheten integriert und trug viel zum moralischen und spirituellen Leben der Muslime bei, die von ihr lernten und ihr Wissen wiederum an die nachfolgenden Generationen weitergaben.

Durch diese Heirat verknüpfte der Prophet sich und seine Familie mit der mächtigen Familie Abu Sufyans, was diese dazu veranlasste, eine ganz andere Haltung dem Islam gegenüber einzunehmen. Der Einfluss dieser Heirat ging fortan weit über die Familie Abu Sufyans hinaus und erstreckte sich bis auf die Dynastie der Umayyaden, die fast einhundert Jahre lang an der Spitze der Muslime standen. Der Stamm, dessen Angehörige den Islam mit so fanatischem Hass bekämpft hatten, brachte einige der berühmtesten Kämpfer, Verwalter und Gouverneure der Frühzeit des Islam hervor. Dieser Umschwung begann zweifelsohne mit der Heirat des Propheten mit Umm Habiba. Das Ausmaß der Großzügigkeit und des Edelmuts des Propheten hatte ihre Angehörigen ohne Frage überwältigt.

- V -

Zainab bint Dschahsch war ebenfalls edler Abstammung und dazu eine nahe Verwandte des Propheten. Darüber hinaus war sie eine äußerst fromme Frau, die viel fastete, lange Nachtwachen hielt und großzügig für die Armen spendete. Als der Prophet für Zaid um Zainabs Hand anhielt, waren Zainab und ihre Familie zunächst nicht einverstanden. Die Familie hatte gehofft, ihre Tochter dem Propheten zur Frau zu geben. Als sie aber erkannten, dass die Heirat Zainabs und Zaids dem Wunsch des Propheten entsprach, willigten sie ein, weil sie den Propheten liebten und seine Autorität respektierten. Somit fand die Heirat statt.

Zaid war als Kind im Verlauf von Stammesfehden gefangen genommen und als Sklave verkauft worden. Die großzügige Khadidscha, deren Sklave er war, machte Zaid Muhammad, dem späteren Propheten, zum Hochzeitsgeschenk. Der Prophet seinerseits gab Zaid sofort die Freiheit zurück und nahm ihn kurz darauf als seinen Sohn an. Er bestand darauf, dass Zaid Zainab heiraten solle, weil er ein Ideal verwirklichen und unter den Muslimen Gleichheit schaffen und etablieren wollte. Er bemühte sich, das aus alter Zeit stammende arabische Vorurteil gegen die Heirat von Sklaven oder freigelassenen ehemaligen Sklaven mit einer ‚frei geborenen' Frau aus der Welt zu schaffen. Diese schwierige Aufgabe ging er an, indem er zunächst mit seinen eigenen Verwandten einen Anfang machte.

Die Ehe war aber weder für Zainab noch für Zaid glücklich. Zainab, eine Frau edler Abstammung, war eine gute und sehr fromme Muslimin mit außergewöhnlichen Eigenschaften. Zaid, der freigelassene ehemalige Sklave, gehörte zu den Ersten, die den Islam angenommen hatten, und auch er war ein guter Muslim. Beide liebten den Propheten und gehorchten ihm, aber ihre Ehe war für beide Seiten unerträglich, da die Ehepartner einfach nicht zueinander passten. Zaid brachte bei mehreren Gelegenheiten den Wunsch vor, die Ehe scheiden zu lassen. Der Prophet jedoch bestand darauf, Zaid sollte an ihr festhalten und sich nicht von Zainab trennen. Eines Tages aber, Muhammad führte gerade ein Gespräch, kam der Erzengel Gabriel und überbrachte ihm eine Offenbarung Gottes.[32] In den betreffenden Versen hieß es, dass der Prophet bereits geheiratet habe: *...verbanden Wir sie ehelich mit dir ...* (33:37) Diese Aufforderung war eine der härtesten Prüfungen, der sich der Prophet jemals zu stellen hatte. Gott verlangte nämlich vom ihm, gegen die Traditionen seines Volks zu verstoßen und damit ein Tabu zu brechen (siehe unten). Gott zuliebe musste er jedoch handeln, wie ihm befohlen wurde. Aischa berichtete später: „Hätte der Gesandte Allahs jemals den Wunsch gehabt, etwas von dem, was ihm offenbart wurde, zu verschweigen, dann hätte er mit Sicherheit diesen Vers verschwiegen."[33]

Die Weisheit Gottes wusste um die Notwendigkeit, eine so beeindruckende und edle Frau wie Zainab in die Familie des Propheten aufzunehmen, um sie auf diese Weise mit wahrem Wissen zu versorgen und auf ihre Aufgabe vorzubereiten, die Muslime zu führen und zu unterweisen. Nach der Hochzeit erwies sich Zainab als gute Ehefrau des Propheten: Sie war sich ihrer Verantwortung und der Tatsache bewusst, dass ihre Rolle viel Feingefühl verlangte. Dafür, dass sie ihrer

---

32 Bukhari, *Tauhid,* 22
33 Bukhari und Muslim

Verantwortung gerecht wurde, wurde sie von der Allgemeinheit bewundert.

In der *Dschahiliya*, der Zeit der Unwissenheit vor dem Islam, wurde ein Adoptivsohn wie ein leiblicher Sohn betrachtet. Die Ehefrau eines Adoptivsohnes stand folglich auf der gleichen Stufe wie die Ehefrau eines leiblichen Sohnes. Einem Koranvers zufolge gehören die *Ehefrauen eurer Söhne, die aus euren Lenden hervorgegangen sind*, zu dem Personenkreis, die ein Mann nicht heiraten darf. Dieses Verbot gilt jedoch nicht für Adoptivsöhne, zu denen keine reine Blutsverwandtschaft besteht. Was uns heute ganz selbstverständlich erscheint, war es damals keineswegs. Das heidnische Tabu, ehemalige Ehefrauen von Adoptivsöhnen zu heiraten, war tief verwurzelt. Der Prophet wurde von der Offenbarung aufgefordert, Zainab zu heiraten, um diesen Brauch zu eliminieren.

Damit nachfolgende Generationen von Muslimen den Bruch des Tabus nicht wieder in Frage stellten, musste er durch die Autorität des Propheten persönlich vollzogen werden. Dass der Prophet das Gebot Gottes gegen die fest verankerten Sitten seiner Leuten durchsetzte, ist nur ein weiterer Beweis für die Glaubensstärke dieses Mannes. Die Araber wurden auf diese Weise von ihrer heidnischen haltlosen Regel, wie hoch angesehen sie auch gewesen sein mag, befreit und mit der biologischen und natürlichen Realität entschädigt.

- VI -

Dschuwairiya bint Harith war eine der vielen Gefangenen, die die Muslime bei einer militärischen Expedition gemacht hatten. Sie war die Tochter von Harith, dem Oberhaupt des besiegten Stammes der Banu Mustaliq, und wurde, ebenso wie die übrigen Mitglieder ihrer stolzen Familie, zusammen mit den ‚gewöhnlichen' Leuten ihres Stammes gefangen gehalten. Als Dschuwairiya zum Propheten gebracht wurde, war sie, nicht zuletzt deshalb, weil ihre Verwandten alles verloren hatten, völlig verzweifelt. Gegenüber den Muslimen empfand sie einen tief sitzenden Hass und Feindseligkeit. Der Prophet konnte den verletzten Stolz, die gekränkte Würde und das Leiden dieser Frau gut nachvollziehen. Darüber hinaus wusste er in seiner erhabenen Weisheit, wie man dieses Problem lösen und ihren verletzten

Stolz wieder aufrichten konnte. Er erklärte sich damit einverstanden, das Lösegeld für sie zu zahlen, schenkte ihr die Freiheit und machte ihr einen Heiratsantrag. Wie gern Dschuwairiya dieses Angebot annahm, kann man sich leicht vorstellen.

Als die Ansar (die medinensischen Anhänger des Propheten Muhammad) und die *Muhadschirun* (die Emigranten) erfuhren, dass die Banu Mustaliq durch die Heirat nun zu Verwandten des Propheten geworden waren, ließen sie etwa einhundert Familien, die noch nicht freigekauft worden waren, frei. Ein Stamm, dem eine so große Ehre zuteil geworden war, durfte nicht länger in der Sklaverei verbleiben.[34] Auf diese Weise gewann man die Herzen von Dschuwairiya und ihrem ganzen Stamm. Hundert Familien, die ihre Freiheit erlangt hatten, feierten die Heirat Dschuwairiyas und Muhammads. Dank seiner mitfühlenden Weisheit und seiner Großzügigkeit verwandelte er die Niederlage einiger in einen Sieg aller. Was gerade noch Anlass zu Feindschaft und Verzweiflung gegeben hatte, stiftete nun Freundschaft und Freude.

- VII -

Safiya war die Tochter von Huyaiy, einem der Oberhäupter des jüdischen Stammes von Khaibar, der die Banu Quraiza überredet hatte, ihren Vertrag mit dem Propheten zu brechen. Von Kindheit an wurde sie Zeuge einer tiefen Feindseligkeit, die ihre Familie und ihre Verwandten dem Propheten gegenüber hegten. Vater, Bruder und Ehemann verlor sie durch die Hand der Muslime, sie selbst geriet in Gefangenschaft. Die Haltung und das Handeln ihrer Familie und ihrer Verwandten hätten sie eigentlich einen tiefen Hass auf die Muslime und ein großes Verlangen nach Rache verspüren lassen sollen. Drei Tage vor der Ankunft des Propheten in Khaibar und ihrer Gefangennahme während des Kampfes hatte sie jedoch im Traum einen schimmernden Mond gesehen, der von Medina kam, sich in Richtung Khaibar bewegte und ihr schließlich in den Schoß fiel. Später berichtete sie: „Als ich gefangen genommen wurde, begann ich zu hoffen, dass sich mein Traum erfüllen werde.“ Als sie als Gefangene zum Propheten gebracht wurde, ließ dieser sie großzügig

34 Ibn Hanbal, *Musnad*, 6, 277

frei und bot ihr an, entweder Jüdin zu bleiben und zu ihren Leuten zurückzukehren oder den Islam anzunehmen und seine Frau zu werden. „Ich wählte Allah und Seinen Gesandten", erzählte Safiya. Kurz darauf heirateten sie.

Nachdem sie in die Familie des Propheten aufgenommen worden war, erhielt Safiya den Titel ‚Mutter der Gläubigen'. Die Gefährten des Propheten verehrten und respektierten sie als ‚Mutter'. Sie wiederum sah mit eigenen Augen die Kultiviertheit und die aufrichtige Höflichkeit jener Männer und Frauen, deren Herzen und Gedanken sich Gott unterwarfen. Nun bewertete sie ihre früheren Erfahrungen neu. Sie wusste die große Ehre, eine Ehefrau des Propheten zu sein, zu schätzen. Infolge dieser Heirat änderte sich auch die Haltung vieler Juden, da sie nun den Propheten aus der Nähe betrachten und kennen lernen konnten. An dieser Stelle soll auch erwähnt werden, dass die Muslime durch solche engeren Beziehungen zu anderen Völkern und Menschen in die Lage versetzt wurden, zu verstehen, wie diese dachten, fühlten und lebten. Dieses Wissen wiederum ermöglichte den Muslimen zu lernen, wie sie auf jene Völker und Menschen einwirken und sie mit Gottes Hilfe rechtleiten konnten. Ohne ein gewisses Maß an Vertrauen, das durch so edle Handlungen wie die Heirat des Propheten mit Safiya begründet wurde, hätten weder gegenseitiger Respekt noch Toleranz zu sozialen Normen werden können.

- VIII -

Sauda bint Zam'a bint Qais war die Witwe eines gewissen Sakran. Sakran und Sauda hatten ebenfalls zu den Ersten gehört, die den Islam annahmen und nach Abessinien fliehen mussten, um der Verfolgung durch die Götzendiener zu entgehen. Sakran starb im Exil und hinterließ seine Frau vollkommen mittellos. Der Prophet Muhammad, Friede sei mit ihm, hatte zwar selbst Probleme, seinen Lebensunterhalt zu bestreiten, sah aber nur eine einzige Möglichkeit, Sauda zu helfen. Er heiratete sie. Die Hochzeit fand einige Zeit nach dem Tod Khadidschas statt.

- IX -

Hafsa war die Tochter von Umar ibn al-Khattab, dem späteren zweiten Kalifen des Islam. Ihr Mann, mit dem sie erst nach Abessinien und später nach Medina ausgewandert war, war an den Wunden gestorben, die er in einem Kampf für die Sache Gottes erlitten hatte. Daraufhin blieb sie eine Zeit lang allein. Doch wie schon Abu Bakr sehnte sich auch Umar nach der Ehre und der Gnade, dem Propheten in dieser Welt und im Jenseits nahe zu sein. So nahm der Prophet Hafsa schließlich zu seiner Frau, um die Tochter seines treuen Anhängers zu beschützen und zu unterstützen.

Diese Umstände und Motive lagen also den verschiedenen Ehen des Propheten Muhammad, Friede sei mit ihm, zu Grunde. Wir sehen, dass diese Ehen zum Ziel hatten, hilfsbedürftigen oder verwitweten mittellosen Frauen ein würdiges Dasein zu ermöglichen. Sie dienten dem Zweck, aufgebrachte oder verfeindete Angehörige von Stämmen zu beschwichtigen und ihnen Ehre zuteil werden zu lassen bzw. denjenigen, die einst Feinde gewesen waren, ein gewisses Maß an verwandtschaftlicher Verbundenheit und Harmonie zu schenken. Diese Ehen sollten zuverlässige und ungewöhnlich begabte Menschen, insbesondere einige außergewöhnlich fähige Frauen, für den Islam gewinnen. Sie zielten darauf ab, innerhalb des vereinenden Bandes des Glaubens an Gott neue Normen für die Beziehungen zwischen den verschiedenen Völkern zu etablieren und diejenigen Männer durch Familienbande zu ehren, die einst die ersten Führer der muslimischen Umma nach dem Tod des Propheten sein sollten. Diese Ehen hatten überhaupt nichts mit Zügellosigkeit, körperlicher Begierde, Triebhaftigkeit oder mit irgendwelchen anderen der absurden und abscheulichen Anschuldigungen zu tun, die die erbitterten Feinde des Islam gegen den Propheten erhoben haben. Mit Ausnahme von Aischa waren alle Frauen des Propheten Witwen. All seine Ehen (abgesehen von seiner Ehe mit Khadidscha) wurden geschlossen, als er schon in fortgeschrittenem Alter war. Sie waren alles andere als Akte der Zügellosigkeit, sondern unterstrichen vielmehr die Selbstdisziplin Muhammads.

Diese Selbstdisziplin verlangte dem Propheten auch ab, dass er für jede seiner Frauen so gerecht wie nur eben möglich sorgte und alles, was er seiner Familie an knappen Mitteln für Unterhalt, Wohnraum und finanzielle Unterstützung im Allgemeinen gewährte, gleichmäßig aufteilte. Er widmete all seinen Frauen gleichviel Zeit und betrachtete und behandelte sie alle gleich freundschaftlich und respektvoll. Dass seine Frauen (trotz der Tatsache, dass sie aus unterschiedlichen Gesellschaftsschichten kamen und unterschiedliche Vorlieben und Temperamente hatten) gut miteinander auskamen, ist nicht zuletzt seiner Begabung, Friede und Harmonie zu stiften, zu verdanken. Er war ihnen allen nicht nur Ernährer, sondern auch Freund und Gefährte.

Ein letzter Punkt ist an dieser Stelle noch zu erwähnen: Die Vielzahl der Frauen, die dem Propheten gestattet wurde, stellte eine Ausnahme innerhalb des islamischen Gesetzes dar, die ihm allein vorbehalten war. Einige der Vorzüge und Weisheiten dieser Sonderregelung, habe ich - so wie ich sie verstanden habe - bereits erläutert. Kein anderer Muslim darf mit mehr als vier Frauen gleichzeitig verheiratet sein. Als die Offenbarung, die die Polygamie beschränkte, kam, waren die Ehen des Propheten schon alle vollzogen. Danach war es auch dem Propheten untersagt, ein weiteres Mal zu heiraten. Möge Gott ihn segnen und ihm Frieden schenken, und möge Er uns in die Lage versetzen, sein edles Vorbild zu verstehen und ihm zu folgen!

TEIL V

VORHERBESTIMMUNG und FREIER WILLE

5.1

Im Koran heißt es: *Somit erklärt Allah zum Irrenden, wen Er will, und leitet recht, wen Er will.* (74:31) Der Koran sagt uns aber auch, dass Gott dem Menschen Vernunft, Denkvermögen und einen freien Willen geschenkt hat und ihm die Wahl lässt, den Weg des Guten oder den Weg des Schlechten zu wählen. Wie sind diese beiden Aussagen miteinander zu vereinbaren?

Hidaya (Rechtleitung) steht für Rechtschaffenheit und ist der gerade Weg, der Weg zum Islam, der Weg derer, denen Gott Seinen Segen gewährt. *Dalala* (Irreleitung) steht für Falschheit und Irrtum. Der Begriff bezeichnet Weg und Zustand derer, die an falschen Glaubensvorstellungen festhalten und ganz bewusst das Gesetz Gottes übertreten, oder den Weg derer, die es ablehnen, die Stimme der Wahrheit zu hören, und sich so in Rücksichtslosigkeit oder Nachlässigkeit verrennen.

Sowohl das Rechtgeleitet-Sein als auch das In-die-Irre-geleitet-Sein sind reale Zustände, die zweifellos mit Gott in Verbindung stehen und von Seinem Willen abhängig sind. Es gibt nichts, was nicht mit Ihm im Zusammenhang stünde; alles hängt von Seinem Willen ab. Er erschafft *Dalala*, um Seinen Namen *al-Mudil* (der Irreführende), und *Hidaya*, um Seinen Namen *al-Hadi* (der Rechtleiter) zu manifestieren. Gott erschafft also, d.h., Er ermöglicht oder ‚gibt' das Rechtgeleitet- oder das In-die-Irre-geleitet-Sein. Nicht richtig ist jedoch, dass Gott den Menschen zwingen würde, auf dem rechten Weg bzw. in die Irre zu gehen. Wofür sich das Individuum entscheidet, liegt ganz allein in seiner Hand und entspricht seinen Absichten und Handlungen. Der

Weg des Individuums entspringt seinen eigenen Standpunkten und Neigungen, nicht aber einer willkürlichen Vorherbestimmung.

Man erhält *Hidaya,* indem man zum Beispiel in die Moschee geht, Predigt, Vorträge und den Koran hört, ernsthaft über die Koranverse und ihre Bedeutung nachdenkt, seine Zeit mit frommen Menschen verbringt, Ratschläge von aufrichtigen spirituellen Ratgebern und Religionslehrern entgegennimmt, versucht, von ihrer Reinheit und von der Erhabenheit des Ethos, der sie umgibt, zu profitieren, und lernt, über die wahre Beschaffenheit von Leben und Tod nachzusinnen. Auf diese Weise erhellt man Verstand und Geist. All dies sind Wege, auf denen sich Rechtleitung erlangen lässt. Wenn man diese Vorschläge für gut hält und sich sie auch in die Tat umsetzt, wird Gott sie akzeptieren und Rechtleitung gewähren, so unbedeutend die entsprechenden Bemühungen auch zu sein scheinen (und tatsächlich ja auch sind). Gott ist also der Derjenige, der führt. Das Individuum wiederum klopft mit seinem *Kasb*, seinen Verdiensten, an die Tür der göttlichen Vorsehung. Wenn ein Mensch jedoch ständig Bars, Kneipen oder Orte unangemessener Anbetung aufsucht und sich dort ungebührlich verhält, klopft er damit an die Tür des *Mudil* (des Einen, der in die Irre leitet) und bittet Ihn darum, in die Irre geleitet zu werden. Wenn Gott will, lässt Er ihn auch in die Irre gehen. Hat Er jedoch andere Pläne, bewahrt Er ihn vor diesem Schicksal.

Es sei darauf hingewiesen, dass der Mensch an all dem nur einen dermaßen geringen Anteil hat, dass seine Bemühungen kaum als eigentliche Ursache für sein Rechtgeleitet- oder In-die-Irre-geleitet-Sein einzustufen sind. Gott ist es, der den Menschen rechtleitet oder in die Irre gehen lässt. Selbst wenn man den Anteil des Menschen auf ein Tausendstel Prozent beziffern würde, was nicht der Wirklichkeit entspricht, wäre er um ein Vielfaches überbewertet. Der Anteil ‚freien' menschlichen Handelns ist, was das Erschaffen an sich und die Schöpfung betrifft, so unglaublich gering, dass er in der Tat zu vernachlässigen ist. Gott, der Herr der irdischen wie auch der spirituellen Herrschaftsgebiete, erschafft all das, was in diesen Gebieten ist und was zwischen ihnen liegt. Da Er der Besitzer, der Herr und der Souverän alles Erschaffenen ist, stehen alle Dinge mit Ihm in Verbindung. Wenn ein Individuum den Weg der *Dalala* beschreitet, erschafft Gott die Folgen aus den

Handlungen dieser Person in Übereinstimmung mit den Gesetzen von Ursache und Wirkung, die Er für Seine gesamte Schöpfung erlassen hat. Dies gilt sogar für das Drücken eines Knopfes in einem Kraftwerk, der in einer ganzen Stadt das Licht aufleuchten lässt. Moralische Verantwortung zu übernehmen setzt voraus, dass der Mensch frei ist, auf dem Weg der *Dalala* Handlungen in Gang zu setzen, d.h. in die Irre zu gehen, wenn er dies unbedingt will, obwohl er Warnungen und entsprechende Anweisungen erhalten hat. Über kurz oder lang wird Gott eine Person, die in die Irre geht, entweder bestrafen oder ihr vergeben - ganz so, wie es Ihm beliebt.

Beschäftigen wir uns doch noch etwas eingehender mit diesem Beispiel! Wenn man Koranrezitationen oder einem Vortrag zuhört oder ein Buch über Religion liest, nimmt man dabei unterschiedliche Gefühle wahr und erfährt eine Art innere Erbauung und Erleuchtung. Es ist jedoch durchaus möglich, dass sich jemand, der direkt neben einer Moschee wohnt, der zwar jeden Gebetsruf hört, die Predigten und die in der Moschee gesprochenen aufrichtigen Bittgebete zu Gott aber nur unbewusst mitbekommt, von diesen lediglich gestört fühlt und sie als Ruhestörung und als nervende Ärgernisse empfindet. Jedenfalls ist die positive bzw. negative Reaktion des Zuhörers ein unbedeutendes Ereignis, geringfügig und kaum einer Erwähnung wert. Nichtsdestotrotz, wie auch immer der Mensch reagieren mag, Gott erschafft und ermöglicht die notwendigen Resultate, die sich aus dieser Reaktion ergeben werden und vollkommen von Seinem Willen abhängig sind.

Ein weiteres Beispiel: Wenn wir essen und trinken, wandern die unterschiedlichen Nährstoffe, Proteine, Vitamine, Kohlenhydrate usw. an die Orte im Körper, an denen sie am dringendsten gebraucht werden. Der bloße Wunsch, Nahrung zu sich zu nehmen oder das bloße In-den-Mund-Nehmen von Nahrung gewährleisten noch lange keine Nahrungsaufnahme. Zuerst müssen die Talente, die notwendig sind, um die Nahrung zu identifizieren und in den Mund zu führen, tätig werden. Gehirn und Muskelaktivität müssen also miteinander koordiniert werden. Keines der beteiligten Körperteile wird vom Individuum, das doch von ihnen profitiert, bewusst kontrolliert oder verstanden. Sobald dann ein Bissen in den Mund gelangt, beginnen die

Speicheldrüsen zu arbeiten. Informationen zu Geschmack und Aroma werden an das Gehirn weitergeleitet, dort verarbeitet und dann dem Magen übermittelt, der so Angaben zur genauen Zusammensetzung der chemischen Substanzen erhält, die wiederum erforderlich sind, um die Speisen verdauen und in Nährwerte umwandeln zu können. Wir könnten an dieser Stelle weiter fortfahren und darüber diskutieren, wie der Körper das, was ihm nützt, von dem unterscheidet, was ihm schadet, und wie Abfallstoffe ausgeschieden werden usw.. Doch auch dann hätten wir nur einen winzigen Bruchteil all dessen aufgezählt, was folgt, um das Ziel zu realisieren, das wir verfolgen, wenn wir Nahrung zum Mund führen: Wie gering doch unser Anteil an der Versorgung unseres Körpers mit Nahrung ist! Es besteht keinerlei Zweifel daran, dass der Mensch die Talente und Organe, deren harmonische und gesundheitsfördernde Tätigkeit eine Grundvoraussetzung für sein Leben darstellt, nicht bewusst kennt bzw. sie nicht mit seinem Willen kontrolliert. Wenn jemand es wagen würde zu sagen „Ich habe die Nahrung zum Mund geführt, habe für das Mahl alles geplant und arrangiert, habe es verdaut, es dann den bedürftigen Körperteilen zugeteilt, und schließlich auch meine Körpertemperatur justiert, damit alles ordnungsgemäß und effizient funktioniert. All dies habe ich selbst getan!“, würde dieser Mensch dann nicht einen Teil von Gottes Werk für sich beanspruchen und Ihm so einen Partner beigesellen? Er sollte besser die Wahrheit sagen: „Als ich die Nahrung zum Mund geführt habe, begannen ganz erstaunliche Prozesse abzulaufen. Eine unsichtbare kräftige Hand hat diese Prozesse in Gang gesetzt, die - und das ist bemerkenswert - aber nicht länger als unbedingt erforderlich andauern. Der Eine, der all diese Prozesse in mir anstößt und in Gang hält, ist Gott.“

Wenn der Mensch seinen Willen und seine Neigungen auf die Rechtleitung Gottes hin ausrichtet, kann er sich als fähig und ihrer würdig erweisen. Ein Beispiel: Ich spreche gerne in aller Deutlichkeit und unbefangen über die Religion und versuche dabei, meine von Herzen kommenden Gefühle so gut zum Ausdruck zu bringen, dass andere davon angeregt werden und von ihnen profitieren. Das, was ich eigentlich erreichen möchte, erreiche ich allerdings nicht. Nur: Mehr als mein Bestes geben, kann ich nicht. Ich w2de das koranische Gesetz und die

Gebote Gottes gern durch überzeugende und aufrichtige Worte weitervermitteln. An manchen Stellen komme ich jedoch nicht weiter und bringe keinen Ton heraus. Ich sehne mich danach, in die Verzückung des Gebets zu Gott einzutauchen und während des Gebets aller weltlichen Sorgen ledig zu sein. Doch dies gelingt mir noch nicht einmal während eines einzigen von tausend Gebeten. Um es zusammenzufassen: Mein Beitrag ist also der Wunsch oder auch, wenn ich ihn aufrichtig verfolge, der Wille - selbst wenn ich nicht in der Lage sein sollte, mein Vorhaben in die Tat umzusetzen. Alles andere, nämlich die Realisierung des Wunsches bzw. des Willens, ist dem Allmächtigen vorbehalten. Ich möchte betonen, dass die Liebe und Freude des *Iman,* des ernsthaften Strebens nach dem Himmel, und die Bereitschaft, allem, was der göttlichen Vorsehung entspringt, gegenüber zufrieden und ergeben zu sein, Geschenke sind, die Gott einzig und allein in Herz und Seele des Menschen legt. Der Mensch wählt nur aus und gibt einen Anstoß, Gott akzeptiert und gewährt dementsprechend Seinen Segen und Seine Rechtleitung. Saduddin Taftazani, ein islamischer Gelehrter auf den Gebieten der Rhetorik, Logik, Metaphysik und der Rechtswissenschaft (1322-1389) sagte einmal: „Der *Iman* ist eine *Scham'a* (Kerze), die Gott in der Seele des Menschen entzündet, wenn dieser von seinem freien Willen Gebrauch macht." Um diese große Gabe zu erhalten, muss der Mensch seinen freien Willen einsetzen. Man drückt einen Knopf, und das Leben erstrahlt. Diese scheinbar unbedeutende Willensanstrengung, diese Hinwendung zum *Iman*, erlaubt uns, Rechtleitung zu erlangen und vom Licht Gottes erleuchtet zu werden.

Es bleibt zu fragen, nach welchen Kriterien Gott Seine Diener für ihre Handlungen zur Verantwortung zieht, wenn doch der Koran sagt: *Somit erklärt Allah zum Irrenden, wen Er will, und leitet recht, wen Er will.* (74:31)

Auch hier lautet die beste Antwort, dass Gott der Souverän und der Herr sowohl der irdischen als auch der spirituellen Sphären ist. Er will und erschafft in ihnen, was auch immer Er für richtig hält. *Segensreich ist der, in Dessen Hand die Herrschaft ruht; und Er hat Macht über alle Dinge.* (67:1) Er lässt sich von niemandem hineinreden, und niemand kann sich gegen Seinen Willen in das einmischen, was Er erschafft.

Darüber hinaus dürfen wir Gott nichts Schlechtes zuschreiben. Der Koran teilt uns ausdrücklich mit, dass das Gute von Ihm und das Schlechte von uns selbst kommt: *Was dich an Gutem trifft, kommt von Allah; und was dich an Schlimmem trifft, kommt von dir selbst.* (4:79) Wenn ein Mensch leidet, dann hat er das ausschließlich sich selbst zuzuschreiben, denn: *Wahrlich, Allah tut kein Unrecht; auch nicht vom Gewicht eines Stäubchens.* (4:40) Was einem Menschen widerfährt, hängt in erster Linie von seiner Wahl und von seinen Handlungen ab und richtet sich nach dem Gesetz von Ursache und Wirkung, das Gott für Seine gesamte Schöpfung erlassen hat: Jemand, der sich unablässig falschen Glaubensvorstellungen hingibt und es ablehnt, auf die Gebote Gottes zu hören und ihnen zu gehorchen, verliert demzufolge nach und nach die Fähigkeit, die Wahrheit zu erkennen, bis sein Herz schließlich versiegelt ist: Da Gott es ist, der diese Gebote eingesetzt hat, sind Ihm auch das Versiegeln der Herzen und das In-die-Irre-Führen zuzuschreiben. Offenbar resultieren diese Vorgänge aber aus der freien Wahlmöglichkeit und aus den Neigungen des Menschen. Sie sind nicht von vornherein festgelegt, geschweige denn ungerechtfertigt. Wer Glück im Leben erlangt, verdankt dies selbstverständlich seiner unbedeutenden Anstrengung, sich Rechtschaffenheit und Erleuchtung in dieser Welt zu erwerben:

> *Doch die Frevler führt Er damit irre, die den Bund Allahs brechen, nachdem dieser geschlossen wurde, und die zerreißen, was nach Allahs Gebot zusammengehalten werden soll, und Unheil auf Erden anrichten.* (2:26-27)

Gott lässt nur den in die Irre gehen, von dem Er weiß, dass er es ablehnen wird, nach dem Glauben zu streben. Wenn Gott einen Menschen in die Irre gehen lässt, heißt das, dass Er ihn sich selbst überlässt und ihm Seine Gunstbeweise entzieht. Gott kann durchaus jemanden im Stich lassen, von dem Er weiß, dass er sich ganz bewusst dafür entscheiden wird, die Wahrheit zu leugnen, und in seinem Leugnen standhaft bleibt. Sich Gottes Gnade und Segen zu verdienen oder ihren Entzug herbeizuführen hängt vom freien Willen des Menschen ab und beruht nicht auf Zwang.

5.2

Manchen Menschen gewährt Gott materiellen Reichtum, Komfort und Rang und Ansehen in der Gesellschaft, während Er anderen nur Armut, Not und Leid zugesteht. Bedeutet dies etwa, dass Gott die Reichen bevorzugt bzw. dass die Armen wirklich schlechte und sündige Menschen sind? Was hat es mit diesen Unterschieden auf sich?

Fragen wie diese sollte nur jemand stellen, der den aufrichtigen Wunsch hat, zu ergründen, was Gott mit der Existenz dieser Unterschiede bezweckt. Wer die Anordnungen Gottes in Frage stellt und damit ein anderes Ziel verfolgt, sündigt.

Gott gewährt materiellen Reichtum, wem Er will und wie Er will. Ähnlich verhält es sich auch mit der Armut. Reichtum kann zum Beispiel durch Vererbung von einem Familienmitglied auf das andere übergehen, sodass es jemandem, der vorher arm war, dann besser gehen mag. Andererseits sind bestimmte Fähigkeiten oder persönliche Charakterzüge wie Intelligenz, Aufnahmefähigkeit, Geschäftstüchtigkeit usw. genetisch vererbt. Und doch gibt es auch Menschen, die vielleicht in der Lage wären, mit Reichtum und Ansehen umzugehen und günstige Gelegenheiten zu nutzen, die aber auf Grund ihrer Lebensumstände erst gar nicht mit diesen in Berührung kommen.

Vom Propheten wird berichtet, er habe gesagt, dass Gott die Güter dieser Welt so verteilt, wie Er es für richtig hält, dass Er aber denen, die Ihn darum bitten, Wissen, *Ilm*, gewährt. Dieser Hadith ist, wenn auch fehlerhaft überliefert, äußerst aussagekräftig. Es liegt auf der Hand, dass materielle Besitztümer nicht zwangsläufig in jedem

Fall als etwas Gutes, *Khair*, betrachtet werden können. Gelegentlich gewährt Gott denjenigen die Ihn darum bitten, materielle Sicherheit und materielles Glück, manchmal tut Er es aber auch nicht. Ganz sicher liegt aber irgendetwas Gutes in allem, was Er gewährt, sei es nun Reichtum oder Armut. Für einen gläubigen Menschen, der rechtschaffen handelt und mit dem, was ihm gegeben wurde, gutherzig umgeht, ist der Reichtum ein Instrument, das ihm erlaubt, Gutes zu tun. Ein Mensch jedoch, der über einen schwachen Glauben verfügt und vom Pfad der Rechtschaffenheit und Wohltätigkeit abgekommen ist, wird mit seinem Reichtum Schlechtes anrichten. Analog dazu kann die Armut für einen Menschen, der den Pfad der Rechtschaffenheit verlassen hat, zu einem Werkzeug des Unglaubens, *Kufr*, werden und dafür sorgen, dass er innerlich und äußerlich Tag für Tag gegen Gott rebelliert. Wer auch immer sein Herz, seinen Verstand und seine Seele nicht ganz und gar Gott unterwirft und nicht aufrichtig versucht, den Lehren des Islam gemäß zu handeln, wird herausfinden, dass ihm sein Reichtum, wie groß er auch sein mag, nur zur Last fallen und ihn einer strengen und schwierigen Prüfung unterziehen wird:

> *Und wisset, dass euer Gut und eure Kinder nur eine Versuchung sind und dass bei Allah großer Lohn ist.* (8:28)

An dieser Stelle sollten wir uns erneut einen Ausspruch des Propheten in Erinnerung rufen:

> *Unter euch gibt es Menschen, denen Allah, wenn sie nur ihre Hände heben und bei Ihm schwören, alles gewährt, was sie sich wünschen und die Er niemals etwas Falsches schwören lässt. Zu diesen Menschen gehört Bir'a ibn Malik.*[35]

Bir'a ibn Malik, der jüngere Bruder von Anas, lebte in vollkommener Armut auf dem untersten Existenzniveau und hatte weder viel zu essen noch einen Platz zum Schlafen. Doch trotz ihres armseligen und zerlumpten Äußeren werden Menschen wie Bir'a auf Grund ihrer aufrichtigen Frömmigkeit sehr geschätzt und verehrt. Sie sind es, die

35 Bukhari, *Sulh*, 8; Muslim, *Qasama*, 24

angesprochen sind, wenn der Prophet Menschen erwähnt, welche im Rang derer stehen, die Gott niemals einen falschen Eid schwören lässt und für deren Versprechen Er Sich Selbst verbürgt. Sie sind es, die der Prophet lobt und deren Handeln er sehr schätzt.

Es wird überliefert, dass Umar, als er bei Gelegenheit das Zimmer des Propheten betrat, auf dessen Rücken Spuren der rauen Matte sah, auf der er geschlafen hatte. Da traten Umar Tränen in die Augen, und er fragte den Propheten, wie es denn sein könne, dass die Herrscher von Byzanz und Persien in solchem Pomp und Luxus lebten, während der Gesandte Gottes auf einer so harten Matte schlafe. Der Prophet entgegnete ihm: *Akzeptierst du nicht, dass sie das Diesseits haben sollen und wir das Jenseits?*[36] Genau deshalb führte Umar auch einige Jahre später während seines Kalifats, als die Reichtümer der byzantinischen und persischen Reiche bereits in die Schatzhäuser der Muslime flossen, ein äußerst bescheidenes Leben und stellte keine großen Ansprüche.

Nicht die Armut selbst ist etwas Gutes, sondern vielmehr der Geisteszustand, der das weltliche Selbst *(Nafs)* diszipliniert (und besiegt) und den Blick auf das ewige Leben richtet. Die Armut kann uns in der Tat dabei unterstützen, diesen Geisteszustand zu erreichen. Bei einigen Menschen jedoch ruft Armut Verzweiflung, Verbitterung und Undankbarkeit gegenüber Gott hervor, birgt also die Wurzel des Unglaubens in sich. Wohlstand und materielle Sicherheit können ihrerseits bestimmte Menschen zu unangebrachten Gefühlen des Stolzes und der Selbstüberschätzung verleiten, wodurch sie die Bedürfnisse ihrer Mitmenschen aber auch ihre Pflichten Gott gegenüber vernachlässigen. Die Arroganz und Undankbarkeit dieser Menschen bergen ebenfalls die Wurzel des Unglaubens in sich.

Am sichersten ist ein Gläubiger also dann, wenn er versteht, dass alles, was Gott gegeben hat, der Vervollkommnung des Individuums dient. In welchen Verhältnissen ein gläubiger Mensch auch leben mag - in jedem Fall sollte er danach streben, das Wohlergehen seiner Mitmenschen zu steigern, und innerlich wie äußerlich dem Allmächtigen und Barmherzigen vertrauen. Die ideale Haltung gegenüber den Umständen

36 Ibn Madscha, *Zuhd*, 11

dieser Welt, die ja lediglich eine Haltestelle auf dem Weg zu unserer immer währenden Bestimmung ist, ist in dem folgenden kurzen Gedicht sehr gut zum Ausdruck gebracht:

Ich akzeptiere, o mein Gott, alles, was Du
mir zukommen lässt,
Denn alles, was Du mir zukommen lässt, ist gut;
Ob dies ein Ehrengewand oder ein Totenhemd ist,
Ob ein scharfer Dorn oder eine liebliche blühende Rose,
Wenn es mit Deinem Segen kommt, ist es etwas
Gutes für mich.

5.3

Warum hat Gott Seine Diener nicht alle gleich ausgestattet? Warum hat Er einige von ihnen blind, behindert oder mit anderen Leiden erschaffen?

Zunächst einmal muss betont werden, dass Gott der Souverän und der Herr sowohl der irdischen als auch der spirituellen Herrschaftsbereiche ist. Dort will und erschafft Er, wie es Ihm beliebt: *Gesegnet sei der, in Dessen Hand sich die Herrschaft befindet; und Er hat Macht über alle Dinge.* (67:1) Seine Souveränität teilt er mit niemandem, und niemand kann sich in das, was Er erschafft, einmischen, solange Er es nicht zulässt.

Gott ist es, der jede einzelne Gewebszelle jedes einzelnen Lebewesens und darüber hinaus auch die gesamte unbelebte Schöpfung erschaffen hat. Und Gott ist es auch, der uns unsere menschlichen Wesenszüge verliehen hat. Gott hat von uns nichts bekommen, wir von Ihm jedoch alles, ohne dass wir es uns verdient hätten. Welchen Anspruch oder welches Recht worauf haben wir also überhaupt? Wenn wir unsererseits Gott für das, was Er uns geschenkt hat, in irgendeiner Weise beschenkt hätten, dürften wir vielleicht zwei Augen statt nur eines verlangen oder uns darüber beschweren, nur einen Arm und nicht zwei zu haben. Mit welchem Recht aber wagen wir es, Gott eines Unrechts zu bezichtigen, wo Er uns doch gar nichts schuldet? Ungerechtigkeit entsteht dann, wenn wir nicht das bekommen, was uns zusteht. Gott steht jenseits jeder Ungerechtigkeit, Er schenkt uns alles, was wir besitzen, benutzen oder sehen. Ihm den Vorwurf der Ungerechtigkeit zu machen, ist genauso unangebracht wie absurd. Was haben wir denn für das, was wir erhalten haben, zurückgegeben?

Gott, der Allmächtige, hat jeden von uns aus dem Nichts erschaffen. Ja, Er hat uns alle sogar als Menschen erschaffen. Er hätte uns auch als etwas anderes, oder gar nicht erschaffen können! Wenn wir unsere Umwelt genau betrachten und untersuchen, werden wir zwangsläufig erkennen, dass es eine Menge Geschöpfe gibt, die anders sind als wir selbst: solche, die wir als geringer und schlechter einstufen als uns selbst und mit denen wir nicht tauschen möchten, aber auch solche, mit denen wir gerne tauschen würden, weil eine falsche Denkweise oder eine Form von Neid uns dazu verleiten.

Die hier gestellte Frage beinhaltet aber noch einen zweiten Aspekt, nämlich die Vorsehung Gottes. Gott mag zwar einem Individuum etwas vorenthalten, auf das es Wert legt, doch für diesen Verlust wird der Mensch im Jenseits vielfach entschädigt werden. Über diesen Verlust vermittelt Gott dem Menschen ein Gefühl der Ohnmacht und Hilflosigkeit Ihm gegenüber. So sorgt Er dafür, dass wir uns Ihm mit einer ausgeprägteren Aufrichtigkeit und mit einem weiteren Herzen zuwenden und uns Seine Segnungen und Gunstbeweise verdienen. Unser vermeintlicher Verlust ist in Wirklichkeit also ein Gewinn.

Wenn es auch eine Reihe von benachteiligten oder behinderten Menschen geben mag, die niedergeschlagen und entmutigt sind und infolge ihrer Behinderungen vom Glauben abkommen oder sich sogar ganz von ihm lossagen, so sind doch die meisten von ihnen in ihrem Glauben gefestigt. Keinesfalls dürfen ein übertriebenes und falsches, unangebrachtes Mitgefühl mit den Behinderten zu einem Vorwand für den Unglauben werden. Weitaus sinnvoller und ganz wesentlich ist es hingegen, bei diesen Menschen eine leidenschaftliche Sehnsucht nach dem ewigen Leben zu wecken, die sie im Jenseits einer unermesslichen Belohnung würdig erscheinen lässt.

Wenn die Behinderungen einiger Menschen diejenigen, die sich einer guten Gesundheit erfreuen, dazu bewegen, all das, wofür sie dankbar sein sollten, zu bejahen und anzuerkennen und ihre Persönlichkeit, ihr Menschsein und ihre Nähe zu Gott auf eine höhere Stufe zu führen, dann wird dadurch auch die Weisheit der Vorsehung Gottes bejaht, anerkannt und - so weit es dem Menschen möglich ist - verstanden.

5.4

Wenn doch Art und Weise und Zeitpunkt des Todes eines jeden Menschen vorherbestimmt sind, worin liegt dann die Schuld eines Mörders begründet?

Art und Weise und Zeitpunkt des Todes eines Menschen sind, so wie alle anderen Ereignisse auch, vorherbestimmt. Mit anderen Worten: Das, was sich in der Welt der Natur ereignet und dort Gesetz ist, besitzt auch für den Menschen Gültigkeit. Dem Prozess von Eintreten ins Dasein, Entwicklung und Sterben unterliegen alle Lebewesen. Diese Vorgänge gehören zum Gefüge des umfassendsten aller Pläne, der Vorherbestimmung Gottes. Hierbei handelt es sich um ein von Gott installiertes System, das sich weder im *Azal* (in der Ewigkeit der Vergangenheit) je verändert hat noch im *Abad* (in der Ewigkeit der Zukunft) jemals verändern wird.

Die etablierten und allgemein anerkannten Prinzipien der empirischen Wissenschaften bestätigen, dass im Mikrokosmos ebenso wie im Makrokosmos alles nach Maßgabe eines solchen Entwurfes und eines solchen Zieles erschaffen wurde und funktioniert. In der Tat ist es unmöglich, die im Universum waltende Ordnung, Harmonie und Großartigkeit ohne die Vorherbestimmung zu verstehen oder zu erklären. Auch hätten niemals bedeutende Fortschritte in der Wissenschaft erzielt werden können, wenn es diese Vorherbestimmung nicht gäbe. Nur weil ein vorherbestimmter, mathematischer und geometrischer Entwurf existiert, sind wir in der Lage, in den Labors Forschungen betreiben zu können, die verlässlichen Prinzipien folgen, und sowohl die Menschheit als auch den Raum zu erforschen.

In einem Universum ohne Harmonie, in einer Welt ohne Plan und Programm oder in einer Natur ohne Ordnung wäre kein einziger Wissenschaftszweig vorstellbar. Alle Bereiche der Wissenschaft sind in der Tat Werkzeuge, die uns dabei helfen, all das, was bereits in der gesamten Schöpfung existiert, zu reflektieren und allgemein bekannt zu machen. Sie alle tun nicht mehr, als den Prinzipien, die diese Schöpfung beherrschen, unterschiedliche Namen und Titel zu verleihen.

Ich möchte nicht versäumen darauf hinzuweisen, dass ich wissenschaftliche Entdeckungen und technische Erfindungen keinesfalls abqualifizieren will. Indem ich ihren Stellenwert und ihre Bedeutung erläutere, möchte ich lediglich die wichtige Tatsache in Erinnerung rufen, dass im Universum schon Ordnung und Harmonie herrschten, lange bevor die jeweiligen Entdeckungen und Erfindungen gemacht wurden. Wie verehrungswürdig ist doch der Allmächtige und Allwissende Schöpfer, der mit Seinem Befehl Ordnung und Harmonie zu den Grundprinzipien des Universums ernannte!

Es gibt einige Soziologen, die versuchen, die Prinzipien, die für alle anderen Lebewesen im Universum Gültigkeit zu besitzen scheinen, auf menschliche Gemeinschaften anzuwenden. Diese Übertragung beinhaltet jedoch einen extremen Fatalismus, oder genauer gesagt, eine extreme *Dschabriya* (islamische Richtung, die die Unabänderlichkeit des verhängten Geschickes lehrt), die kritisch gesehen werden muss. Und doch mag eine solche Übertragung insofern nützlich sein, als dass sie eine Vorherbestimmung anerkennt, von der das Universum und seine Anordnung abhängen.

Jede Tatsache, die dem Glauben entspringt, ist eine Tatsache. Dies ist eben so. Keine dieser Tatsachen bedarf irgendeines Beweises oder der Anerkennung durch den Menschen, da sie alle von Gott kommen. Sie sind erhaben und stehen über allen Dingen. Sie sind keineswegs auf die Bestätigung oder den Beweis durch den Menschen angewiesen, um als plausibel gelten zu dürfen. In meinem Bemühen, einige Leute, deren Herz und Geist in die Irre geführt wurden, auf den rechten Weg zurückzurufen, glaube ich jedoch, dass es von Nutzen ist, den Behauptungen jener, die vom richtigen Weg abgekommen sind, entgegenzutreten. Aus diesem Grunde lass ich mich darauf ein - deshalb auch diese

Ausführungen hier. Es ist ganz offensichtlich, dass von den Atomen bis hin zu den Galaxien alles auf vorzügliche Art und Weise in Ausgewogenheit, Harmonie und Ordnung abläuft. Allein das beweist, dass - ohne Einschränkung - alles von einem Allmächtigen Souverän vorherbestimmt ist. Seit Anbeginn der Zeit gehorcht alles, was da existiert, Seinem Willen, Seiner Macht und Seiner Vorherbestimmung und unterwirft sich ihnen.

Aber obwohl die Erschaffung von Lebewesen, die über Willen und Freiheit verfügen, aus einer Notwendigkeit heraus geschah und obwohl diese Lebewesen zur gleichen Zeit wie die übrigen Geschöpfe erschaffen wurden, wurde bezüglich ihrer Handlungen, die sie auf Grund ihres freien Willens ausübten, erst später unterschieden. Gott hat dem Menschen die moralische Freiheit geschenkt, zu glauben, nachzudenken, sich eine Meinung zu bilden und Entscheidungen zu treffen. Sonst könnte es so etwas wie Persönlichkeit, Individualität und Charakter ja auch gar nicht geben. Daher unterscheidet sich die Vorherbestimmung für Geschöpfe wie den Menschen von ihrem zentralen Inhalt her von der Vorherbestimmung für andere Lebewesen. Die Frage stellt sich jedoch nur, weil bestimmte Leute nicht in der Lage sind zu erkennen, dass sich der Charakter der Schöpfung des Menschen grundsätzlich von dem der Schöpfung anderer erschaffener Wesen unterscheidet. Sie gehen davon aus, dass es sich mit der Schöpfung des Menschen genauso verhalte wie mit der Schöpfung von Dingen. Wenn wir also begreifen, inwiefern sich der Mensch von anderen Geschöpfen unterscheidet, kann uns dies dabei helfen, zumindest einen Teil des Problems zu lösen. Anzuerkennen, dass das Wissen *(Ilm)* Gottes alles umfasst, wird letzte Zweifel beseitigen.

Dem Menschen werden Willensfreiheit, Wahlmöglichkeit und Neigungen zugestanden, die allesamt real sind. Dadurch, dass er von seiner Willensfreiheit und Wahlmöglichkeit Gebrauch macht, tut er Gutes oder Schlechtes bzw. erntet Lohn oder Strafe. Entscheidend ist nicht, in welchem Verhältnis die Bedeutung und das Gewicht der Entscheidung eines Menschen zu den Konsequenzen seiner Wahl stehen - wenn der Schöpfer der Auffassung ist, dass dessen Wille eine ausreichende Bedingung und Begründung für jene Folgen darstellt, die sich aus dieser Wahl ergeben, dann hängt die Schuld bzw. Unschuld dieses Menschen davon ab, wie er von seiner Wahlmöglichkeit und von seinen Neigungen zum Bösen oder Guten Gebrauch gemacht hat. Selbst wenn die Resultate seines Willens oder seiner Neigungen gewichtiger erscheinen, als der Mensch selbst beabsichtigt und vorausgesehen hat, muss er die Verantwortung oder Schuld in vollem Umfang auf sich nehmen; denn er selbst hat diese Resultate herbeigeführt, indem er von seine Wahlmöglichkeit und seine Neigungen hat wirken lassen. Das Höchste Wesen, das diese Verantwortung oder Schuld im Voraus kennt, vorherbestimmt und erschafft (insofern, als dass Es deren Materialisierung ermöglicht), ist von dieser Verantwortung und Schuld absolut frei und unbelastet.

Nehmen wir einmal an, Gott hätte verfügt, wenn wir zu viel Luft einatmen, würden wir dadurch einen Klimawechsel heraufbeschwören. Er würde uns sagen: „Wenn ihr mehr als eine ganz bestimmte Menge einatmet, werde Ich überall dort, wo ihr euch aufhaltet, eure Lebensbedingungen verändern.“ Da wir jedoch überhaupt keinen Bezug zwischen der Anzahl unserer Atemzüge und Veränderungen im Klima sehen würden, würden wir mehr Luft einatmen, als uns gestattet wurde, und somit etwas tun, was verboten ist. Daraufhin würde Er, wie angekündigt, eine Klimaveränderung bewirken. Natürlich liegt eine solche Klimaveränderung nicht im Bereich unserer Möglichkeiten. Wären wir aber nicht trotzdem für sie verantwortlich, da wir es ja wären, die sie ausgelöst haben?

Diesem Beispiel entsprechend wird ein Mensch für die Konsequenzen dessen, was er durch den Gebrauch seines freien Willens (*Ikhtiyar* und *Iradat al-dschuz'iya;* Willensfreiheit und teilweise Willenskraft) bewirkt hat, entweder für schuldig befunden und bestraft oder als treuer Gläubiger eingestuft und belohnt. Deshalb ist jemand, der den Tod eines anderen Menschen herbeiführt, schuldig, und falls ihm am Tag des Jüngsten Gerichts nicht vergeben wird, wird er ganz gewiss bestraft werden.

Wenden wir uns nun dem zweiten Aspekt dieser Frage zu: Wie lassen sich der freie Wille des Menschen und das allumfassende Wissen Gottes miteinander in Einklang bringen?

Im Wissen Gottes sind die Existenz und alles, was über sie hinausgeht, mit Ursachen und Wirkungen verbunden, die ihnen zugehörig sind. Die Existenz und alles, was über sie hinausgeht, bzw. ihre Ursachen und Wirkungen sind ineinander verschachtelt. Im Wissen Gottes werden das Vorher und Nachher und Ursache und Wirkung zu zwei Seiten ein und derselben Münze. Vorher und Nachher bzw. Ursache und Wirkung sind dort gleichzeitig schon bekannt, bevor sie überhaupt existent werden. Sie lassen sich vorhersehen und sind entsprechend festgelegt. Egal welche Neigungen zu was für Dingen auch immer bestehen mögen und unabhängig davon, wer seinen Willen für was auch immer und wie auch immer einsetzt - da alles bereits im Voraus bekannt ist, wird der freie Wille eines Menschen durch die Festlegung von Wirkungen der Ursachen weder gebunden noch gestärkt oder eingeschränkt. Vielmehr ist das Gegenteil der Fall: Da diese Vorherbestimmung unter Berücksichtigung der Neigungen des einzelnen Menschen vorgenommen wird, bedeutet das, dass sein freier Wille berücksichtigt und ihm Bedeutung beigemessen wird. Wenn Gott also einem Seiner Diener offenbart, Er werde all das erschaffen, was dieses Individuum sich wünscht, und damit auch die Folgen dieser Wünsche vorherbestimmt, da Er sie ja schon vor der Erfüllung dieser Wünsche sieht, dann heißt das, dass Er dem Willen dieses Individuums volle Beachtung schenkt. Vorherbestimmung bedeutet daher weder, dass ein Mensch genötigt oder dazu gezwungen wird, etwas zu tun, was er eigentlich gar nicht tun will, noch, dass etwas im Voraus beurteilt oder verdammt wird. Der Mensch ist nicht dazu verpflichtet, einem vorgeschriebenen Kurs zu folgen. Aber er ist für sein Handeln verantwortlich.

Schicksal und Vorherbestimmung sind Programme, die auf der Grundlage des Wissens Gottes ablaufen: Sie sind Pläne und Programme, die eine Kombination dessen darstellen, was Er im Voraus über die Neigungen des Menschen weiß und was Er in Hinsicht auf diese Neigungen zu erschaffen gedenkt. Wenn man etwas im Voraus weiß, entscheidet oder bewirkt man damit nicht, dass es tatsächlich so ist oder geschieht. Der Wille und die Macht Gottes sind es, die bewirken, dass die Dinge auf Grundlage der Neigungen des Menschen ins Dasein treten. Die Dinge, die sich ereignet haben und ins Dasein getreten sind, haben sich also nicht deshalb ereignet bzw. existieren nicht deshalb, weil sie schon vorher bekannt waren. Im Gegenteil, sie sind bekannt, weil sie existieren. Das Gleiche gilt für die Vorherbestimmung. Ein Meteorologe kann zwar das Wetter mit einem relativ hohen Maß an Genauigkeit vorhersagen, das bedeutet jedoch nicht, dass er es auch entstehen lässt. Die uneingeschränkte Fähigkeit Gottes, die Ergebnisse der Entscheidungen und Neigungen der Menschen im Voraus zu kennen und zu sehen und somit sicherzustellen, dass diese in Erfüllung gehen, bedeutet nicht, dass Er diese auch veranlasst.

Um es zusammenzufassen: Durch Sein Wissen, das die Vergangenheit und die Zukunft umfasst, kennt Gott alle Ursachen und Wirkungen im Voraus. Er weiß im Voraus, wer sich wozu hingezogen fühlen wird und wer versuchen wird, seine Wünsche zu realisieren. Dementsprechend entscheidet Er, was Er hinsichtlich dieser Wünsche erschaffen möchte. Wenn die Zeit für ein Ereignis gekommen ist, erschafft Er dies so, wie Er es für richtig hält. Dabei berücksichtigt Er den freien Willen des Menschen, dessen Entscheidung und Wünsche. Selbstverständlich kennt Gott Todesart und -zeitpunkt jedes Menschen im Voraus - auch dann, wenn jemand umgebracht wird. Dieses Vorherwissen nimmt dem Mörder aber nicht seine Schuld und enthebt ihn nicht der Verantwortung für sein Verbrechen. Der Mörder wird bestraft werden, weil Gottes Wille dem Willen des Mörders Beachtung schenkt.

Dieses Thema sollte unter Berücksichtigung der entsprechenden islamischen Quellen diskutiert werden. Was hier gesagt wurde, stellt das Thema lediglich auf einfache Art und Weise dar, um es für alle verständlicher zu machen.

5.5

Die Bewohner von Sodom und Gomorrha und einige andere Zivilisationen wurden für ihre abscheulichen Sünden getötet. Doch heute gibt es mehr Sünder als damals, und anstößiges Verhalten ist viel weiter verbreitet als zu jener Zeit. Warum also bestraft Gott die entsprechenden Menschen nicht, warum verschont Er ihre Länder?

Seit dem Beginn der Menschheitsgeschichte sind viele Zivilisationen zerstört worden, weil sie gegen Gott und Seine Propheten aufbegehrt und gesündigt haben. Natürlich kann Gott warten und im Jenseits mit den Sündern abrechnen, manchmal jedoch bestraft Er schon in dieser Welt.

Eines der bekanntesten Beispiele hierfür war die Zerstörung der Städte Sodom und Gomorrha. Ihre Bewohner wurden das Volk Lots genannt, d.h. das Volk, zu dem der Prophet Lot entsandt worden war, um es zu warnen und auf den rechten Weg zu führen. Die Menschen dieses Volkes pflegten jedoch unnatürliche Begierden und gaben sich unmoralischen und abscheulichen Praktiken hin. Obwohl der Prophet Lot sie viele Male warnte, waren sie nicht dazu bereit, von ihren Sünden ablassen. Schließlich beauftragte Gott Seine Engel damit, den Propheten Lot aufzufordern, mit denen, die seinen Warnungen Beachtung schenkten, die Stadt zu verlassen und einen sicheren Platz aufzusuchen, da Gottes Zorn über die Aufsässigen kommen werde. Das Land, in dem jene Leute lebten, wurde daraufhin in einer einzigen Nacht völlig zerstört.

Auch vom Volk des Propheten Noah wird im Koran sehr detailliert berichtet. Auch dieses war ungebildet und betete schon seit langer Zeit

Götzen an. Der Prophet Noah lud die Menschen seines Volks zu Gott ein, versuchte sie dazu zu bewegen, für einen wohlverdienten Lohn Gutes zu tun, und untersagte ihnen zu sündigen. Sie aber steckten sich die Finger in die Ohren. Er drohte ihnen mit dem Zorn Gottes, doch sie weigerten sich, ihm zuzuhören. Da kam die Strafe Gottes über sie. In diesem Fall wurden die Sünder durch eine Flut bestraft. Ganz plötzlich und sehr heftig begann es zu regnen und auch aus dem Boden brachen Wasser hervor. Die Hügel wurden überflutet. Das Wasser breitete sich immer weiter aus und bedeckte schließlich die verlassenen Gebiete und sogar die Berge. In ihrem Tosen umschlossen die verheerenden Fluten die Ungläubigen in ihrer fürchterlichen Umarmung und wurden für sie zu einem Friedhof. Einigen Hadithen zufolge (die allerdings eine unvollständige Überliefererkette aufweisen) überlebten nur sechzig oder siebzig dieser Menschen die Katastrophe. Noch heute bemühen sich Archäologen, die Arche Noahs zu finden. Wir aber überlassen sie ihrer Suche und wenden uns nun unserer Frage zu: Warum verhängt Gott nicht gegen die Sünder von heute ähnliche Strafen?

Um die Antwort zu finden, wollen wir einen Blick in die Geschichte werfen. Beginnend mit dem ersten Menschen hat Gott immer wieder Propheten gesandt, um Seine Diener auf den rechten Weg zurückzuführen und sie damit zur ewigen Glückseligkeit einzuladen. Jeder der Gesandten Gottes wurde zu einem bestimmten Volk, einer bestimmten Rasse oder einer bestimmten Zivilisation geschickt, d.h., sie alle waren nur für ihre eigenen Leute verantwortlich. Der letzte der Propheten jedoch, der Prophet Muhammad, Friede sei mit ihm, wurde der gesamten Menschheit und sogar der gesamten Schöpfung gesandt. Die Anhängers dieses Propheten werden seine *Umma* genannt. Die *Umma* umfasst sowohl die vom Propheten direkt angesprochenen Menschen als auch diejenigen, die seinen Ruf indirekt hörten und ihm folgten.

Viele der in der Gegenwart in Europa, Amerika und anderen Gegenden lebenden Menschen haben - ob sie nun zu den Leuten gehören, die zum Islam gerufen wurden, ihn aber abgelehnt haben *(Ummat ad-Da'wa),* oder zu jenen, die die Einladung angenommen und sich zum Islam bekannt haben *(Ummat al-Idschaba)* - Sünden begangen, die zu Zeiten der Propheten Lot, Methusalem (Salih) und Heber

(Hud) noch gänzlich unbekannt waren. Aber die Tatsache, dass der Prophet Muhammad zu allen Menschen entsandt wurde, schützt sie vor der vollständigen Vernichtung oder Bestrafung, die die Gemeinschaften Lots, Methusalems oder Hebers heimgesucht hat. Der Koran versichert uns, dass es, was die *Umma* Muhammads betrifft, keine vergleichbare Zerstörung geben wird:

> *Allah aber wollte sie nicht bestrafen, solange du unter ihnen weiltest, noch wollte Allah sie bestrafen, während sie um Vergebung baten.* (8:33)

In einem weiteren Vers erklärt uns der Koran die Allgemeingültigkeit und den umfassenden Charakter der Prophetenschaft Muhammads und die Großartigkeit und die Bedeutung seiner Person. Der Prophet vor ihm war Marias Sohn Jesus. Der Koran weist darauf hin, wie Jesus Gott für seine Anhänger anflehte: *Wenn Du sie bestrafst, sind sie Deine Diener; und wenn Du ihnen verzeihst, bist Du wahrlich der Allmächtige, der Weise.* (5:118) Der Allmächtige sagte Seinerseits zum Propheten Muhammad: *Ich werde keine Strafe schicken, solange du unter ihnen weilst und sie um Meine Vergebung bitten.*

Diese Verse lehren uns, dass die *Umma* des Propheten Muhammad, Friede sei mit ihm, zwei bedeutende Schutzschilde gegen den Zorn Gottes besitzt. Der erste besteht darin, dass uns zu seinen Lebzeiten seine physische und später seine spirituelle Existenz vor dem Zorn Gottes bewahrten bzw. bewahren. Der zweite Schutzschild besteht darin, dass Hoffnung besteht, vor dem Zorn Gottes bewahrt zu werden, solange es noch einige aufrichtige und gehorsame Menschen in einem Land gibt, die Gott treu dienen und andere zur Wahrheit rufen; Menschen, die begreifen, dass sie nachlässig und leichtsinnig waren und gesündigt haben, die Gottes Vergebung suchen und danach streben, bessere Menschen zu werden. Hoffnung besteht, solange diese aufrichtigen Gläubigen nicht Gefahren ausgesetzt, unterdrückt und verfolgt werden.[37]

In den Hadithen des Propheten Muhammad wird außerdem darüber berichtet, dass er sehr oft für die Rettung seiner *Umma* betete.[38]

37 Ibn Hanbal, *Musnad*, 2, 159
38 *Al-Bidaya wan-Nihaya*, 5, 159; Muslim, *Hadsch*, 147

Eines dieser Gebete wurde während seiner Abschieds-Pilgerfahrt am Berge Arafat und in Muzdalifa verrichtet. Dort bat er Gott unter anderem, keine Strafe auf seine *Umma* herabzusenden. Einige seiner Gebete wurden erhört, andere wiederum nicht. Seine Gefährten gaben seine Worte wie folgt wieder:

> *Ich habe Allah gebeten, nicht die Strafe Gottes auf meine Umma herabzusenden. Er nahm meine Gebete an und antwortete: „Ich werde keine Strafe auf sie herabsenden, aber sie werden sich selbst gegenseitig vernichten; wenn sie sündigen, werde Ich sie streiten und gegeneinander kämpfen lassen." Dann bat ich Allah erneut, meiner Umma auch das zu ersparen, doch dies akzeptierte Er nicht.*[39]

Dieser Hadith besagt, dass den Muslime, wenn sie sündigen, Uneinigkeit, Konflikte und Kriege nicht erspart werden. Der Prophet Muhammad bat, dass ihnen diese Konsequenz ihres freien Willens erspart bliebe, aber aus Gründen, die nur Gott kennt, wurde diese Bitte nicht erfüllt.

Zusammenfassend kann man sagen, dass es keine massive Vernichtung eines ganzen Volkes auf Erden geben wird, solange unter den sündigen Menschen auch einige leben, die aufrichtig glauben, beten, Gott dienen und Seinen Namen und Sein Wort verbreiten, und solange einige von ihnen Seine Vergebung suchen und danach streben, sich und ihre Mitmenschen zu besseren Menschen zu machen.

Und Gott weiß es am besten!

---

39 Muslim, *Fitan*, 19-20

TEIL VI

VERSCHIEDENES

6.1

Kann sich ein Mensch allein durch seine Absicht retten?

Eine Absicht *(Niya),* die eine ihr angemessene Handlung nach sich zieht, kann einen Menschen durchaus erretten. Eine Absicht hingegen, die nicht zu einer Entscheidung führt, nicht zu einer Anstrengung, das angestrebte Ziel zu erreichen, kann dies nicht.

Etwas zu beabsichtigen bedeutet, ein Ziel und einen Plan zu verfolgen, und ist demnach gleichzeitig ein geistiger Zustand und eine Verpflichtung. Eine klare Absicht zu haben bedeutet, dass man klar erkannt hat, was man will, und welche Richtung man einschlagen möchte. Man versetzt sich in einen ihr angemessenen geistigen Zustand und sucht dann nach Mitteln, mit denen das anvisierte Ziel zu erreichen ist.

Die Absicht ist die Quelle aller Handlungen. Ob bewusst oder unbewusst - die Absicht gibt dem Menschen das Recht, für jede einzelne Handlung Verantwortung zu beanspruchen. Sie ist auch die feste Grundlage des Willens und der Kraft, bestimmte Ergebnisse zu erzielen. Alles, was den Menschen selbst und die Welt im Allgemeinen betrifft, beruht, was Beginn und Dauerhaftigkeit betrifft, auf Absichten. Ohne Absicht ist es unmöglich, etwas zu Stande zu bringen und dessen Fortbestand zu sichern.

Am Anfang steht immer eine Idee, dann geht man dazu über, Pläne zu schmieden. Später wird die Idee unter Mithilfe von Entschlusskraft und Ausdauer vielleicht Realität. Ohne eine initiierende Idee, die sich zu einer Absicht entwickelt, ist es schwierig, ja möglicherweise sogar sinnlos, ein Projekt zu starten. Ohne Ausdauer und eine Absicht, die mit festem Willen und Entschlusskraft aufrechterhalten wird, kann kein Vorhaben mit dem erwünschten Resultat abgeschlossen werden.

Auch im Hinblick auf gutes und schlechtes Handeln spielt die Absicht eine maßgebliche Rolle. Die Qualität einer Absicht kann wie ein Allheilmittel wirken, das jede Krankheit besiegen und jeden Nachteil beseitigen kann. Genauso gut aber kann die Absicht eine Katastrophe sein, die sich den Blicken entzieht und in einem einzigen Augenblick all das, was ein Mensch jemals zu Stande gebracht hat, zerstört. Manche Handlungen des Menschen erscheinen winzig und unscheinbar; doch die Energie und die Durchschlagskraft der Absicht, die sich hinter ihnen verbergen, können so stark sein, dass sie Konsequenzen gewaltigen Ausmaßes nach sich ziehen - so wie aus einem einzigen Korn eine unglaublich ergiebige Ernte werden kann. Umgekehrt können Anstrengungen, die so gewaltig wie massive Gebirgszüge erscheinen, aber auch zu unbedeutenden oder sogar zu gar keinen Ergebnissen führen - wenn schlechte Absichten hinter ihnen stecken.

Alle Handlungen, die im Bewusstsein, Gott zu dienen, ausgeführt werden, wie zum Beispiel das Sitzen, Stehen oder Sich-Verbeugen während des Gebets, das Fasten oder auch der zeitweilige Verzicht auf Vergnügungen, die gestattet sind, mehren den Lohn eines Menschen und heben ihn auf einen spirituellen Rang. Andererseits münden die gleichen oder ähnliche Handlungen, die in einem Bewusstsein verrichtet werden, das weit davon entfernt ist, Gott zu dienen, nur in Leid und Bestrafung. Der Mensch handelt oder verzichtet darauf zu handeln. Dadurch kann er das Wohlgefallen Gottes finden und sich die schönste Gestalt *(ahsan Taqwim)* erwerben. Ohne die entsprechende Absicht aber kann er die gleiche oder eine andere Handlung tausendmal ausführen - und in den Augen Gottes besitzt sie dennoch keinen Wert.

Der Märtyrertod auf dem Schlachtfeld ist eine der höchsten Belohnungen, die der Islam in Aussicht stellt. Aber wer an einem Kampf teilnimmt, um seine eigenen Launen oder Wünsche zu befriedigen, darf nicht auf diese Belohnung hoffen; selbst dann nicht, wenn er im Kampf auf dem Schlachtfeld von Feinden des Islam getötet wird. Andererseits darf auch jemand, der in der Behaglichkeit des eigenen Bettes stirbt, anstatt den Islam zu verteidigen und den Muslimen zu einer besseren Zukunft zu verhelfen, auf die Verheißungen des Märtyrertums im Paradies hoffen, wenn er denn Gott aufrichtig um den Märtyrertod gebeten hat.

Die Absicht ist ein Schlüssel, der uns in dieser vergänglichen Welt, die keinen Bestand haben wird, die Tür zur Ewigkeit öffnet. Richtig gehandhabt öffnet dieser Schlüssel die Tür zum ewigen Glück. Denn wenn die täglichen, wöchentlichen und monatlichen Pflichten korrekt und aufrichtig erfüllt werden, dann werden die Erträge und Belohnungen, die sie mit sich bringen, nicht nach dem Maß der Zeit bemessen, die für diese Pflichten aufgebracht wurde, sondern nach der Intensität, mit der sie auf das ganze Leben einwirken. Wird dieser Schlüssel jedoch auf falsche Art und Weise zum Einsatz gebracht, beschwört er ewiges Leid und Elend herauf.

Jeder Muslim, der zum Dschihad bereit ist, aber nicht tatsächlich in den Kampf zieht, kann sich berechtigte Hoffnungen auf den Lohn machen, den diejenigen erhalten, die direkt an ihm teilnehmen. Ein Wachposten, der gerade nicht im Dienst ist, wird genauso belohnt wie jemand, der gerade seine Pflicht erfüllt und Wache steht; und wer Wache steht auf dem Wege Gottes wird dafür genauso hoch entlohnt wie jemand, der sich monatelang Gebeten hingibt.

Es kann also durchaus passieren, dass ein gläubiger Mensch auch dann ins Paradies kommt, wenn er sich nur sehr kurz in dieser Welt aufgehalten hat, während ein ungläubiger Mensch, der lange gelebt hat, ewige Strafe und ewiges Elend erdulden muss. Denn ansonsten müsste ja, der Gerechtigkeit wegen, jeder Mensch in demselben Maße für sein Gutes und für seine Tugendhaftigkeit belohnt wie er für seine Fehler und Sünden bestraft wird. Dies wiederum würde aber bedeuten, dass der Mensch so lange im Paradies bliebe, wie er im Diesseits rechtschaffen gelebt hat, bzw. so lange in der Hölle bliebe, wie er im Diesseits gesündigt hat. Doch sowohl die guten als auch die schlechten Menschen gehen schließlich in die Ewigkeit ein. Zu ihr gibt es keine Alternative. Ewiges Glück und ewige Bestrafung sind somit in der Qualität und Substanz der Absicht eines Menschen begründet. Die Absicht, stets aufrichtig und rechtschaffen zu leben, führt zum ewigen Glück, während die Absicht, ein Leben zu führen, das von Ablehnung,

Zurückweisung und Disziplinlosigkeit geprägt ist, ewiges Unglück nach sich zieht.

Wenn jemandem, dessen Herz zeit seines Lebens vom Bewusstsein, Gott zu dienen, erfüllt war, kurz vor seinem Tod die Chance gegeben würde, weitere tausend Jahre zu leben, würde er sicherlich auch weiterhin ein Leben des Gehorsams und der Unterwerfung unter den Willen Gottes führen. Da er entschlossen wäre, dies zu tun, würde seine Absicht anerkannt und entsprechend belohnt werden. *Die Absicht eines Gläubigen ist wohlwollender als sein Handeln*.[40] Ein Ungläubiger, der Gott bewusst leugnet und ablehnt, würde ebenfalls mit Sicherheit so weiterleben wie zuvor, wenn ihm die Chance gegeben würde, sein Leben fortzusetzen. Seiner Absicht entsprechend wird der ungläubige Mensch deshalb auch für alle Ewigkeit bestraft. Ob sich ein Mensch das Paradies oder die Hölle verdient, hängt also vor allem davon ab, welche Absichten sein ganzes Leben reflektiert, und nicht von einem flüchtigen Augenblick, in dem er die eine oder andere bestimmte Sache unternommen hat. Die Absicht, zu einem wahrhaften Glauben zu gelangen und ihn sich anschließend auch auf rechtschaffene Art und Weise zu bewahren, führt zu ewigem Glück; das Gegenteil führt zu ewiger Verdammnis.

Jeder Ungläubige, der ganz bewusst seinem eigenen Unglauben anhängt oder andere Menschen zum Unglauben ermuntert, hat dafür die Konsequenzen zu tragen; und auch der Satan, der die Menschen in die Irre führt und alle Arten von Übel und Verderbtheit provoziert, wird in vollem Umfang für die Folgen des unauslöschlichen Unglaubens, zu dem er ermuntert und den er genährt hat, bezahlen müssen.

Der Einfluss, den der Satan auf Menschen ausübt, ist kaum zu leugnen. Er sorgt aber auch dafür, dass einige von ihnen ihre angeborenen Talente weiterentwickeln, in ihrem Wesen verborgene Werte und Tugenden entdecken und kultivieren und in Geist, Herz und Seele wachsamer und bewusster werden. Der Satan attackiert Individuen und Völker gleichermaßen. Dadurch, dass er giftige Samenkörner in die Herzen der Menschen sät, versucht er, sie zu Nährböden für Sünden und alle Arten von Übeln zu machen. Gegen die Versuchungen und die Verderbtheit des Satans schla-

40 *Madschma az-Zawa'id*, 1.69; 1.109

gen die spirituellen Kräfte des Menschen Alarm. Sie kämpfen gegen sie, genauso wie bestimmte Körperzellen Alarm schlagen und Widerstand leisten, wenn eine Infektion droht. Und so wie der Widerstand gegen die Krankheit die Immunkraft des Körpers stärkt, gewinnt auch der spirituelle Status des Menschen an Gewicht, wenn er bei Gott, dem Allmächtigen, Zuflucht vor den Versuchungen sucht. Aus diesem Blickwinkel betrachtet zieht der Mensch aus den Bemühungen, die der Satan an ihn verschwendet, wohl eher Nutzen, als dass er Schaden nimmt. Jede Prüfung verstärkt die Wachsamkeit, das Bewusstsein und die Kraft des Geistes, dem Satan zu widerstehen; jede Prüfung macht ihn noch zielstrebiger, noch überzeugter vom Guten und, wenn Gefahr droht, noch umsichtiger.

Der Satan, dessen vergebliche Bemühungen also durchaus positive Konsequenzen haben, wird am Lohn derer, die sich im Kampf gegen ihn hohe Tugenden erwerben, jedoch nicht partizipieren. Denn seine Absicht besteht ja einzig und allein darin, die Menschen in die Irre zu führen und sie aus reiner Gehässigkeit und Bosheit zu Grunde zu richten. Für seine schlechten Absichten und Taten ist er deshalb auf ewig verdammt:

Gott sprach:

> *"Was hinderte Dich daran, Dich niederzuwerfen, nachdem Ich es dir befohlen habe?" Er sagte: „Ich bin besser als er. Du hast mich aus Feuer erschaffen, ihn aber erschufst Du aus Lehm." Er sprach: „Hinab mit dir von hier; es ziemt sich nicht für Dich, hier hochmütig zu sein. Hinaus denn; du bist wahrlich einer der Erniedrigten." Er sagte: „Gewähre mir Aufschub bis zu dem Tage, da sie auferweckt werden." Er sprach: „Dir sei Aufschub gewährt." Er sagte: „Darum, dass Du mich hast abirren lassen, will ich ihnen gewiss auf Deinem geraden Weg auflauern."* (7:12-16)

Der Satan wählte nach seinem eifersüchtigen und arroganten Akt des Ungehorsams ganz bewusst den Weg der Rebellion und des Unglaubens. Sein Schwur, die Menschen vom geraden Weg ab in die Irre zu führen, hat die nicht unendliche Tragödie der Menschheit in Gang gesetzt.

Um es noch einmal zusammenzufassen: Die Absicht ist für den gläubigen Menschen von allergrößter Wichtigkeit. Sie wertet selbst seine alltäglichsten Handlungen auf und sorgt dafür, dass sein Leben Früchte trägt. Die Qualität und der Gehalt der Absichten sind es, die die Tür zum ewigen glücklichen Leben öffnen. Andererseits können Absichten aber auch ewige Bestrafung und ewiges Leiden heraufbeschwören. Der Wert der Handlungen richtet sich nach den Absichten, die diesen zu Grunde lagen: *Handlungen werden nur nach ihren Absichten beurteilt, und ein Mensch wird nur das erhalten, was er beabsichtigt hat.*[41]

41 Bukhari, *Bad ul-Wahy*, 1; Muslim, *Imara*, 155; Abu Dawud, *Talaq*, 11

6.2

Im Islam sind fünf Gebete am Tag Pflicht. In den äußersten Polarregionen dauern ein Tag und eine Nacht jedoch jeweils sechs Monate, und zwar insofern, als dass die Sonne entweder immer sichtbar oder immer unsichtbar ist. Wie soll der Mensch dort nun beten?

Dieser Einwand wurde schon oft vorgebracht, um die Allgemeingültigkeit des Islam in Frage zu stellen. Man behauptet, der Islam erhebe zwar den Anspruch, als weltweite bzw. allgemein gültige Religion anerkannt zu werden, seine Verhaltensregeln (wie z. B. das Fasten oder die Pflichtgebete) seien aber in den äußersten Polargebieten nicht praktizierbar.

Zunächst einmal sollte man sich bewusst machen, dass kein anderes System, z.B. in der Wirtschaft oder in der Finanzwelt, die Universalität erreicht hat, die der Islam bereits realisiert hat und die er sich auch in der Zukunft bewahren wird. In der heutigen Zeit stehen wir vor einer riesigen Auswahl an unterschiedlichen Systemen, in denen so viele Fehler stecken, dass man sich schämen müsste, würde man sie als zuverlässig oder universell bezeichnen. Zu diesen Systemen gehören einige, die noch zu Lebzeiten ihrer Urheber korrigiert wurden. Um nur ein Beispiel zu nennen: Das marxistische Wirtschaftssystem wurde mit Engels Unterstützung von Marx selbst überarbeitet. Bei jeder ‚Internationalen' wurden darüber hinaus weitere Veränderungen vorgenommen, die diesem System jedes Mal ein neues Gesicht verliehen.

Was auf die Wirtschaftssysteme von heute zutrifft, gilt auch für alle anderen von Menschen geschaffenen Systeme. Der Grund für ihre

Mängel und ihr Scheitern liegt offensichtlich darin, dass sie eben auf Menschen zurückgehen.

Wie viel Prozent der Weltbevölkerung leben denn überhaupt in den äußersten Polarregionen? Dürfte man den Islam denn wirklich dafür kritisieren, wenn er für höchstens ein Fünftel eines Prozents der Weltbevölkerung nicht praktizierbar wäre? Die überwiegende Mehrheit der Menschheit stößt bei der Umsetzung der Normen und Vorschriften des Islam auf keinerlei Probleme: Diese Tatsache berechtigt uns sehr wohl, auf der Allgemeingültigkeit seiner Normen und Vorschriften zu bestehen. Den extremen Ausnahmefall heranzuziehen und mit ihm die Vorschriften zu kritisieren, anstatt zu begreifen (wozu uns das bekannte Sprichwort auffordert), dass die Ausnahme die Regel bestätigt, zeigt doch, dass diejenigen, die diese Zweifel säen, dies aus Motiven heraus tun, die sich weder mit Aufrichtigkeit noch mit wahrhaft wissenschaftlichem Interesse in Einklang bringen lassen. Die Frage, die hier gestellt wird, ist eine abstrakte, hypothetische Frage. Leben denn in jenen entlegenen Polarregionen überhaupt Muslime? Wird sie etwa gestellt, weil es in jenen Regionen Muslime gibt, die wirklich mit dem Problem konfrontiert sind, dort regelmäßig ihre Gebete verrichten zu müssen?

Denjenigen, die diese Frage in voller Aufrichtigkeit stellen, möchte ich jedoch versichern, dass der Islam den Muslimen die Mittel zur Lösung von Problemen wie diesem nicht vorenthält. Speziell dieses Problem wurde nämlich schon in der Frühzeit des Islam ausgeräumt. Zwischen dem Propheten Muhammad und seinen Gefährten fand nämlich einmal eine Unterhaltung statt, die im *Sahih* von Bukhari und im *Musnad* von Ahmad ibn Hanbal überliefert ist. In dem entsprechenden Hadith sagte der Prophet: *Wenn sich die Leute von der Religion abwenden, wird der Dadschal* (Scharlatan, Betrüger, Antichrist) *erscheinen*. Und in einem anderen Hadith heißt es weiter: *Der Dadschal kommt aus dem Osten und bereist in vierzig Tagen die ganze Welt vom Anfang bis zum Ende. Einer seiner Tage entspricht einem eurer Jahre. Ein anderer seiner Tage kommt einem eurer Monate gleich, und ein weiterer seiner Tage deckt sich mit euren Wochen, und die anderen Tage sind so wie eure Tage. Die Gefährten fragten: Wird man an einem Tag, der ein Jahr lang ist, mit fünf Gebetszeiten auskommen? Und der Prophet erwiderte:*

Nein! Aber zu jener Zeit soll man Berechnungen anstellen![42] Dies bedeutet, dass man jene Monate, die aus nur einem Tag und einer Nacht bestehen, in Abschnitte aufteilen und entsprechend beten soll.

Islamischen Rechtsgelehrte fällt es nicht schwer, eine Lösung für dieses Problem zu präsentieren. Vom Werk *al-Umm* von Imam Schafi'i über das *Minhadsch* der Rechtsschule Schafi'is bis hin zu den Büchern der hanafitischen Rechtsschule und dem Kommentar at-Tahtawis - in all diesen Schriften wird das Problem angesprochen und im Einvernehmen mit einander aus der Welt geschafft. Die Urteile dieser bedeutenden Gelehrten des Islam finden sich in den entsprechenden Kapiteln ihrer Bücher über Gebete und deren richtige Zeitpunkte. Ich möchte hier nur einige wenige der von ihnen angeführten Punkte anschneiden, die für unsere Frage relevant sind.

Grundlage für die Gebetszeiten sind Sonnenaufgang, Sonnenuntergang und die zwischen ihnen liegenden Sonnenstände. Egal um welche Erdregion es sich handelt, gebetet werden muss während einer bestimmten Zeitspanne, die auf Sonnenstand bzw. -bewegung in der jeweiligen Region basiert. Lebt man aber in einer Erdregion, in der dieser Stand bzw. diese Bewegung nicht eindeutig bestimmbar sind, müssen die dort lebenden muslimischen Einwohner den Gebetszeiten der ihnen am nächsten gelegenen Region folgen, in der solche Bewegungen oder Positionen genau auszumachen sind.

So wie es notwendig und natürlich ist, morgens aufzuwachen, zu essen, zu trinken usw. und in der Nacht zu schlafen, ist es auch natürlich, die Gebete innerhalb der festgelegten Zeitspanne zu verrichten. Um unsere physischen Bedürfnisse zu befriedigen, folgen wir selbst in Gebieten, in denen die Sonne monatelang nicht auf- bzw. untergeht, angeborenen, instinktiven Gesetzen. Entsprechend gehorchen wir auch den Gesetzen der Religion, was Beten, Fasten und Pilgerfahrt betrifft.

Kurz, ganz sicher ist dem Islam nicht der Vorwurf zu machen, die hier gestellte Frage nicht vorausgesehen zu haben, ganz unabhängig davon, warum sie überhaupt gestellt wurde. Er hat das Prinzip eingeführt,

---

42 Tirmidhi, *Fitan*, 57; *Madschma az-Zawa'id*, 7, 351

dass der Zeitplan der nächstgelegenen Region, für die ein Zeitplan festgesetzt wurde, zu befolgen ist.

An dieser Stelle möchte ich noch kurz ein anderes Thema ansprechen: Einige Leute haben vorgebracht, ohne Gebetszeit gebe es auch keine Pflichtgebete. Folgt man dieser Darstellung, betrachtet man die Zeit als eine Ursache oder als eine Bedingung für das Gebet. In Wahrheit jedoch sind wir aufgefordert zu beten, weil Gott es uns vorgeschrieben hat. Deshalb müssen wir die Pflichtgebete auch dann verrichten, wenn es keine erkennbaren Zeitspannen gibt, die uns sozusagen zum Beten bewegen; und zwar zu den Zeiten, die für die nächstgelegenen Regionen gelten. Die Methode der Schlussfolgerung lässt sich also auch hier, bei der Frage, ob und wie in den äußersten Polarregionen zu beten ist, anwenden.

6.3

Ein Hadith besagt: *Derjenige, der an meiner Sunna auch dann festhält, wenn meine Umma zerstört ist, erhält einen Lohn, der dem von einhundert Märtyrertoden entspricht.* Wie wichtig ist es heute noch, die Sunna richtig zu verstehen? Wie können wir sie in unseren Alltag integrieren?

Sunna bedeutet wörtlich: Weg bzw. Art und Weise der Lebensgestaltung. Als Fachausdruck im Islam bezieht sich der Begriff Sunna auf die Lebensgestaltung des Propheten Muhammad; genauer gesagt auf die Gewohnheiten und Wege, von denen er wünschte, dass die Muslime ihnen folgen sollten, und auf die Handlungen und Normen, denen zufolge der Prophet lebte und die er empfahl, aber nicht zur Pflicht machte.

Mit diesem Thema, zu dem es auch eine Vielzahl ausgezeichneter Bücher gibt, haben sich die islamischen Gelehrten sehr eingehend beschäftigt. Sie alle teilen die Auffassung, dass der Weg der Sunna der Weg des *Din* (Religion) ist und dass die Sunna einer Treppe oder einer Leiter gleicht, die zu *al-Haqq* (die Wahrheit; einer der Namen Gottes) führt.

Die Sunna ist ein so verdienstvoller Weg, dass alle Systeme und deren Prinzipien - selbst wenn sie von Tausenden von Gelehrten und Heiligen (*Auliya*) begründet sind - neben ihr unbedeutend, blass und unklar erscheinen. Alle Mystiker, spirituellen Lehrmeister und Wahrheitssuchenden haben sich so zur Sunna geäußert und sie anerkannt. Sie alle haben die Menschen aufgefordert, ihr zu folgen.

Gott hat die Propheten berufen und durch sie eine rechtmäßige Art der Lebensgestaltung *(Din)* offenbart, zu der Pflichten, Moral und angemessenes Verhalten gehören. Als den letzten Seiner Propheten hat Gott Muhammad, Friede sei mit ihm, gesandt, den Er bei all seinen Handlungen rechtleitete. Über ihn vermittelte uns Gott die Begriffe *Fard* (unbedingte Pflicht), *Wadschib* (Notwendiges), *Sunna*, *Mustahabb* (Wünschenswertes) und *Adab* (Wohlverhalten). Muhammad war, ist und bleibt die perfekte Verkörperung all dieser Begriffe, das beste Vorbild und ein Lehrmeister für die gesamte Menschheit. Wer also der Lebensweise des Propheten folgt, kommt Gott näher und erwirbt sich einen Rang, wie er im folgenden *Hadith qudsi* (ein Hadith, in dem Allah selbst spricht) beschrieben wird:

> *Mein Diener nähert sich Mir am besten durch die religiösen Pflichten, die Ich so sehr schätze und ihm auferlegt habe; und durch freiwillige Mehrleistungen kommt er mir noch näher, sodass Ich ihn liebe. Wenn Ich ihn liebe, dann bin Ich sein Gehör, mit dem er hört, sein Auge, mit dem er sieht, seine Hand, mit der er greift, und sein Fuß, mit dem er geht.*[43]

Zum einen besagt dieser *Hadith qudsi*, dass Gott einen Gläubigen wie diesen die wahre Realität aller Dinge sehen lässt und ihn so in die Lage versetzt, die Dinge richtig und nachhaltig zu beurteilen. Indem Gott ihm neue Tore und Horizonte öffnet, führt Er ihn zur Wahrheit. Das verleiht dem Gläubigen Flügel, mit denen er ebenso leicht der Rechtleitung entgegen fliegt, wie er dem Irrtum und schlechten Einflüssen entkommt. Wenn er eine Stimme hört, die ihn zur Wahrheit ruft, findet er zu sich selbst, gewinnt seine Begeisterung zurück, beginnt nach erhabenen Ziele zu streben, fasst Beschlüsse und blüht moralisch und spirituell auf. Wenn er spricht, lässt Gott ihn die Wahrheit sprechen. Wenn er etwas tut, führt ihn Gott zum Guten und zu günstigen Ergebnissen und lässt ihn keine Sekunde lang mit seinem Selbst *(Nafs)* allein. Da der Diener nach der Anerkennung und dem Wohlgefallen *(Rida)* Gottes strebt, gewährt Gott ihm Möglichkeiten und lässt ihn zu Seiner Zufriedenheit *(Mardiat as-subhaniya)* handeln. Aus diesem Grunde hat Gott stets über das Leben des Propheten Muhammad und über das anderer Repräsentanten Seiner Religion in anderen Zeitaltern

---

43 Bukhari

gewacht. Deshalb hat er alle vor ihnen liegenden Wege blockiert mit Ausnahme des einen, der zu Seinem Wohlgefallen führt. Er hat sie davon abgehalten, andere Wege als Seinen Eigenen einzuschlagen, und sie dadurch zur einen und einzigen Sunna geführt. Dem Weg der Sunna sind schon so viele Menschen gefolgt, dass er inzwischen zur offenen Straße, ja sogar zu einer Autobahn geworden ist, die zur Errettung führt. Die Sunna ist heute der einzige Weg, der vor jeder Fehlleitung sicher ist und ganz gewiss zum Ziel, zum Erfolg und zum Glück in dieser und in der kommenden Welt führt.

In einer Zeit, in der Niederträchtigkeit, Schlechtigkeit und Intrige so weit verbreitet sind, ist es von allergrößter Wichtigkeit, danach zu streben, die *Sunna* wiederzubeleben und wiedereinzusetzen, sie neben *Fard* und *Wadschib* zu praktizieren, ihre zentrale Position in der Gesellschaft der Zukunft zu sichern und dafür zu sorgen, dass sie bis zum Tag des Jüngsten Gerichtes Bestand hat. Gesegnet sind die Menschen, die sich dieser Aufgabe stellen! Sie stehen im Range von Märtyrern und werden einen entsprechenden Lohn erhalten. Den Lohn von zwei Märtyrern zu erhalten, wäre ja schon segensreich genug, doch versprochen wird ihnen noch mehr als das. Diejenigen, die sich dafür einsetzen, die Wahrheit des *Iman* (Glauben) wiederzubeleben, werden demnach einen Lohn erhalten, der den von einhundert Märtyrern bei weitem übertrifft.

Wer zur Wiederbelebung bestimmter Elemente der Sunna beiträgt, hat den versprochenen Lohn ganz besonders verdient. Ein Beispiel: Es gibt eine Art übler, verleumderischer Nachrede, die sogar noch verwerflicher ist als Ehebruch oder Mord.[44] Ganz offensichtlich unterscheidet sich die Verleumdung von Einzelpersonen von der Verleumdung einer ganzen Gesellschaft, welche Letztere in ein verheerendes Chaos stürzen kann. Die Sünde eines einzelnen Menschen kann aber dazu führen, dass sich ein Übel schnell und weit verbreitet. In einer Zeit, in der Muslime zu schlechtem Handeln *(Ifsad)* aufgefordert und die Macht, der Einfluss und die Verbreitung des Islam verhindert bzw. untergraben werden, werden diejenigen, die danach streben, einen Aspekt des *Din* zu ‚restaurieren' und wiederzubeleben, mit Sicherheit

44 *Daylami*, 3, 116

den Lohn vieler Märtyrertode erhalten. Noch größer wird ihr Lohn dann sein, wenn sie ihre aufrichtigen Bemühungen auf die heiligen Tage, Nächte und Monate des Islam konzentrieren.

Diejenigen, die sich in den Dienst Gottes stellen, werden für das, was sie tun, begünstigt und gesegnet. Und wenn Er es für richtig hält, kann Gott Seine Gunst und Seinen Segen noch verstärken. In einer Zeit, in der alles dafür getan wird, dem Islam Widerstand zu leisten, für die Wiederbelebung des islamischen Denkens und Lebens einzutreten, daran zu arbeiten, brauchbare Institutionen mit einem aufrichtigen und fähigen Mitarbeiterstab zu gründen und das islamische Bewusstsein junger Menschen zu wecken - all dies gehört zu einer einzigartigen Aufgabe, die in gewisser Hinsicht eine Fortführung der Mission des Propheten in der heutigen Zeit darstellt. Dass der Prophet in Träumen erschienen ist und über die Menschen, die auf seinem Weg gehen, wacht, sie unterstützt und ihnen frohe Botschaften übermittelt, ist ein Wunder *(Karama)* der Sunna im Dienste der Sunna. Diese Tatsache stellt unter keinen Umständen eine Anerkennung der Verdienste und Tugenden eines Individuums dar und darf auch nie als eine solche interpretiert werden. Bestimmte Individuen, Gruppen und Institutionen, die sich dieser Aufgabe widmen und bedeutende Entwicklungen in Gang setzen, werden jedoch zweifellos einen großen Anteil an der Gnade und dem Segen Gottes erhalten. Dies muss einfach so sein, was ja auch der Ausspruch *Wer ein Ereignis veranlasst, ist genauso zu betrachten, wie der, der es durch sein Handeln herbeigeführt hat* bestätigt, für dessen Begründung ein anderer Aspekt des ungeheuren Wohlwollens Gottes verantwortlich ist. Wenn es andererseits denjenigen, die in dieser Richtung tätig sind, nicht gelingt, Reinheit, Aufrichtigkeit, Begeisterung und Schwung, mit denen sie ihre Aufgabe angegangen sind, beizubehalten, werden ihnen die Verantwortung und das anvertraute Gut *(Amana)* aus der Hand genommen. Einige von ihnen werden dann zurückgewiesen, ausgeschlossen und sogar von der Vorsehung verlassen, während das anvertraute Gut in der Folge an andere verdienstvolle Menschen weitergereicht wird. Nur dann, wenn wir uns der Gunst Gottes bewusst werden und sie zu schätzen wissen, wenn wir aufrichtig versuchen, alles zu tun, was in unseren Kräften liegt, und wenn wir aus den Möglichkeiten, die sich uns bieten, das Beste machen, werden wir diese Prüfung bestehen und uns weiterer noch größerer Wohltaten Gottes würdig erweisen.

Möge Gott uns in die Lage versetzen, energisch und mit äußerster Aufrichtigkeit bis zu unserem letzten Atemzug auf dem Weg des *Iman*, des Koran und der Sunna zu wirken; denn jeder Augenblick, in dem wir uns dieser Aufgabe widmen, trägt uns den Lohn vieler Martyrien ein.

6.4

Warum greift der Atheismus (*Ilhad*) immer weiter um sich?

Atheisten bestreiten die Existenz Gottes. Sie befolgen Seine Gebote nicht, lehnen religiöse Reflexion und Ernsthaftigkeit ab und halten sich für vollkommen unabhängig. Da ihre Überzeugungen nicht mit dem Konzept der Sünde in Einklang zu bringen sind, glauben diese Menschen oft, sie könnten leben, wie es ihnen passt, und schädigen ihre Herzen und ihren Verstand. Der Atheismus verbreitet sich immer weiter, weil die Erziehung missbraucht wird, weil Jugendliche vernachlässigt werden und weil Schulen ihn begünstigen und fördern.

Die Unkenntnis der wichtigsten Grundbegriffe von Glauben und Religion ist die Hauptursache der Verbreitung des Atheismus. Individuen, deren Verstand, Herzen und Seelen nicht nach der Wahrheit streben, werden verletzlich. Nur die Unterstützung und die Gnade Gottes können sie vor Unheil bewahren. Gesellschaften sollten versuchen, ihre Bevölkerung davon abzuhalten, sich dem Atheismus zuzuwenden, damit sie nicht selbst Schaden nehmen.

Atheismus manifestiert sich zunächst einmal als ein mangelndes Interesse an den Glaubensgrundsätzen. Atheisten halten ihr Desinteresse für positiv und werten es als einen Beweis für einen unabhängigen Geist und als ein Indiz für Gedankenfreiheit. Die Anforderungen, die die Religion an die Gläubigen stellt, sind streng. Gleichgültigkeit aber tendiert immer zum Einfachen. Der Mangel an ernsthaftem Bemühen um Reflexion schlägt schnell in Nachlässigkeit, Achtlosigkeit und anschließend dann in Atheismus und gelegentlich sogar in Verachtung der

Religion um. Atheismus ist also nicht das Resultat vernünftiger Überlegungen, unmittelbarer Erkenntnis und Erfahrung oder wissenschaftlicher Wahrheit, sondern die Konsequenz passiver Gleichgültigkeit oder aktiver und militanter Rebellion.

Die zahllosen Manifestationen Gottes im Universum zeugen davon, dass es nur einen einzigen Schöpfer und Sachverwalter gibt, der das Universum verwaltet, nicht aus den Augen lässt und in Gang hält. Jede einzelne dieser Manifestationen können wir uns als einen Brief oder als ein Buch Gottes vorstellen, der bzw. das Seine Attribute für uns so widerspiegelt, dass wir sie verstehen können. Seine Attribute sind in der ganzen Schöpfung sichtbar. Doch diejenigen, die dies nicht begreifen, präsentieren die Natur einschließlich ihrer Beziehungen und Prinzipien auf eine Art und Weise, die viele Menschen und insbesondere Jugendliche vom Weg der Wahrheit abbringt.

Über das zerbrechliche Gleichgewicht und über die wunderbare Harmonie der Welt der Natur ist schon viel gesagt und geschrieben worden. Diese Ordnung kann nur auf einen einzigen Allmächtigen Gott zurückgeführt werden. Planeten und Sterne bewegen sich innerhalb einer Einheit von Strömungen und Bahnen, die unendlich viel exakter ist, als alles, was der Mensch zu erschaffen vermag. Wenn das, was wir Menschen hervorbringen, als Beweis für unsere Intelligenz herhalten soll, warum zählt dann das weit gröåre und kompliziertere Universum nicht als Beweis für die Kunstfertigkeit Gottes?

Die Natur ähnelt einer großen Fabrik, die über eine unglaublich große schöpferische Kraft verfügt. Die Arbeitsprinzipien dieser Fabrik sind erstaunlich empfindlich und anpassungsfähig, andererseits hat sie aber auch immer wiederkehrende Rhythmen und Muster tief verinnerlicht. Woher also stammen die Gesetze, nach denen sie funktioniert? Die Behauptung, die Natur habe sich selbst erschaffen, ist nicht gerade überzeugend. Jedes einzelne Gesetz mag vielleicht die Fähigkeit zu organisieren besitzen, doch wo liegt der Ursprung der Summe aller Gesetze?

Prinzipien gehören nicht zu den entscheidenden Attributen eines Körpers oder eines Wesens und spielen von daher nur eine untergeordnete Rolle. Sie sind an deren Substanz und Essenz gebunden. Attribute können nicht vor oder unabhängig von dem Gefüge oder dem Organismus existieren, dessen Attribute sie sind. Wenn eine Pflanze also die Kraft, sich selbst zu organisieren, demonstriert, indem sie sich um Licht, Feuchtigkeit und Nährstoffe für ihr Wachstum bemüht, dann heißt das nicht mehr, als dass dem Samenkorn, aus dem sie hervorgegangen ist, eine begrenzte Kraft zur Selbsterhaltung verliehen wurde. Auf ähnliche Art und Weise funktioniert auch das physikalische Prinzip der Anziehung innerhalb von und durch existierende Massen, Distanzen und Kräfte. Die Behauptung, diese Prinzipien seien der Ursprung oder die Quelle existierender Körper oder Wesen ist jedoch unhaltbar. Genauso abwegig ist das Selbstvertrauen, mit dem an dieser Behauptung festgehalten wird. Zu versichern, dieses erhabene und wohl geordnete Universum sei das Produkt willkürlichen Zufalls, ist absurd, unproduktiv und wenig wissenschaftlich, denn es gibt keinen einzigen Beweis, der diese These untermauern würde.

Der amerikanische Genetiker Hermann Muller gelangt nach unzähligen Experimenten und aufwendigen Forschungen zu dem Schluss, dass die Vernunft den Ursprung des Leben nicht erklären kann.[45] Für ihn schied der Zufall als Schöpfer des Universums aus. Nach 22 Jahren der Forschung bewies das sowjetische Institut für Chemie unter der Leitung von Aleksandr Oparin, dass die Gesetze der Chemie und der chemischen Reaktionen in Bezug auf den Ursprung des Lebens keine Aussagekraft besitzen und dass die Wissenschaft nach wie vor keine Erklärung für dieses Phänomen parat hat.[46]

Wenn diese Wissenschaftler die Grenzen menschlicher Forschung anerkannten, dann taten sie dies im Namen der ganzen Wissenschaft und aller Wissenschaftler. Leider jedoch konnten ihre Arbeiten den Schaden, der von früheren weniger sorgfältigen Wissenschaftlern an-

---

45 Hermann Josef Muller (+1967, wurde vor allem dadurch bekannt, dass er bewies, dass Gene und Chromosomen lebender Zellen, die Röntgenstrahlen ausgesetzt waren, für Schädigungen des Erbguts verantwortlich sind. Seine Entdeckung künstlich herbeigeführter Veränderungen in Genen hatte weit reichende Konsequenzen. 1946 wurde ihm dafür der Medizinnobelpreis verliehen.

46 Der russische Biochemiker Aleksandr Oparin (+1980 genoss vor allem auf Grund seiner Studien über den Ursprung des Lebens in chemischer Materie Anerkennung. Er bediente sich der Gesetze der Chemie und verfolgte so Darwins Evolutionstheorie in die Vergangenheit zurück, um zu erläutern, wie sich einfache organische und anorganische Materialien in komplexe organische Gefüge verwandeln und sich aus diesen dann erste Organismen entwickeln konnten.

gerichtet worden war, nicht wieder beheben. Denn etliche so genannte Wissenschaftler hatten ihre eigenen Mutmaßungen als zuverlässige wissenschaftliche Theorien hingestellt. Ansichten und Werte der breiten Masse sind auch heute noch eher von ihren Mutmaßungen als von wissenschaftlichen Fakten bestimmt.

Ein Beispiel: Viele Lehrbücher und Enzyklopädien präsentieren die Evolutionstheorie Darwins nach wie vor als Fakt, und nicht als Theorie. Und das, obwohl eine stetig steigende Zahl von Wissenschaftlern und Evolutionstheoretikern heute geltend macht, dass diese Theorie keine wirklich wissenschaftliche Theorie sei. Viele Kritiker geben zu, dass wir überhaupt nicht wissen, auf welche Weise die Evolution stattgefunden haben soll. Während Wissenschaftler und andere Experten verschiedene Ideen zu möglichen Ursachen und zum gegenwärtigen Stand der Evolution vorgebracht haben, glauben die Öffentlichkeit und weniger gut informierte Wissenschaftler immer noch an die Evolutionstheorie.

Forschungsprojekte und veröffentlichte Studien wecken Zweifel an der Evolution und bemühen sich darum, ein genaueres Bild der Natur und unseres Platzes in ihr zu zeichnen, in dem die Schöpfung eine tragende Rolle spielt. Menschen, über die man früher nur lächelte, wenn sie die Richtigkeit der Evolutionstheorie in Frage stellten, finden heute endlich Anerkennung.

In Anbetracht der Tatsache, dass ein vernünftiges und zuverlässiges Verständnis der natürlichen Welt zwangsläufig zum Glauben an einen einzigen Schöpfer führen muss, bleibt festzuhalten, dass Atheismus eher etwas mit Halsstarrigkeit, Vorurteilen und der Weigerung, Illusionen aufzugeben, zu tun hat, als mit der Unabhängigkeit des Geistes oder der Gedankenfreiheit. Am anfälligsten für den Atheismus sind Jugendliche, denn sie sind noch nicht in der Lage zu verstehen, warum sie sich auf eine bestimmte Art und Weise verhalten sollen und welche Konsequenzen ihr Handeln hat. Sie kennen weder ihr spirituelles Wesen noch ihre tief verwurzelten spirituellen Bedürfnisse. Auch wissen sie nicht über jenes Gleichgewicht zwischen materiellen und nicht-materiellen Werten Bescheid, das eine vollwertige menschliche Existenz auszeichnet. Jugendliche lassen sich besonders leicht von veralteten Konzepten, die als vermeintlich wissenschaftliche Realitäten präsentiert werden, täuschen. Die Wahrheit zu lehren und zum Verstehen dieser Wahrheit beizutragen, ist deshalb heute wichtiger als die Erfüllung aller anderen Pflichten und Erfordernisse.

Sollten wir an dieser Aufgabe scheitern, werden sich Fehlentwicklungen in der Zukunft kaum noch korrigieren lassen. Unter einigen solchen Fehlentwicklungen haben wir ja auch heute schon zu leiden. Die meisten von uns haben heute keine guten Lehrer - Lehrer, die mit sich selbst im Reinen sind, deren Herz und Verstand sich im Gleichgewicht befinden, die ihre tiefsten Gedanken und Gefühle kennen, die den Wunsch verspüren, anderen zu helfen, und dazu bereit sind, Lasten auf sich zu nehmen, damit es anderen besser geht. Ich hoffe jedoch, dass es in der Zukunft viele solcher Lehrer geben wird, damit die Menschheit von ihrem moralischen und spirituellen Leid erlöst wird.

Wenn es uns gelingt, unseren Kindern solche Lehrer zur Seite zu stellen, werden diese die notwendige Stabilität im Denken und Urteilen über die großen Fragen des Lebens finden. Sie werden in der Lage sein, den Verlockungen falscher Glaubenssätze und Illusionen zu widerstehen, und sich so von der Unruhe, stets die Natur und die eigene Identität in Frage stellen zu müssen, befreien können. Sie werden zumindest in mancher Hinsicht gegen den Atheismus und die mit ihm verbundenen egozentrischen und neurotischen Verhaltensweisen immun werden. Atheismus ist auf einen Mangel an Wissen und Gelehrsamkeit und auf die Unfähigkeit der Menschen, ihr Innenleben mit dem Außenleben in Einklang zu bringen, zurückzuführen. Er ist das Resultat von unterernährten Herzen und Seelen.

Die Massenmedien präsentieren uns pausenlos neue Ideen, Lebensstile und Charakterformen, die Maßlosigkeit und bedingungslose Hingabe für sich beanspruchen. Diese Botschaften ermutigen junge Menschen, immer dem neuesten Trend zu folgen, sofortige Befriedigung zu suchen und Trivialitäten oder Banalitäten der behutsamen Pflege des Geistes vorzuziehen.

Es liegt im Wesen des Menschen, sich schnell für Wege, die man aufregend und attraktiv findet, zu entscheiden. Das, was der Mensch nicht weiß, wird ihm dadurch jedoch immer fremder und schließlich vollkommen gleichgültig. Deshalb sollten wir alles daran setze, Jugendliche für ein tiefgründiges religiöses Leben zu begeistern - für ein Leben, das hin zur Ruhe und zum Licht führt, weg von der Angst und der Dunkelheit.

Jugendliche sind begeisterungsfähig und empfänglich. Sie sehnen sich nach grenzenloser Freiheit und haben unzählige unerfüllte Wünsche und Begierden. Ihre allzu großzügigen Herzen und ihr allzu freier Verstand erzeugen ein Ungleichgewicht, das sie dem Atheismus gegenüber anfällig macht. Sie legen Wert auf das kurze Vergnügen, wie mager und mickrig es auch sein mag, und kümmern sich nicht um Unglück und Elend, die dieses Vergnügen vielleicht nach sich zieht. Sie finden Freude an den Genüssen, die der Satan vor ihnen ausbreitet, und schaden sich dadurch nur selbst.

Während es immer mehr Unwissenheit und immer mehr hungrige Herzen und Seelen gibt, untergräbt der Materialismus nach und nach das Streben nach der Wahrheit und macht alle guten Absichten zunichte. Dieser Tendenz konnte sich in der Literatur auch Goethes Faust nicht entziehen, der sich nach außergewöhnlichen Kräften sehnte, um eine begrenzte Zeit lang tun zu können, was er wollte. Er verkaufte seine Seele an Mephisto, den Bevollmächtigten des Satans. Anstatt der Menschheit zu dienen, verschwendete er seine Kräfte, indem er trivialen Vergnügungen nachging.

Wenn die Seele erst einmal tot ist, stirbt auch das Herz. Das Mitgefühl mit anderen schwindet und der Verstand verrennt sich so sehr, dass der Mensch zu einem hilflosen Opfer seiner eigenen Launen und kurzlebiger Moden wird. Wer sich fleischlichen und sinnlichen Leidenschaften hingibt, macht Krisen durch, ändert ständig seine Richtung und applaudiert jeder neuen Mode. Im Glauben, es würde sich bei ihr um die Wahrheit handeln, pendelt er von einer Ideologie zur anderen - von der Verwirrung zum Zweifel und wieder zurück. Wahrer Glaube, Pflichtgefühl oder ein geduldiges Herz üben keinerlei Anziehungskraft auf ihn aus.

Moralische Erziehung, Selbstdisziplin, Meditation, die Vervollkommnung der Seele und die Stärkung der Moral sind ihm vollkommen gleichgültig. Süchtig nach Trivialität und Maßlosigkeit verleugnet er die Errungenschaften seiner Vorfahren und erkennt erst gar nicht, was eine wahre Kultur und Zivilisation ihm ermöglichen: die Herstellung eines Gleichgewichts zwischen Spiritualität und gesundem Menschenverstand, zwischen Tugendhaftigkeit und Glück.

Wir sollten unseren Jugendlichen Beistand gewähren und sie über das System aufklären, zu dem wir alle gehören und von dem wir alle abhängig sind. Wir sollten sie dazu anleiten, eine systematische, zuverlässige und ehrenhafte Denkweise zu entwickeln. Wenn uns das nicht gelingt, werden wir weiter dabei zuschauen müssen, wie unsere Gesellschaft immer tiefer in den moralischen und spirituellen Sumpf abgleitet.

Eine weitere Ursache für die Verbreitung des Atheismus ist die bewusste Ablehnung aller Zwänge und Verbote. In westeuropäischen Gesellschaften war es eine Zeit lang in Mode, Kindern absolute individuelle Freiheit zu gewähren. Traditionelle Werte und eine formelle religiöse Erziehung hingegen waren verpönt. Die Theorie, die hinter dieser Tendenz steckte, war, dass das Individuum auf diese Art und Weise reifen und sich über die persönliche Erfahrung in einen anständigen moralischen Menschen verwandeln würde.

In Wirklichkeit jedoch ist diese Theorie den Beweis, intelligente, mitfühlende und engagierte Menschen hervorzubringen, schuldig geblieben. Stattdessen hat sie das Elend und den Egoismus noch gesteigert, indem sie die Individuen von ihren Familien, Traditionen und nicht zuletzt von sich selbst isolierte. Die Anhänger dieser Theorie legen keinen Wert auf Moral oder Geschmack. Sie bemühen sich nicht, die Wahrheit zu finden. Sie sind ausschließlich an ihrem kümmerlichen privaten Wohlergehen interessiert. Sie leben von Augenblick zu Augenblick in der illusorischen Hoffnung, eines Tages ihr Glück finden zu können.

Die hier niedergeschriebenen Gedanken werden diesem schwierigen Thema natürlich nicht in vollem Umfang gerecht. Trotzdem hoffe ich, dass sie in der Zukunft bei Lehrern und Führungspersönlichkeiten Beachtung finden werden. Denn nur ihr Engagement kann dazu beitragen, die Verbreitung des Atheismus zu stoppen. Zwar habe ich hier nur einen kurzen Einblick in das Thema gegeben, hoffe aber, einige Menschen für die Wahrheit sensibilisiert zu haben.

6.5

Was bedeutet eigentlich *Dschihad*, und was versteht man unter *kleinerem* und *größerem Dschihad*?

D*schihad* ist ein arabisches Wort, das ursprünglich mit ‚sich bemühen', oder ‚Anstrengungen unternehmen, um Not und Entbehrungen zu bewältigen' übersetzt wurde. Mit dem Islam erlangte es die Bedeutung ‚sich auf dem Wege Gottes bemühen'.

Der Dschihad stellt für den Gläubigen eine besondere Pflicht dar. Gerade weil er so wichtig ist, werden im Koran die Begriffe Dschihad und Islam praktisch gleichgesetzt. Die hervorragendsten Diener Gottes von der Zeit des Propheten Adam an haben sich, ob sie nun Propheten oder rechtschaffene Menschen waren, ihren ausgezeichneten Rang durch ihren Dschihad verdient, der sowohl den Ungläubigen als auch ihren eigenen sinnlichen Seelen galt.

Der Dschihad hat vor Gott einen hohen Stellenwert; denn Gott hat den Menschen erschaffen, damit dieser sich bemüht, sein wahres Wesen zu finden, und auch andere ermutigt, seinem Beispiel zu folgen.

Gott legt im Koran fest:

> *Diejenigen von den Gläubigen, die daheim blieben - ausgenommen die Gebrechlichen -, und die, welche für Allahs Sache ihr Gut und Blut im Kampf einsetzen, sind nicht gleich. Allah hat die mit ihrem Gut und Blut Kämpfenden über die, die daheim blieben, im Rang um eine Stufe erhöht. Jeden von beiden aber hat Allah Gutes verheißen; doch die Kämpfenden hat Allah vor den Daheimbleibenden durch großen Lohn ausgezeichnet.* (4:95)

Die Menschen gehen in der Welt verschiedenen Berufen nach, sie sind z.B. Friseur, Zimmermann, Schneider, usw.. Jeder Mensch verfolgt in seinem Beruf das eine oder andere Ziel, das seine Position verbessert. Doch was den Tod des Menschen betrifft, so gilt, dass es nicht entscheidend ist, welchen Beruf und welche gesellschaftliche Stellung er gehabt haben mag: Wurde nicht jeder Mensch aus einem Tropfen Flüssigkeit erschaffen, und wird nicht jeder Mensch als verwesende Leiche enden? Einzig und allein das Amt des Propheten bildet hier eine Ausnahme. Denn während die Arbeit aller anderen Menschen nach deren Tod keine weiteren Früchte mehr tragen kann, vervielfacht sich der Lohn für die Prophetenschaft bis zum Tag des Jüngsten Gerichts. Die Prophetenschaft birgt eine hohe spirituelle Qualität in sich, die von der Sterblichkeit unberührt bleibt. Das Ziel eines Propheten liegt darin, den Menschen die Möglichkeit zu geben, Gott kennen zu lernen. Und jeder, der Gott einmal kennen gelernt hat, wird auch in der Lage sein, die Ewigkeit zu erlangen. Der Mensch wurde nicht mit dem Ziel erschaffen, zusammen mit allem anderen in der Welt physischem Verfall und Auflösung ausgesetzt zu sein. Seine tiefste natürliche Neigung gilt in Wirklichkeit der Ewigkeit. Die Propheten sind es, die die Menschen warnen und erziehen und dafür sorgen, dass sie sich dieser Neigung bewusst werden.

Aus der Sicht Gottes ist das Amt des Propheten die gnadenreichste Arbeit, die einem Menschen anvertraut werden kann, und der Dschihad bringt diesen Aspekt zum Ausdruck. Weil der Dschihad so wichtig ist, rühmt der Koran die Gemeinschaft der Gläubigen, die dem Propheten Muhammad, Friede sei mit ihm, die Treue geschworen hat, besonders dafür, dass sie den Dschihad durchführt:

> *Wahrlich, diejenigen, die dir huldigen - sie huldigen in der Tat nur Allah; die Hand Allahs ist über ihren Händen. Und wer daher den Eid bricht, bricht ihn zu seinem eigenen Schaden; dem aber, der das hält, wozu er sich Allah gegenüber verpflichtet hat, wird Er gewaltigen Lohn geben.* (48:10)

Dieser Vers wurde zu folgendem Anlass offenbart:

Der Gesandte Gottes hatte den Muslimen die gute Nachricht überbracht, dass es ihnen gelingen werde, an den Ort, aus dem sie einst vertrieben worden waren (viele waren auch in Mekka geboren), zurückzukehren und die Riten der Pilgerfahrt auszuführen. Deshalb waren sie als Pilger nach Mekka aufgebrochen und hegten entsprechende Hoffnungen. Als sie aber Hudaibiya erreichten, gestatteten es ihnen die Polytheisten nicht, den *Tawaf* (das Umkreisen der Kaaba) durchzuführen, und drohten ihnen stattdessen mit Krieg. Das unerwartete Veto schockte die Gläubigen, die dies als einen schweren Schlag gegen die Ehre des Islam auffassten. Sie wurden ungeduldig und waren so aufgewühlt, dass man sich nicht einig war, was am besten zu tun sei. Der Gesandte Gottes beauftragte Uthman ibn Affan, nach Mekka zu reisen, um nochmals zu beteuern, dass ihr Besuch keinerlei böse Absichten habe. Anstatt seine Gesandtschaft willkommen zu heißen, sperrten die Stadtoberen von Mekka Uthman ein und streuten sogar das Gerücht, er sei ermordet worden. Diese Nachricht erregte den Zorn der Muslime. Der Zeitpunkt war gekommen, an dem der Prophet die Gläubigen aufforderte, ihm den Treueschwur zu leisten. Sie taten dies, indem sie seine Hand ergriffen. Daraufhin offenbarte Gott den oben zitierten Vers.

Ein weiterer Vers lautet:

> *Allah hat von den Gläubigen ihr Leben und ihr Gut für das Paradies erkauft: Sie kämpfen für Allahs Sache, sie töten und werden getötet; eine Verheißung - bindend für Ihn - in der Thora und im Evangelium und im Koran. Und wer hält seine Verpflichtung getreuer als Allah? So freut euch eures Handels, den ihr mit Ihm abgeschlossen habt; denn dies ist wahrlich die große Glückseligkeit.* (9:111)

Dieser Handel, wie es der Koran nennt, ist die höchste Auszeichnung, weil jeder, der ihn abschließt, direkt von Gott angesprochen wird.

Der Gesandte Gottes sagte:

Ich wünschte mir, ich wäre für die Sache Allahs umgebracht und erneut zum Leben erweckt worden, um erneut umgebracht und zum Leben erweckt zu werden, um nochmals umgebracht zu werden.[47]

Der Prophet hat diesen Wunsch in der Tat nur deshalb nicht noch viele weitere Male geäußert, weil er unnötige Wiederholungen vermeiden wollte. Ein anderer seiner Aussprüche lautet wie folgt:

Es ist besser, einen Tag lang die Augen um der Sache Gottes willen offen zu halten, wenn die Gefahr besteht, dass der Feind über einen unwegsamen Pass eindringt, als die ganze Welt und alles, was in ihr ist, zu besitzen.[48]

Aus diesem Hadith können wir schließen, dass es verdienstvoller ist, einen Tag lang für die Sache Gottes und gegenüber allen Gefahren, die die Gemeinschaft befallen könnten, wachsam zu sein, als z.B. die Kaaba zu besitzen - denn auch die Kaaba ist ja Teil dieser Welt.

Ein weiterer Hadith zu diesem Thema teilt uns Folgendes mit:

Der Lohn Allahs für die guten Taten eines Menschen fließt nicht weiter, sobald der Mensch stirbt; eine Ausnahme stellt der Dschihad dar. Der Lohn für den Dschihad vervielfältigt sich bis zum Tag des Gerichts. Darüber hinaus befreit Allah denjenigen, der sich auf Seinem Weg bemüht hat, von der Befragung im Grab.[49]

Der Dschihad hat zwei Seiten. Der *größere Dschihad* bezeichnet den Kampf gegen fleischliche Gelüste und schlechte Neigungen, der *kleinere Dschihad* die Ermutigung anderer, das gleiche Ziel zu erreichen.

Als sich die muslimische Armee nach einem Sieg über den Feind in einer Schlacht auf dem Rückweg nach Medina befand, sagte der Gesandte Gottes: *Wir kehren vom kleineren zum größeren Dschihad zurück.* Als die Gefährten ihn fragten, was der größere Dschihad denn sei, erklärte er ihnen, es handle sich dabei um den Kampf gegen das *Nafs* (das fleischliche Selbst).[50]

---

47 Bukhari, *Iman*, 26; *Dschihad*, 7; Ibn Madscha, *Dschihad*, 3, 18
48 Tirmidhi, *Fada'il al-Dschihad*, 12
49 Muslim, *Imara*, 163; Ibn Madscha, *Dschihad*, 7
50 *Kaschf al-khafa*, 1, 424

Ziel eines jeden größeren oder kleineren Dschihads ist, den Gläubigen von allen Sünden zu reinigen und ihn so zu wahrer Menschlichkeit zu führen. Zu diesem Zweck wurden die Propheten gesandt. Gott sagt im Koran:

> *Sowie Wir unter euch einen Gesandten aus eurer Mitte erstehen ließen, der euch Unsere Verse verliest und euch läutert und euch das Buch und die Weisheit lehrt und euch lehrt, was ihr noch nicht wusstet.* (2:151)

Menschen sind in gewissem Sinne wie Rohstoffe, die von den Propheten bearbeitet, gereinigt und verfeinert wurden. Erst die Propheten entfernten ihnen das Siegel von Herz und Ohren und hoben die Schleier vor ihren Augen. Die von der Botschaft der Propheten aufgeklärten Menschen sind in der Lage, die Bedeutung der Naturgesetze (welche ja Zeichen der Existenz und der Einheit Gottes sind) zu erfassen und in die komplizierte Realität, die den Dingen und Ereignissen innewohnt, einzudringen. Nur durch die Rechtleitung der Propheten kann die Menschheit den hohen Rang erklimmen, den Gott für sie vorgesehen hat.

Die Propheten haben die Menschen aber nicht nur auf die Zeichen hingewiesen, sondern sie auch in der Weisheit unterrichtet und sie gelehrt, in der Offenbarungsschrift zu lesen. Da der Koran die letzte Offenbarung an den letzten Propheten ist, meint Gott den Koran, wenn Er von *dem* Buch, und die Sunna, wenn Er von *der* Weisheit spricht. Wenn wir Rechtleitung wünschen, müssen wir also dem Koran und der Sunna des Propheten Muhammad folgen.

Der Prophet lehrt uns das, was wir nicht wissen, und die Menschheit wird auch weiterhin vom Propheten lernen - bis zum Tag des Jüngsten Gerichts. Von ihm erfahren wir, wie wir uns von unseren Sünden reinigen können. Viele große rechtschaffene Menschen verdanken ihre hohe Stellung als rechtschaffene Menschen der Tatsache, dass sie seinem Weg gefolgt sind. Einer von ihnen, Ali, erklärte, sein Glaube an die Säulen des Islam sei so fest, dass seine Überzeugung selbst dann nicht mehr gesteigert werden könnte, wenn der Schleier des Unsichtbaren gelüftet würde.[51]

---

51 Imam Rabbani, *Maktubat*, 1, 157

Von Abd al-Qadir al-Dschilani wird behauptet, er habe Einblick in die Mysterien des siebten Himmels gehabt. Sie und viele andere wie Fudail ibn Iyaz, Ibrahim ibn Adham und Bischr al-Khafi hätten durchaus mit der Prophetenschaft betraut werden können, h4te Gott nicht zuvor das Prophetentum bereits versiegelt.

Der Prophet Muhammad, Friede sei mit ihm, vertrieb durch seine Rechtleitung die dunklen Wolken der Unwissenheit vom intellektuellen Horizont der Menschheit. Auch viele Fortschritte, die in der Zukunft in Wissenschaft und Technik noch gemacht werden, werden auf das Licht zurückgehen, das er uns von Gott überbracht hat.

Der Dschihad ist das Vermächtnis der Propheten, und die Prophetenschaft hat die Aufgabe, die Menschen dadurch in den Rang der Begünstigten Gottes zu erheben, dass sie sie läutert. ‚Dschihad' lautet der Titel, der der Mission des Propheten verliehen wurde; er bedeutet soviel wie Bezeugen der Wahrheit. So wie Richter Zeugen anhören, um vor Gericht über einen Fall zu entscheiden, legen jene, die den Dschihad verrichten, Zeugnis von der Existenz und der Einheit Gottes ab, indem sie sich auf Seinem Weg bemühen. Der Koran sagt:

> *Bezeugt hat Allah, dass kein Gott da ist außer Ihm Selbst; und die Engel und die Wissenden (bezeugen es). Er sorgt für die Gerechtigkeit. Es ist kein Gott außer Ihm, dem Allmächtigen, dem Weisen.* (3:18)

Diejenigen, die den Dschihad verrichtet haben, werden vor dem Gericht des Himmels, an dem die Fälle der Ungläubigen behandelt werden, die gleiche Wahrheit bezeugen.

Gott legt von Seiner eigenen Existenz und Einheit Zeugnis ab, und all jene, deren Wahrnehmungsvermögen ausreichend geschärft ist, werden die Korrektheit Seines Zeugnisses erkennen. Die Engel, deren Wesen absolut rein ist, begreifen diese unleugbare Wahrheit ebenso wie jene, die mit Wissen ausgestattet sind und die dritte Gruppe der Zeugen bilden. Selbst wenn alle anderen die Existenz und die Einheit Gottes leugnen würden, würde die Aussage der drei Gruppen genügen, um diese Wahrheit zu beweisen.

Diejenigen, die sich ihnen anschließen und ebenfalls die Existenz und die Einheit Gottes bezeugen, sollten bis in die entlegensten

Gebiete der Welt reisen und diese Wahrheit verkünden. Darin bestand die Aufgabe der Propheten, wie im Koran berichtet wird, und dies sollte auch unsere Aufgabe sein:

> *(Es sind) Gesandte, Überbringer froher Botschaften und Warner, sodass die Menschen nach den Gesandten keinen Beweisgrund gegen Allah haben. Und Allah ist Allmächtig, Weise. Doch Allah bezeugt durch das, was Er zu dir herabgesandt hat, dass Er es mit Seinem Wissen sandte; und die Engel bezeugen es; und Allah genügt als Zeuge.* (4:165-166)

Gott hat aus jedem Volk einen Mann erwählt und ihn zum Propheten ernannt. Von der Zeit des Propheten Adam an wurde jedes finstere Zeitalter in der Menschheitsgeschichte durch die Botschaft eines Propheten erleuchtet - bis hin zur Zeit Muhammads, der gesandt wurde, um die intellektuellen und spirituellen Horizonte der ganzen Menschheit zu erhellen. Der Koran sagt:

> *Wahrlich, Wir haben Dich als Zeugen und als Bringer froher Botschaft und als Warner gesandt.* (48:8)

Der Prophet Muhammad, Friede sei mit ihm, wird im Koran als der Prophet *(an-Nabi)* bezeichnet. Die Verwendung des bestimmten Artikels hebt ihn gegenüber den anderen Propheten hervor und weist darauf hin, dass er der höchste aller Propheten war. Er wurde der gesamten Schöpfung, zu der auch die Tiere, Pflanzen und unbelebten Dinge gehören, als eine Gnade gesandt.

In vielen Koranversen wie z.B. auch im oben zitierten wendet sich Gott mit den Worten *Wir haben Dich...gesandt* direkt an den Propheten Muhammad. Dies beweist, dass er der Prophet ist, der von Gott gesandt wurde, um von Seiner Existenz und Seiner Einheit Zeugnis abzulegen. Er erfüllte seine Mission in einer Zeit der Unwissenheit, als fast alle Menschen dies leugneten. Später stieg die Zahl seiner Anhänger, die schließlich in aller Welt zu den Fahnenträgern dieser Wahrheit wurden. Der Prophet Muhammad überbrachte denjenigen, die Gutes tun, die gute Nachricht von der Glückseligkeit in beiden Welten und warnte diejenigen, die sündigen. Auf diese Weise erfüllte er die Pflicht, die im Koran Dschihad genannt wird.

Es gibt kein Volk gegeben, zu dem Gott keinen Propheten gesandt hätte; jedes Volk hat irgendeine Vorstellung vom Prophetentum. Allen Gläubigen hat sich der Begriff Dschihad zur Beschreibung des Handelns eines Propheten tief im Herzen eingeprägt. Daher spüren sie eine große Verantwortung für die Verkündung der Wahrheit, mit der sie andere auf den rechten Weg leiten sollen.

Der *kleinere Dschihad*, der gewöhnlich als Kampf auf dem Wege Gottes verstanden wird, bezieht sich nicht allein auf den Kampf auf dem Schlachtfeld. In Wirklichkeit beinhaltet dieser Dschihad jede Handlung vom Sprechen bis hin zur Anwesenheit auf dem Schlachtfeld, vorausgesetzt, sie wird um der Sache Gottes willen ausgeführt. Ob man spricht oder schweigt, lächelt oder ein griesgrämiges Gesicht macht, sich an einem Treffen beteiligt oder diesem fernbleibt - jede Handlung, die von Individuen oder Gemeinschaften getätigt wird, um das Los der Menschheit zu verbessern, gilt als kleinerer Dschihad.

Während der kleinere Dschihad auf der Mobilisierung aller materiellen Ressourcen basiert und in der äußeren Welt praktiziert wird, bezeichnet der *größere Dschihad* den Kampf des Menschen gegen sein fleischliches Selbst. Diese beiden Formen des Dschihad sind untrennbar miteinander verbunden. Nur wer über sein fleischliches Selbst triumphiert, kann sich dem kleineren Dschihad widmen, der den Menschen seinerseits beim größeren Dschihad zu Gute kommt.

Der Gesandte Gottes hat uns gelehrt, wie die beiden Dschihad-Formen zu praktizieren sind. Er hat Prinzipien der Verkündung der Wahrheit etabliert, die ihre Gültigkeit bis zum Tag des Jüngsten Gerichtes behalten werden. Wenn wir die Art und Weise seines Handelns einer genauen Prüfung unterziehen, werden wir feststellen, dass er äußerst systematisch vorgegangen ist. Auch sie unterstreicht seine Prophetenschaft und ist ein wunderschönes Beispiel dafür, wie man in seinem Auftreten dem Weg Gottes folgt.

In den ersten Jahren seiner Prophetenschaft pflegte der Gesandte Gottes seine Gebete in der Kaaba zu verrichten. Damit wollte er nicht nur seinen Lohn bei Gott mehren, sondern er verfolgte noch ganz andere Ziele. Vor allem wollte er Jugendlichen die Wahrheit verkünden, allerdings hatte er auf Grund ihrer Überheblichkeit Probleme, sich ihnen zu nähern. Sie brachten ihm keinen Respekt entgegen. Da er aber wusste, dass Handlungen mehr aussagen als 1.000 Worte, begann er also in der Kaaba zu beten. Dadurch wuchs die Neugier der Jugendlichen, und schließlich kamen sie zu ihm und fragten ihn, was er denn da tue. Dies gab dem Gesandten Gottes die Gelegenheit, mit ihnen zu sprechen.

Wiederholt wurde der Prophet Muhammad, während er betete, angegriffen. Einmal wollte Abu Dschahl den Propheten mit einem großen Stein erschlagen, während dieser sich im Gebet zu Boden warf. Abu Dschahl hatte den Stein bereits aufgehoben und war bereit, ihn auf den Propheten zu schleudern, als er plötzlich zu zittern begann und bleich vor Angst wurde, während seine Hände bewegungslos über seinem Kopf verharrten. Als er später gefragt wurde, was denn da mit ihm passiert sei, antwortete er, ein schreckliches Ungeheuer sei zwischen ihn und den Propheten getreten und habe ihn beinahe verschluckt.[52]

Bei anderer Gelegenheit schlang Uqba ibn Abi Mu'ait dem betenden Propheten den Turban um den Hals und versuchte, ihn zu erdrosseln. Als Abu Bakr davon hörte, eilte er zum Ort des Geschehens, um den Propheten zu retten und brüllte: „Willst du etwa einen Mann umbringen, nur weil er sagt: ‚Mein Herr ist Gott?'"[53] Diese Worte waren ein Echo auf Worte, die bereits im Koran aufgezeichnet waren. Ein Gläubiger, der sich beeilte, Moses vor einem potenziellen Mörder zu schützen, hatte sie seinerzeit ausgestoßen.

Der Prophet Muhammad, Friede sei mit ihm, wäre wohl einem jener Angriffe zum Opfer gefallen, wenn Gott nicht seine schützende Hand über ihn gehalten hätte. Der Gesandte demonstrierte in aller Öffentlichkeit die Notwendigkeit, die Wahrheit zu verkünden, selbst wenn er dabei sein Leben riskierte. Abu Bakr hatte es sich zur Gewohnheit gemacht, am Fenster seines Hauses mit lauter Stimme den Koran zu rezitieren. Diejenigen, die ihn hörten, begannen daraufhin, sich um ihn herum zu versammeln. Seine Darbietung lockte so viele Menschen an, dass die Führer Mekkas ihn schließlich davor warnten, mit der

---

52 Muslim, *Munafiq*, 38
53 Bukhari, *Tafsir*, *agh-Ghafir*, 40-1; *Fada'il Ashab an-Nabi*, 5

Rezitation fortzufahren. Ibn Daghinna, der ihn bis dahin vor den Feindseligkeiten der mekkanischen Ungläubigen bewahrt hatte, konnte ihm nicht länger Schutz bieten. Abu Bakr aber zeigte sich dennoch fest entschlossen, seine Rezitationen fortzusetzen.[54] Ob durch ihre Worte oder durch ihr Handeln - die Gefährten verzichteten niemals darauf, den Dschihad zu praktizieren. Denn sie waren fest davon überzeugt, dass die einzelnen Muslime und die muslimische Gesellschaft auf ihren Dschihad angewiesen waren. Darüber hinaus begriffen sie, dass ein Muslim nur dann den Schutz Gottes genießt, wenn er Seiner Religion dient. Dies betont auch der Koran:

> *O ihr, die ihr glaubt, wenn ihr Allahs (Sache) helft, so wird Er euch helfen und euren Füßen festen Halt geben.* (47:7)

Wer in den Genuss des Beistands und des Schutzes Gottes kommen möchte, sollte Seine Religion mit großem Einsatz unterstützen. Wer sich davor schützen möchte, vom Weg abzukommen, muss sein Leben darauf ausrichten, sich um der Sache Gottes willen zu bemühen. All seine Handlungen, einschließlich der geringfügigsten - essen, schlafen, einen Beruf wählen und sich dafür ausbilden lassen usw. - sollten diesem Ziel dienen.

Um besser verstehen zu können, wie uns dies gelingen kann, wollen wir uns in Erinnerung rufen, wie sich der Prophet und seine Gefährten verhielten:

Die Lebensbedingungen wurden so schwierig, dass es einigen Gläubigen gestattet wurde, nach Abessinien auszuwandern. Diese Auswanderung war eine Form des Dschihads, der zu jener Zeit praktiziert werden musste. Nachdem weitere Gläubige nach Abessinien ausgewandert waren, emigrierten alle, die in Mekka geblieben oder nach Mekka zurückgekehrt waren, nach Medina. Der Dschihad hatte also eine andere Form angenommen.

Der Grundstein des islamischen Stadtstaates war gelegt, und erneut veränderte sich die Form des Dschihads. Natürlich musste man den Gegebenheiten Rechnung tragen: Manchmal war es angebracht zu

---

54 Bukhari, *Kafala*, 4

rennen, manchmal ging man lieber langsam. Daher musste auch die Durchführung des Dschihads eigenen Gesetzmäßigkeiten folgen. Zwar waren die Gläubigen unaufhörlich schikaniert und gepeinigt worden, doch hatten sie nur passiven Widerstand geleistet, den sie aufrecht erhielten, bis ihnen in Medina folgender Vers offenbart wurde, der ihnen erlaubte, Vergeltung für die Übergriffe der Ungläubigen zu üben:

> *Die Erlaubnis, (sich zu verteidigen,) ist denen gegeben, die bekämpft werden, weil ihnen Unrecht geschah - und Allah hat wahrlich die Macht, ihnen zu helfen -, jenen, die schuldlos aus ihren Häusern vertrieben wurden, nur weil sie sagten: „Unser Herr ist Allah." Und wenn Allah nicht die einen Menschen durch die anderen zurückgehalten hätte, so wären gewiss Klöster, Kirchen, Synagogen und Moscheen, in denen der Name Allahs des Öfteren genannt wird, niedergerissen worden. Und Allah wird gewiss dem zum Sieg verhelfen, der für Seinen Sieg eintritt. Allah ist wahrlich allmächtig, erhaben.* (22:39-40)

Nachdem die Gläubigen jahrelang alle möglichen Arten von Verfolgung hatten ertragen müssen, reagierten sie auf diese Verfügung mit Begeisterung. Ihre Pflicht war es nun, das Schwert zu ergreifen; und es gab niemanden, der sich verweigert hätte, als die Aufforderung erging, gegen die Ungläubigen zu kämpfen. Nur die Heuchler, also jene, die unfähig waren, sich von ihren Sünden zu reinigen und so die Aufrichtigkeit des Glaubens zu erlangen, vermochten nicht auf den Befehl zur Verrichtung des Dschihad zu reagieren. Sie bildeten eine verabscheuungswürdige Gruppe von Unruhestiftern, die entweder faul in ihren Häusern saßen oder von den Schlachtfeldern flohen. Sie waren die Sklaven ihrer sinnlichen Seelen und hingen übermäßig an gewissen niederen Begierden. Im Gegensatz dazu eilten diejenigen, die aufrichtig an Gott und Seinen Gesandten glaubten, auf die Schlachtfelder, wann immer sie aufgerufen wurden zu kämpfen. Da der Dschihad ihnen die Möglichkeit bot, Gott und die Ewigkeit zu erreichen, waren sie so begeistert, als wären sie in den Himmel eingeladen worden.

Jeder Mensch betrachtet den Tod als etwas Schlimmes, was bis zu einem gewissen Maße auch für einige Gefährten des Propheten galt. Der Koran aber sagt:

> *Zu kämpfen ist euch vorgeschrieben, auch wenn es euch widerwärtig ist. Doch es mag sein, dass euch etwas widerwärtig ist, was gut für euch ist, und es mag sein, dass euch etwas lieb ist, was übel für euch ist. Und Allah weiß es, doch ihr wisst es nicht.* (2:216)

Die hier angesprochene Abneigung ist eine ganz natürliche Charaktereigenschaft des Menschen. Trotzdem haben die Gläubigen Gott und Seinem Gesandten niemals den Gehorsam verweigert, wofür ihnen Gott im Gegenzug Erfolge und Siege gewährte. Diese Triumphe spendeten den Gläubigen neue Kraft und Energie, und weil sie auch unter den Nachbarstämmen für Aufsehen sorgten, beunruhigten sie die Ungläubigen.

Der Dschihad hilft den Gläubigen dabei, sich die Leidenschaft und die Vitalität ihres Glaubens zu bewahren. So wie ein Baum seine Blätter behält, so lange er Früchte hervorbringt, verliert ein Gläubiger seine Kraft und Energie nicht, so lange er den Dschihad praktiziert. Immer dann, wenn man einen hoffnungslosen Pessimisten trifft, wird man sehr schnell feststellen, dass er den Dschihad aufgegeben hat. Solche Menschen haben ihren Geist eingebüßt und sind in Pessimismus versunken, weil sie nicht länger die Wahrheit verkünden. Wer stets den Dschihad praktiziert, wird seinen Enthusiasmus nie verlieren und sich immer bemühen, den Radius seiner Aktivitäten zu erweitern. Jede gute Tat mündet in eine weitere. Gott enthält gläubigen Menschen das Gute niemals vor:

> *Und diejenigen, die in Unserer Sache wetteifern - Wir werden sie gewiss auf Unseren Wegen leiten. Wahrlich, Allah ist mit denen, die Gutes tun.* (29:69)

Es führen so viele Wege zum Geraden Weg, wie es Atemzüge in der Schöpfung gibt. Jeden, der sich um der Sache Gottes willen bemüht, wird Er auf einen dieser Wege führen und davor bewahren, in die Irre zu gehen. Und jeder, der von Gott auf Seinen Geraden Weg geführt wurde, führt ein ausgeglichenes Leben und überschreitet keine Grenzen - weder in Hinblick auf menschliche Bedürfnisse und Aktivitäten noch in Hinblick auf Anbetung oder sonstige religiöse Pflichten. Dadurch zeichnet sich wahre Rechtleitung aus.

Auch wenn die in den Kämpfen mit den Ungläubigen gebrachten Opfer groß gewesen sein mögen, sind sie dennoch nur dem kleineren Dschihad zuzurechnen. Andererseits darf der kleinere Dschihad nur im Vergleich zum größeren Dschihad als klein bezeichnet werden. Er sollte niemals unterschätzt werden, weil er den Gläubigen in die Lage versetzt, entweder den Titel eines heiligen Kämpfers des Islam *(Ghazi)* oder den Rang eines Märtyrers (*Schahid*) zu erlangen, die ihm beide die Pforten des Paradieses öffnen und die Anerkennung Gottes sichern.

Der kleinere Dschihad ist das Bemühen um die bestmögliche Erfüllung religiöser Pflichten. Was den größeren Dschihad betrifft, so ist er in der Tat viel schwieriger zu praktizieren, denn er verlangt von uns, gegen all unsere eigenen destruktiven Triebe und Gemütszustände wie Arroganz, Rachsucht, Eifersucht, Egoismus, Überheblichkeit und fleischliche Gelüste zu kämpfen.

Obwohl ein Mensch, der den kleineren Dschihad aufgibt, Gefahr läuft, spirituell zu verkommen, besteht doch die Möglichkeit, dass er sich erholt. Alles im Universum lobt und preist Gott mit jedem Atemzug, alles weist auf die Existenz und die Einheit Gottes hin. Und vielleicht führt eines dieser Zeichen den Menschen auf den Geraden Weg zurück. Deshalb sagt man, dass es so viele Wege gibt, die zum Geraden Weg Gottes führen, wie Atemzüge aller Seiner Geschöpfe. Ein Mensch, der vom kleineren Dschihad zurückkehrt, ist weltlichen Schwächen gegenüber verwundbar. Es besteht die Gefahr, dass nach einem Sieg Stolz, Konsumsucht und Bequemlichkeit von ihm Besitz ergreifen. Möglicherweise denkt er, es sei an der Zeit, sich auszuruhen und Verlockungen nachzugeben. Dies sind nur einige der Risiken, die auf jemanden warten, der vom kleineren Dschihad zurückkehrt. Aus diesem Grund hat uns der Prophet durch seine Gefährten gewarnt. Nach einem Sieg verkündete er auf dem Rückweg nach Medina: *Wir kehren gerade vom kleineren zum größeren Dschihad zurück.*[55]

Die Gefährten des Propheten waren einerseits auf dem Schlachtfeld so unbezähmbar wie Löwen, andererseits aber bei der Anbetung Gottes so aufrichtig und demütig wie Derwische. Diese siegreichen Kämpfer

55 *Kaschf al-Khafa*, 1, 424

verbrachten die meisten ihrer Nächte im Gebet zu Gott. Als die Kampfhandlungen einmal bis in die Nacht andauerten, mussten zwei von ihnen abwechselnd Wache stehen. Der eine ruhte sich aus und schlief, während der andere zu Gott betete. Ein Feind erfasste die Situation und schoss mehrere Pfeile auf den Betenden ab. Dieser wurde getroffen und blutete stark, brach sein Gebet aber nicht vorzeitig ab. Erst als er es beendet hatte, weckte er seinen Freund, der ihn erstaunt fragte, warum er ihn denn nicht früher geweckt habe. Seine Antwort lautete: „Ich war gerade dabei, die Sure *Die Höhle* zu rezitieren, und wollte die tiefe Freude, die ich in diesem Gebet fand, nicht zerstören.“[56]

Im Gebet fielen die Gefährten in einen tranceartigen Zustand der Ekstase, und den Koran rezitierten sie, als wäre er ihnen direkt offenbart worden. Deshalb spürten sie nicht einmal die Schmerzen von Pfeilen. In ihnen manifestierten sich der kleinere und der größere Dschihad auf vollkommene Art und Weise.

Doch am besten gelang es dem Propheten, diese beiden Seiten des Dschihad in einer Person zu verbinden. Auf dem Schlachtfeld bewies er ungeheuren Mut. Ali, der selbst eine der mutigsten Persönlichkeiten des Islam war, bekannte, dass sich die Gefährten in den kritischsten Augenblicken des Kampfes hinter dem Propheten in Sicherheit brachten. Um ein Beispiel zu nennen: Als die muslimische Armee in der ersten Phase der Schlacht von Hunain zurückwich und sich zu zerstreuen begann, trieb er sein Pferd in die Reihen der Feinde und rief, um seine Soldaten, die sich auf der Flucht befanden, wieder zurückzurufen mit lauter Stimme:

> *Ich bin ein Prophet, ich lüge nicht; ich bin der Enkel von Abd ul-Muttalib, ich lüge nicht!*[57]

So wie er der mutigste Mensch auf den Schlachtfeldern war, war er auch der hingebungsvollste in der Anbetung Gottes. Im Gebet wurde er von Liebe und Gottesfurcht verzehrt, und diejenigen, die ihn sahen, fühlten sich sehr zu ihm hingezogen. Oft fastete er mehrere Tage

56 Ibn Hanbal, *Musnad*, 3.344, 359
57 Bukhari, *Dschihad*, 52 , 61, 67

in Folge. Manchmal verbrachte er die ganze Nacht im Gebet, und seine Füße schwollen an, weil er so lange dabei stand. Einmal fand Aischa, dass er schon extrem lange im Gebet verweilte, und so fragte sie ihn, warum er sich so vielen Strapazen aussetzte, wo ihm doch seine Sünden schon alle vergeben worden seien. *Soll ich denn etwa kein dankbarer Diener Gottes sein?*, lautete seine Antwort.[58]

Der Prophet war tatsächlich unglaublich mutig. Als er und Abu Bakr sich einmal in der Höhle von Thaur versteckten und eine Reihe von Götzenanbetern ihnen so nahe kamen, dass sie sie um ein Haar entdeckt hätten, sagte er: *Sei unbekümmert; Gott ist zweifelsohne mit uns.*[59] Andererseits war er aber auch so gutherzig, dass er heftig weinte, wenn er den Koran rezitierte oder einer Rezitation zuhörte. Einmal bat er Ibn al-Masud, ihm einen Abschnitt vorzutragen. Ibn al-Masud aber entschuldigte sich und sagte, er könne den Koran nicht vor demjenigen rezitieren, dem er offenbart wurde. Der Gesandte Gottes bestand jedoch darauf und sagte, es bereite ihm großes Vergnügen, jemand anderem bei der Koranrezitation zuzuhören. Daraufhin begann Ibn al-Masud die Sure *an-Nisa* zu rezitieren. Als er bei dem Vers *Und wie, wenn Wir aus jedem Volk einen Zeugen herbeibringen und Dich als Zeugen gegen diese herbeibringen?* (4:41) ankam, bat ihn der Prophet, nicht weiterzulesen, weil er dies - aus Furcht vor Gott - nicht länger ertragen könne. Ibn al-Masud erzählte den Rest der Geschichte: „Der Gesandte Allahs vergoss so viele Tränen, dass ich nicht weiter rezitierte."[60] Der Prophet war ebenso gutherzig wie mutig. Er sagte, er bitte Gott täglich mindestens 70 mal um Vergebung, und forderte auch seine Gemeinschaft immer wieder auf, um Vergebung zu bitten.[61]

Wer den größeren Dschihad erfolgreich praktiziert, wird mit ziemlicher Sicherheit auch beim kleineren Dschihad Erfolg haben; umgekehrt ist dies aber keineswegs der Fall. Wer beim größeren Dschihad versagt, darf nicht erwarten, im kleineren erfolgreich zu sein.

---

58 Bukhari, *Tahadschud*, 6
59 Bukhari, *Fada'il as-Sahaba*, 2
60 Bukhari, *Fada'il al-Qur'an*, 32, 33, 35
61 Bukhari, *Da'wat*, 3

Aischa erzählte: „Eines Nachts bat mich der Gesandte Allahs um Erlaubnis, sein freiwilliges Mitternachtsgebet verrichten zu dürfen.“ (Er war ein so feinfühliger Mensch, dass er sogar von seinen Frauen die Erlaubnis einholte, Gott während der Zeit, die ihnen gehörte, anbeten zu dürfen.) „Ich sagte: ‚So sehr ich mir auch deine Gesellschaft wünsche, noch mehr wünsche ich, dass du das tust, was du möchtest.‘ Dann vollzog er seine Gebetswaschung (*Wudu*) und begann mit dem Gebet. Er rezitierte den Koranvers *Wahrlich, in der Schöpfung der Himmel und der Erde und in dem Wechsel der Nacht und des Tages liegen wahre Zeichen für die Verständigen.* (3:190) immer und immer wieder und vergoss bis zum Tagesanbruch Tränen.“[62]

Manchmal stand der Gesandte Gottes auf um zu beten, ohne seine Frau zu wecken, da er ihren Schlaf nicht stören wollte. Aischa berichtete: „Eines Nachts wachte ich auf und sah, dass der Gesandte Allahs nicht da war. Da ich dachte, er sei bei einer seiner anderen Frauen, wurde ich sehr eifersüchtig. Als ich aufstehen wollte, berührte meine Hand in der Dunkelheit seinen Fuß. Er war gerade dabei, sich im Gebet niederzuwerfen und sprach in diesem Gebet: *O Allah, bei Deinem Wohlgefallen suche ich Zuflucht vor Deinem Zorn; bei Deiner Vergebung suche ich Zuflucht vor Deiner Strafe. O Allah, bei Dir suche ich Zuflucht vor Dir; bei Deiner Gnade suche ich Zuflucht vor Deiner Pein, bei Deiner Barmherzigkeit vor Deiner majestätischen Erhabenheit, bei Deinem Mitgefühl vor Deiner unwiderstehlichen Macht; und ich bin nicht in der Lage, Dich so zu preisen wie Du Selbst Dich preist.*“[63]

Die Gefährten des Propheten waren sich der Verpflichtung, Muhammad in jeder ihrer Handlungen zu folgen, sehr wohl bewusst und taten ihr Bestes, um sich auch im Jenseits seiner Gesellschaft erfreuen zu können. Einige verzweifelten schier bei dem Gedanken, im nächsten Leben von ihm getrennt leben zu müssen; so verlor zum Beispiel Thauban seinen Appetit. Er war nicht in der Lage gewesen, an einem der Feldzüge des Propheten teilzunehmen. Nach seiner Rückkehr machten viele Menschen dem Prophet ihre Aufwartung; auch Thauban stat-

---

62 Ibn Kathir, *Tafsir*, *Al-Imran*, 190

63 Muslim, *Sala*, 22; Haythami, *Madschma az-Zawa'id*, 10, 124; Tirmidhi, *Da'wat*, 81

tete ihm einen Besuch ab, war dabei aber so blass, dass der Gesandte Gottes nicht umhin konnte, ihn nach seiner Gesundheit zu fragen. Thauban antwortete ihm: „O Gesandter Allahs, ich verzehre mich vor Angst, im Jenseits von dir getrennt zu sein. Du bist der Gesandte Allahs, daher wirst du das Paradies betreten. Ich aber weiß nicht, ob ich dessen würdig bin; und selbst wenn Allah mir Zugang zum Paradies gewährt, wird dein Aufenthaltsort weit über meinem angesiedelt sein. Es wird mir wohl niemals gelingen, in Deiner Nähe zu sein. Ich weiß nicht, wie ich das ertragen soll, wo ich doch sehe, dass ich es in dieser Welt noch nicht einmal verkrafte, drei Tage von dir getrennt zu sein." Als der Gesandte Gottes Thauban die folgende gute Nachricht übermittelte, war dieser beruhigt: *Ein Mensch wird immer in der Gesellschaft dessen sein, den er liebt.*[64]

Jemanden zu lieben bedeutet, dessen Vorbild in diesem Leben zu folgen, und die Gefährten des Propheten schenkten diesem Anspruch mehr Beachtung als alle andere Menschen.

Umar war sehr darauf bedacht, Familienbande mit dem Gesandten Gottes zu knüpfen. Aus diesem Grunde erhoffte er sich, Fatima zur Frau nehmen zu können, die sein Ansinnen jedoch zurückwies und darauf bestand, Ali zu heiraten. Später, in den letzten Jahren seines Kalifats, schloss Umar die Ehe mit Umm Kulthum, der Tochter Alis. Wenn er gewollt hätte, hätte er damals die Tochter jedes beliebigen Herrschers seines Zeitalters heiraten können, aber sein einziger Wunsch war es, mit der Familie des Propheten verbunden zu sein. Er hatte nämlich den Gesandten Gottes sagen hören, dass genealogische Verbindungen im Jenseits keinen Vorteil abwerfen würden, mit einer Ausnahme: der Familienbande.

Umar war dem Gesandten Gottes zutiefst ergeben. Oft ergriff der Prophet seine Hand und sagte: *Auch im Jenseits werden wir so sein (zusammen, wie die beiden Hände)*. Trotzdem sehnte sich Umar danach, direkt mit der Familie des Propheten verbunden zu sein, und gab ihm seine Tochter Hafsa zur Frau. Er selbst heiratete, wie gesagt, die Enkelin des Propheten Umm Kulthum. Einmal sagte Umars Tochter Hafsa zu

---

64 Bukhari, *Adab*, 96; Muslim, *Birr*, 1650

ihrem Vater: „Mein lieber Vater, oft kommen Gesandte aus fremden Ländern zu Besuch, und von Zeit zu Zeit empfängst du Botschafter. Ich denke, du solltest dir neue Kleider zulegen." Umar war über diesen Vorschlag empört und erwiderte: „Wie soll denn dann meine Freundschaft mit dem Propheten und Abu Bakr weiter Bestand haben? Ich muss ihrem Beispiel so konsequent folgen, dass ich auch im Jenseits mit ihnen zusammen sein kann sein."

Der Gesandte Gottes und seine Gefährten praktizierten den größeren Dschihad erfolgreich, und sie waren Gott sehr ergeben. Sie verbrachten so viel Zeit im Gebet, dass diejenigen, die sie sahen, dachten, sie würden gar nichts anderes mehr tun. Doch das stimmte natürlich nicht, denn sie führten ein vollkommen ausgeglichenes Leben.

In ihrem Handeln waren sie zutiefst aufrichtig. Sie taten alles nur um der Sache Gottes willen und versäumten es nie, sich selbst zu disziplinieren. Einmal hielt Umar gerade eine Predigt, als er plötzlich, ohne einen ersichtlichen Grund, folgende Worte von sich gab: „O Umar, du warst ein Hirte, der die Schafe seines Vaters hütete." Als er nach dem Gebet gefragt wurde, warum er dies gesagt habe, antwortete er: „Ich realisierte, dass ich der Kalif war, und da hatte ich Angst, hochmütig zu werden." Einmal sah man ihn einen Sack auf dem Rücken tragen. Als er nach dem Grund dafür gefragt wurde, lautete seine Antwort: „Ich fühlte eine gewisse Hochmut in mir, und da hatte ich den Wunsch, dieses Gefühl loszuwerden."

Einmal schrieb Umar einen Brief an einen Freund und zerriss ihn dann. Auf die Frage, warum er dies getan habe, erklärte er: „Ich war stolz auf seinen sprachgewandten Stil, deshalb habe ich ihn zerrissen."

Nur ein Dschihad, der von so vollkommenen Menschen praktiziert wird, führt zu wirklich eindrucksvollen Resultaten. Wer noch nicht in der Lage ist, sich von Stolz, Eigennutz und Unaufrichtigkeit zu befreien, wird der Sache des Islam sehr wahrscheinlich großen Schaden zufügen, und ich möchte ausdrücklich betonen, dass ein Mensch mit diesen Schwächen niemals das erhoffte Ziel erreichen wird.

Im Koran gibt es einige Verse und Suren, die die beiden Seiten des Dschihad beschreiben. Eine dieser Suren ist die Sure *an-Nasr*:

> *Wenn die Hilfe Allahs kommt und der Sieg und du die Menschen zur Religion Allahs in Scharen übertreten siehst, dann lobpreise deinen Herrn und bitte Ihn um Vergebung! Er ist wahrlich der, der die Reue annimmt.* (110:1-3)

Als die Gläubigen den kleineren Dschihad praktizierten - durch Kampf auf dem Schlachtfeld oder Verkünden der Wahrheit -, als sie das Recht zur Pflicht machten und das Unrecht verboten, wurden ihnen die Unterstützung Gottes und der Sieg zuteil. Die Menschen begannen, dem Islam in Scharen beizutreten. In dieser Situation ordnete der Allmächtige an, Ihn zu preisen und um Vergebung zu bitten. Da Gott es ist, der alle Erfolge und Triumphe stiftet, ist Er allein des Lobpreises und der Anbetung würdig.

Wenn es einem Menschen gelingt, den Triumph über den Feind mit dem Triumph über das eigene fleischliche Selbst zu verknüpfen, dann hat er den Dschihad in vollkommener Art und Weise praktiziert. Aischa berichtete, der Gesandte Gottes habe nach der Offenbarung der Sure *an-Nasr* mehrmals folgendes Gebet gesprochen: *Ich huldige Dir mit meinem Lobpreis, o Allah; ich strebe nach Deiner Vergebung, und ich wende mich in Reue an Dich.*[65]

Ein Ausspruch des Propheten vereint beide Seiten des Dschihad: *Zwei Augenpaare werden niemals das Höllenfeuer sehen: Die Augen eines Soldaten, der an Grenzen und auf Schlachtfeldern Wache hält, und die Augen eines Menschen, der aus Furcht vor Allah Tränen vergießt.*[66]

Schlaflos an den Grenzen und auf den Schlachtfeldern Wache zu halten, entspricht dem kleineren Dschihad, während die Reinigung durch das Vergießen von Tränen aus Furcht vor Gott dem größeren Dschihad angemessen ist. Jeder Gläubige, der im Dschihad Erfolg hat, wird den Qualen des Höllenfeuers entgehen. Der Dschihad sollte jedoch als Ganzes betrachtet werden. Diejenigen, die vorgeben, die Wahrheit zu verkünden, sich gleichzeitig aber in Spitzfindigkeiten verlieren und Dinge vorschlagen, denen sie in Wirklichkeit selbst gar nicht folgen wollen, verursachen unter den Muslimen nichts als

65 Tirmidhi, *Da'wat*, 81

66 Tirmidhi, *Fada'il as-Sahaba*, *Dschihad*, 12

Probleme. Da sie nicht fähig sind, sich selbst zu disziplinieren, und Eigennutz, Großspurigkeit oder auch den Wunsch, andere zu beherrschen, nicht überwinden können, belasten sie die Sache des Islam mit Konflikten. Andererseits reduzieren diejenigen, die in nahezu vollkommener Abgeschiedenheit leben und versuchen, hohe spirituelle Stufen zu erklimmen, ohne sich dafür einzusetzen, die Wahrheit zu verbreiten, den Islam auf eine Art ‚spirituelles System', das mit bestimmten Aspekten des Yoga zu vergleichen ist. Diese Menschen argumentieren, die allererste Pflicht eines Muslims bestehe darin, spirituelle Reife zu erlangen, um der Hölle zu entgehen. Dabei begreifen sie jedoch nicht, dass sich diejenigen, die sich vor der Hölle sicher glauben, irren. Niemand kann sich sicher sein, gerettet zu werden, und Gott befiehlt uns, Ihm zu dienen, solange wir leben: *Und diene Deinem Herrn, bis die Gewissheit zu dir kommt.* (15:99)

Ein gläubiger Mensch sollte weder fest davon ausgehen, dass er den Höllenqualen entgeht, noch die Hoffnung auf die Gnade und Vergebung Gottes aufgeben. Zwar sollte er vor Gottesfurcht erzittern, so wie Umar es tat, andererseits aber sollte seine Furcht ihn nicht davon abhalten, auf das Eingehen ins Paradies zu hoffen, denn der Koran sagt: *Und dem aber, der sich vor der Gegenwart seines Herrn fürchtet, werden zwei Gärten zuteil sein.* (55:46)

Um noch einmal zusammenzufassen, was bisher gesagt wurde:

Der wahre Dschihad verknüpft die kleineren mit den größeren Seiten des Dschihads. Weder in der Vergangenheit noch in der Gegenwart haben die rechtschaffenen muslimischen Gelehrten und Persönlichkeiten jemals einen Unterschied zwischen diesen beiden Seiten gemacht. Selbst im Gefängnis haben sie nie davon abgelassen, die Wahrheit zu verkünden, und auch den Dienst an Gott haben sie niemals vernachlässigt: Sie haben ihre Nächte stehend und sich niederwerfend im Gebet zu ihrem Herrn verbracht. Jede ihrer Handlungen hat ihren Glauben gefestigt, ihr Vertrauen und ihre Kraft gestärkt, und sie dazu veranlasst noch aktiver auf dem Wege Gottes voranzuschreiten. Ihr ganzes Leben haben sie in der Überzeugung verbracht, dass Gott stets über sie wacht. Dafür, dass sie Ihn zufrieden gestellt haben, hat Er sie stets unterstützt und ihre Taten mit Erfolg gekrönt. Wer den

Dschihad praktiziert, muss in seinem Glauben und Handeln absolut aufrichtig sein und die Absicht haben, ausschließlich nach der Anerkennung Gottes zu streben. Er wird sich anderen Menschen ehrlich, entgegenkommend und sanftmütig nähern. Niemals wird er in seiner Rede auf Spitzfindigkeiten zurückgreifen oder seinen Zuhörern belanglose Dinge erzählen.

Der Dschihad bedarf zum Einen der Selbstbeherrschung und zum Anderen der Verkündung der Wahrheit. Er erfordert die Überwindung der eigenen sinnlichen Begierden, aber auch die Ermutigung anderer, dem eigenen Beispiel Folge zu leisten. Wird der erste Punkt vernachlässigt, bedeutet dies Anarchie in der Gesellschaft, während die Vernachlässigung des zweiten Punkts zu Trägheit führt. Gerade heute ist es enorm wichtig, den Islam im Allgemeinen und den Dschihad im Besonderen wirklich zu verstehen. Dies ist aber nur dann möglich, wenn man die Sunna des Propheten Muhammad, Friede sei mit ihm, strikt befolgt.

Wie glücklich doch diejenigen sind, die sich auf dem Wege Gottes bemühen, um sich selbst und andere zu retten! Und wie glücklich erst jene sind, die sich, obwohl sie andere retten, nicht selbst vernachlässigen!

6.6

Manche Leute behaupten, die Muslime hätten sich wie westliche imperialistische Mächte verhalten, weil auch sie mit dem Ziel der Eroberung und Ausbeutung in fremde Länder einmarschiert seien und diese besetzt hätten. Haben sie Recht?

Dies ist eine von vielen Behauptungen, die von den Gegnern des Islam aufgestellt wurden, um Zweifel am Islam zu säen und den Verstand von Muslimen, die ihre eigene Geschichte nicht ausreichend kennen, zu verwirren.

Den Muslimen vorzuwerfen, einen imperialistischen Kolonialismus betrieben zu haben, ist ungeheuerlich und absurd. Denn diese Menschen riskierten mit ihrer ehrenhaften Gesinnung ihr Leben, um anderen Völkern die Botschaft des Islam zu bringen. Sie verbrachten den größten Teil ihres Lebens weit weg von ihren Kindern, ihren Familien und ihrer Heimat, um gegen Armeen zu kämpfen die zehn- oder gar zwanzigmal so groß wie ihre eigenen Armeen waren; und sie waren zutiefst betrübt, wenn sie nicht auf dem Schlachtfeld für ihre Sache sterben und den ruhmreichen Gefährten des Propheten als Märtyrer des Islam folgen konnten. Wir sollten uns daher fragen, welchen weltlichen Nutzen diese Muslime aus ihren Mühen, Entbehrungen und Opfern gezogen haben!

Diejenigen, die mit den schlimmsten imperialistischen Absichten (und Folgen) fremde Länder überfielen, besetzten und ausbeuteten, waren allesamt machthungrige Individuen oder Nationen: von Alexander bis Napoleon, von den Römern bis zu den Deutschen und von der russischen Diktatur bis zur amerikanischen Supermacht. Überall dort, wo es zu imperialistisch motivierten Eroberungsfeldzügen kam, verdarben diese die Moral und hinterließen Chaos, Konflikte, Tränen, Blutvergießen und Verwüstung. Heute schicken sich die Erben dieser Art von Eroberern an, den Islam, seinen Propheten und seine ruhmreichen Gefährten zu beleidigen. Dabei verhalten sie sich wie ein unverfrorener Dieb, der den Eigentümer eines Hauses zu täuschen und davon abzulenken versucht, dass er in diesem Haus einen Diebstahl begangen hat.

Zu einer Zeit, in der muslimische Armeen einen Triumph nach dem anderen feierten, sagte der Kalif Umar: „Es ziemt sich für mich, auf dem Niveau der ärmsten Muslime zu leben." Und das tat er dann auch. Wen hat dieser Kalif eines so großen Reichs denn ausgebeutet? Für seinen eigenen Lebensunterhalt benötigte er doch nur ein paar Oliven am Tag.

Als ein Muslim einmal nach einer Schlacht aufgefordert wurde, die Habseligkeiten eines feindlichen Soldaten, mit dem er gekämpft und den er getötet hatte, an sich zu nehmen, sagte er: „Ich habe an dieser Schlacht nicht teilgenommen, um Beute zu machen." Er deutete auf seine Kehle und fuhr fort: „Was ich mir wünsche, ist, von einem Pfeil an dieser Stelle getroffen zu werden und als Märtyrer zu sterben." Und so geschah es dann auch. Wen hat dieser Muslim ausgebeutet? Sein einziges Anliegen war doch, als Märtyrer zu sterben.

Bei einer anderen Schlacht kämpfte ein muslimischer Soldat mit einem Anführer des Feindes, der viele Muslime auf dem Gewissen hatte, und tötete ihn. Der Befehlshaber der muslimischen Armee sah, wie sich der Muslim von seinem toten Feind entfernte. Der Befehlshaber ging zu dem toten Soldaten und rief den Muslim, der ihn getötet hatte, zu sich. Dieser weigerte sich zunächst, ihm zu gehorchen, aber der Befehlshaber rief ihn im Namen Gottes zurück. Nun fühlte sich der Muslim verpflichtet zurückzugehen, bedeckte aber sein Gesicht mit einem Stück Tuch. Zwischen dem Befehlshaber und ihm entwickelte sich folgendes Gespräch:

– Hast du ihn um der Sache Gottes willen getötet?
– Ja.
– Gut! Nimm also diese Tausend-Dinar-Münze!

– Aber ich tat es doch um der Sache Gottes willen!
– Wie ist dein Name?
– Was bedeutet dir schon mein Name? Wahrscheinlich wirst du ihn nur herumerzählen und sorgst so dafür, dass ich meinen Lohn (*Thawab*) für diese Tat im Jenseits verliere.

Ist es denn überhaupt möglich, dass Menschen mit einer solchen Gesinnung andere Menschen ausplündern und überall in der Welt Kolonien errichten? Um es ganz klar zu sagen: Menschen, deren Hass und Feindschaft gegenüber den Muslimen so groß sind, dass sie derart offenkundige Lügen in die Welt setzen, werden wohl nie die Wahrheit sehen und hören, geschweige denn einsichtig und vernünftig werden!

Schauen wir uns nun einmal an, wie Ausbeutung und Imperialismus überhaupt definiert sind. Der Imperialismus (auch Kolonialismus genannt) ist eine Herrschaftsform, bei der ein reiches und mächtiges Land die Kontrolle über andere Länder und deren Handel und Politik ausübt und auf deren Kosten den eigenen Reichtum und die eigene Macht vermehrt. Es gibt jedoch unterschiedliche Arten von Ausbeutung. In der Welt von heute kann sie folgende Formen annehmen:

1. Einmarsch und uneingeschränkte Oberherrschaft mit dem Ziel, ein Land zu erobern, seine Ureinwohner zu enteignen und die direkte Herrschaft und Souveränität der Invasoren zu etablieren. Beispiele für diese Form sind die europäischen Siedler gegenüber den Indianern in den USA, die britischen Siedler gegenüber den Aborigines in Australien oder die jüdischen Siedler gegenüber den Palästinensern in Palästina.

2. Militärische Besatzung: Diese dient der Unterwerfung eines Volkes mit Waffengewalt. Mit ihr sabotiert man das öffentliche Leben dieses Volkes und versucht, dessen Land und Ressourcen zu kontrollieren. Die Briten z.B. herrschten so in Indien.

3. Einmischung und Intervention: Die offene oder verdeckte Einmischung in die inneren oder äußeren Angelegenheiten eines Landes wie auch in dessen Wirtschaft und Verteidigung. Beispiele für diese Form sind alle Länder der Dritten Welt, die offen von den Industriestaaten manipuliert und kontrolliert werden.

4. Der Transfer von Intellektuellen. Dies ist die gebräuchlichste und gefährlichste Form von Imperialismus in der heutigen Zeit. Junge, intelligente und begabte Bewohner der Länder, die ausgebeutet werden sollen, werden ausgewählt, mit Stipendien versehen, im Ausland ausgebildet, in verschiedene Lobbys und Logen eingeführt und schließlich in der Verwaltung dieser Länder eingesetzt, um so auf deren Geschicke Einfluss zu nehmen. Auf diese Weise werden entweder Einheimische oder Ausländer, die mit den Ausbeutern im Ausland in Verbindung stehen, in entscheidende Positionen des Staatsapparats geschleust, und die ‚Burg' wird von innen erobert.

Im vergangenen Jahrhundert bedienten sich die Imperialisten westlicher Staaten dieser Methode der Kolonialisierung in großem Stil und wurden so unglaublich einfluss- und erfolgreich. Auf diese Weise erreichten sie ‚sanft' und ohne die Feindschaft der Völker, die sie unterwerfen wollten, auf sich zu ziehen, ihre Ziele. Die Völker der islamischen Welt sitzen heutzutage mehr oder weniger alle in der Falle und werden missbraucht und ausgebeutet.

Egal welcher Form von Imperialismus sie unterworfen sind, immer leiden die betroffenen Länder unter einer ganzen Reihe von negativen Konsequenzen:

1. Über verschiedene Integrationsstrategien werden die Völker ihren eigenen Werten, ihrer nationalen Kultur und ihrer Geschichte entfremdet. Sie stürzen in Identitäts- und Sinnkrisen. Weder kennen sie ihre eigene Vergangenheit, noch sind sie in der Lage, ihre eigene Zukunft zu gestalten.

2. Enthusiasmus, Anstrengungen und Eifer, ihr eigenes Land zu unterstützen und weiterzuentwickeln, werden gedämpft. Ihre Industrie wurde von den imperialistischen Ländern abhängig gemacht; Wissenschaft und Bildung werden unproduktiv gehalten und stehen im Abseits; anstatt das freie Studium und die freie Forschung zu fördern, wird die Nachahmung als Wert propagiert.

3. Die Völker sterben zwar nicht, erwachen aber auch nicht zu neuem Leben; stattdessen begeben sie sich in eine verhängnisvolle Abhängigkeit von Ausländern. Die Menschen werden durch leere

Worte wie Fortschritt, Verwestlichung, Zivilisation und andere ruhig gestellt und getäuscht.

4. Alle Institutionen des Staates erhalten finanzielle Förderungen aus dem Ausland, d.h., sie verschulden sich materiell und kulturell massiv. Import, Export und Entwicklung stehen unter vollständiger Kontrolle der ausbeutenden Länder bzw. werden von diesen sanktioniert.

5. Während keine Mühe gescheut wird, die Masse der einfachen Leute in Armut zu halten, gewöhnt man die herrschenden Klassen daran, ein extravagantes und luxuriöses Leben zu führen. So sät man im Volk ein Gefühl der Unzufriedenheit. Die Menschen werden zu Aggression und Kampf gegeneinander erzogen, wodurch sie für immer anfällig für Einfluss und Intervention von außen werden.

6. Da die Kreativität von Verstand und Geist unterdrückt wird, neigen Bildungseinrichtungen zur Imitation ausländischer Gedanken, Inhalte und Themen. Die Industrie beschränkt sich auf das Zusammensetzen vorgefertigter Teile, und die Armee wird zum Schrotthaufen der imperialistischen Länder. Um deren Industriezweige am Leben zu halten, wird überteuertes Material eingekauft.

Ich frage mich, ob es wirklich klug bzw. überhaupt möglich ist, die islamischen Eroberungen mit einem imperialistischen Herrschaftssystem zu vergleichen, das doch so katastrophale Auswirkungen mit sich bringt.

Zunächst einmal hat der Islam niemals einen großen Exodus der Menschen aus ihren Häusern und Ländern herbeigeführt oder irgendjemanden durch das Anlegen von Ketten an Händen und Füßen am Arbeiten gehindert. Er hat den Menschen die Freiheit gelassen, ihre Anschauungen und ihren Glauben ohne Einschränkungen zu praktizieren, und Nicht-Muslimen genauso wie Muslimen Schutz gewährt. Die muslimischen Gouverneure und Herrscher wurden auf Grund ihrer Gerechtigkeit und Integrität respektiert, und zwischen den verschiedenen Gemeinschaften herrschten Gleichheit, Frieden und Sicherheit. Wenn dem nicht so gewesen wäre, hätten sich dann die Christen in Damaskus in ihrer Kirche versammelt und zu Gott um den Sieg der Muslime gegen das christliche Byzanz gebetet, das Damaskus von den Muslimen zurückerobern wollte? Wenn sich die Muslime nicht so verhalten hätten, hätten sie dann so viele Jahre lang die Sicherheit in einem

Staat gewährleisten können, in dem man mehr als sechs Monate brauchte, um von der einen Grenze zur anderen zu reisen? Wenn man die muslimischen Herrscher und die dynamische Energie, die sie auszeichnete, mit den Herrschern der heutigen Zeit vergleicht, die noch nicht einmal in einem kleinen Land für Frieden und Sicherheit sorgen können, obwohl ihnen sämtliche Mittel des Transports, der Telekommunikation und der militärischen Unterstützung zur Verfügung stehen, muss man sie einfach bewundern. Viele Gelehrte und Intellektuelle, die sich des Werts der Dynamik des Islam bewusst sind, weisen ausdrücklich darauf hin, dass sich die Muslime neu besinnen und versuchen sollten, sich diese Dynamik wieder zu Eigen zu machen. Denn sie war es, die einst die globale Vorherrschaft des Islam begründete, und sie wird die Basis unseres ewigen Lebens im Jenseits bilden. Als die Muslime fremde Länder eroberten, eroberten sie gleichzeitig auch die Herzen der dort ansässigen Bevölkerung. Sie wurden von den Einheimischen mit Liebe, Respekt und Gehorsam empfangen. Kein einziges Volk, das sich zum Islam bekannt hat, hat sich jemals darüber beschwert, dass es durch die Ankunft der Muslime kulturell eingeschränkt oder zerstört worden wäre - ein offensichtlicher Kontrast zu den Eroberungen des christlichen Westens.

Die Muslime der Frühzeit des Islam schätzten das Potenzial an Wissen und Kunst, dass die Länder, in die sie kamen, besaßen. Gelehrten und Wissenschaftlern boten sie alle Möglichkeiten, damit sie weiter forschen konnten. Unabhängig davon, welcher Religion diese Menschen angehörten, achteten die Muslime sie sehr und brachten ihnen großen gesellschaftlichen Respekt entgegen. Sie verhielten sich nie so wie die Amerikaner gegenüber den amerikanischen Indianern, die Franzosen gegenüber den Algeriern, die Briten gegenüber den australischen Aborigines oder die Niederländer gegenüber den Indonesiern. Im Gegenteil, sie behandelten die Bevölkerung der von ihnen eroberten Länder so, als stammte sie aus ihrem eigenen Volk und als gehörte sie ihrer eigenen Religion an. Sie verhielten sich ihr gegenüber wie Brüder.

Der Kalif Umar sagte einmal zu einem koptischen Ägypter, der von einem Adligen aus Mekka geschlagen worden war: „Geh und schlag ihn genauso zurück!“ Als Umar hörte, dass Amr ibn al-As die Gefühle eines gebürtigen Ägypters verletzt hatte, wies ihn Umar mit den Worten zurecht: „Die Menschen wurden als freie Wesen geboren. Warum machst du sie zu Sklaven?“ Nachdem Umar die Schlüssel für die Al-Aqsa Moschee entgegengenommen hatte, besuchte er auch die Priester in mehreren Kirchen in Palästina und unterhielt sich mit ihnen. Einmal war er zur Gebetszeit gerade in einer Kirche. Da bat ihn der Priester eindringlich, sein Gebet doch in der Kirche zu verrichten. Umar aber sagte: „Andere Christen könnten dir später vorwerfen, dass du Umar hast in der Kirche beten lassen.“ Deshalb verließ er das Kirchengelände und betete auf dem Erdboden.

Dies sind nur einige wenige Beispiele, die beweisen, wie sensibel, tolerant, gerecht und menschlich die Muslime gegenüber anderen Menschen waren. Zu einer solchen Haltung aufrichtig empfundener Toleranz hat es außer den Muslimen kein anderes Volk und keine andere Gesellschaft gebracht.

6.7

Was genau bedeutet *Tanasukh* (Seelenwanderung)? Steht dieser in irgendeiner Art und Weise im Einklang mit den Lehren des Islam?

Der Begriff *Tanasukh*, Seelenwanderung, bezieht sich auf eine Lehre, die besagt, dass Seelen nach dem Tod in einem anderen Körper weiter leben, dann erneut sterben und wieder in einen anderen Körper umziehen usw.. Diese Lehre nennt man Reinkarnationslehre oder Metempsychose. Natürlich handelt es sich bei ihr nicht um eine islamische Lehre.

Der Glaube an diese Lehre der endlosen Zyklen von Geburt, Tod und Wiedergeburt findet sich in der einen oder anderen Form in fast allen Gesellschaften wieder, in primitiven genauso wie in hoch entwickelten. Abweichungen innerhalb dieser Lehre basieren auf örtlichen und regionalen Unterschieden in Glauben und Kultur. Insbesondere in den sehr materialistischen Gesellschaften, deren formelle Kultur das spirituelle Leben verleugnet, ist diese pseudo-religiöse Lehre in bestimmten Kreisen zu einer Modeerscheinung geworden. Dort wird behauptet, die Geister der Toten würden umherwandern, teilweise auch physische Formen annehmen und die Lebenden beeinflussen, bis sie sich schließlich in neuen Körpern niederlassen. An dieser Stelle auf Einzelheiten der verschiedenen Ausprägungen dieser Lehre einzugehen, erscheint mir unangebracht; sinnvoller ist es wohl, ihren wesentlichen Gehalt darzustellen und sie aus dem Blickwinkel des Islam zu betrachten.

Für das hohe Alter der Lehre der Reinkarnation spricht die Literatur des Altertums. In den Sagen der Metamorphose beschreibt der römische Dichter Ovid beispielsweise auf schillernde Art und Weise, wie Götter die Gestalt von Menschen und Tieren annehmen, wie Menschen in verschiedene Rollen schlüpfen usw.. Doch jene Sagen begründen noch keine Lehre; denn diese begnügt sich nicht mit einer Veränderung von Form und Farbe, sondern stützt sich auf den Glauben, dass jede einzelne Seele jede Ebene der Schöpfung und jede Lebensform durchlaufen muss - belebt wie unbelebt, empfindungsfähig wie empfindungslos. Wenn wir über diese Lehre nachdenken, werden wir sehr schnell feststellen, dass sie eine sehr eigenwillige Interpretation der Unsterblichkeit der Seele darstellt. Mit anderen Worten: Der Kerngedanke dieser Lehre ist die Erkenntnis, dass die Seele unsterblich ist. Dieser Kerngedanke ist richtig, der Rest jedoch nicht. Vielleicht ist die Lehre auch aus der Beobachtung der Ähnlichkeit von physischen und anderen Wesensmerkmalen bei Eltern und ihren Kindern entstanden. Mit anderen Worten: Die Lehre der Reinkarnation findet, für die biologischen Phänomene der Vererbung, die ja durch die Gesetze der Genetik vollkommen vernunftgemäß erklärt werden, eine eigene Erklärung, die weniger eindeutig und dem Verstand nicht zugänglich ist.

Es heißt, die Reinkarnationslehre sei im Stromgebiet des Nils entstanden und habe sich von dort in andere Gebiete und zu anderen Völkern ausgebreitet: nach Indien z.B. und von dort wieder zurück in Richtung Westen bis nach Griechenland. Dort wurde sie durch die Beredsamkeit der Philosophen vernunftgemäß gedeutet (auch wenn uns das kaum vorstellbar erscheinen mag) und entwickelte sich zu einer Quelle des Trostes und der Hoffnung für alle Menschen, die sich nach ewigem Leben sehnten. Was die größeren Religionen betrifft, so wurde die Lehre zunächst durch die Kabbalisten in das Judentum eingeschleust. Über jüdische Denker fand sie Eingang in das Christentum und schließlich beeinflusste sie auch die Vorstellungen einiger Sufis, obwohl sich muslimische Gelehrte bemühten, Verzerrungen dieser Art entgegenzutreten.

Wenn jemand eine Lehre untermauern möchte, muss er Beweise ins Feld führen. Die Kabbalisten erwähnten zum Beispiel die (im Alten Testament erwähnte) Verwandlung der Niobe in eine Marmorstatue und die Verwandlung der Frau Lots in eine Sandsäule.

Andere wiederum erklären den Instinkt und die Intelligenz von Tieren und die Pracht der Pflanzen damit, dass irgendwann einmal menschliche Intelligenz und Vitalität in sie geschlüpft seien. Diese Idee entwürdigt jedoch den Menschen und blamiert ihre Befürworter: Man mag sich kaum vorstellen, dass eine Behauptung wie diese, selbst wenn sie ohne große Überlegung aufgestellt wurde, von Leuten in die Welt gesetzt wurde, die auch nur einen Funken Verstand besitzen. Zwar besteht überhaupt kein Zweifel daran, dass auch die Pflanzen und die unbelebte Schöpfung über ein Programm und ein vorherbestimmtes Schicksal verfügen. Dennoch ist es doch wohl sehr weit hergeholt, die Harmonie und die Ordnung, die wir bei Pflanzen und im Mineralreich beobachten, auf Seelen zurückzuführen, die vorher als oder in Menschen gelebt haben. Pflanzen und Bäume besitzen tatsächlich eine Art Leben, ein pflanzliches Leben nämlich, ein Wachstum hin zu Licht und Feuchtigkeit; das bedeutet aber nicht, dass hinter diesem Wachstum die Aktivität einer Seele steckt, einer gefallenen menschlichen Seele oder einer Seele auf ihrem Weg durch die unterschiedlichen Ebenen der Schöpfung.

Trotz durchaus vorhandener Bemühungen, diese Theorie zu erhärten, hat niemand jemals irgendeine Botschaft von irgendeiner Pflanzenart erhalten, die bestätigen würde, dass diese eine Seele in sich trägt, die früher einem Menschen gehört hat. Auch konnte noch kein Mensch glaubhaft versichern, früher einmal die Seele einer Pflanze oder eines Tieres gewesen zu sein. Zwar existieren durchaus von Boulevardzeitungen und ähnlichen Medien verbreitete Behauptungen von Menschen, die sich an frühere Leben erinnern und sogar Ereignisse aus ihren früheren Leben erzählen. So weit es sich bei diesen Behauptungen nicht um vollkommen absurde und lächerliche Fantastereien handelt, ist deren Inhalt aber meistens unschwer als Erinnerung an das deutbar, was der betreffende Mensch gesehen oder gelesen und dann - wissentlich oder nicht - verarbeitet und aufgenommen hat. Eine solche Verarbeitung von Erinnerungen ist ja auch bei anderen menschlichen Gedanken gang und gäbe.

Die Tatsache, dass Niobe und die Ehefrau des Propheten Lot in Marmorstatuen bzw. Sandsäulen verwandelt wurden, ist, selbst wenn man sie wortwörtlich so akzeptiert, weder ein Beispiel noch ein Beweis für Reinkarnation. In diesem Fall geht es um eine Verwandlung physischer Art, die nichts mit einer Seelenwanderung zu tun hat. Was die versteinerten Körper betrifft, so ist dies kein Phänomen, was ein großes Geheimnis in sich bergen würde: Ähnliche Körper, die durch die vollkommene Trockenheit von Vulkanasche konserviert wurden, wurden in großer Zahl gefunden. Pompeji wurde durch einen plötzlichen Vulkanausbruch zerstört und blieb jahrhundertelang unter der Asche des Vesuv begraben. Die dort vorgenommenen Ausgrabungen legten zahlreiche Niobe ähnelnde versteinerte Körper frei. In diesen Ruinen und in den versteinerten Gesichtern und Körpern können wir, wenn wir wollen, die Zeichen des Zorns und der Strafe Gottes lesen. Vielleicht ist das Leben dieser Menschen zu Stein geworden und erhalten geblieben, damit zukünftige Generationen es anschauen und sich in Acht nehmen können. Die versteinerten Menschen als Beweis für die Lehre der Reinkarnation anzuführen, ist schlicht und einfach abwegig.

In Ägypten, Indien und Griechenland blühte der Glaube an die Reinkarnation vor allem deshalb auf, weil dort der einst aufrichtige Glaube an das Jenseits verzerrt wurde. Auch die Sehnsucht nach der Unsterblichkeit der Seele wirkte sich begünstigend aus. Weder im Ägypten des Ahen-Aten noch im Griechenland des Pythagoras war die Lehre der Reinkarnation, die die Verzerrung des Glaubens mit sich brachte, bereits bekannt. Ahen-Aten ging davon aus, dass für den Menschen nach dem Leben im Diesseits ein neues Leben im Himmel beginnt. Er glaubte, dass sich die Seelen der Sterbenden auf die Reise machen, um den Höchsten Gerichtshof im Himmel zu erreichen, dass sie hoch empor steigen, bis sie in die Gegenwart des Osiris gelangen und hoffen, mit den folgenden Worten Rechenschaft ablegen zu können: „Ich bin in Deine Gegenwart gekommen, da ich frei von Sünden war. Mein ganzes Leben lang habe ich, so weit es mir möglich war, alles dafür getan, fromme Menschen zu erfreuen. Ich habe kein Blut vergossen, und ich habe nicht gestohlen. Ich habe weder Zwietracht gesät noch im Sinn gehabt. Ich habe weder Ehebruch begangen noch Unzucht getrieben.“ Diejenigen, die in der Lage wären, so zu sprechen, würden - so glaubte Ahen-Aten - zu seiner Gemeinschaft zählen. Diejenigen aber, die dies nicht könnten und deren schlechte Taten schwerer wögen als ihre guten, würden in die Hölle geschleudert und von Dämonen gequält werden.

Ein ähnlich vernünftiger Glaube findet sich auch in Grabinschriften, die an Ahen-Atens Religion anknüpfen und bestätigen: „Was Du tust, übersteigt unser Fassungsvermögen und das unserer Augen. O Du Einer und Einziger Gott! Niemand besitzt so viel Macht wie Du. Du bist es, der dieses Universum nach Seinen Wünschen erschaffen hat, nur Du allein. Du bist es, der die Welt für die Menschen und für alle Tiere, ob groß oder klein, ob mit den Füßen auf der Erde gehend oder mit den Flügeln im Himmel umherfliegend, vorteilhaft gestaltet hat. Und nur Du allein bist es, der sie am Leben erhält und ernährt. Dank Dir wird alles Schöne ins Leben gerufen, und durch die Existenz dieses Schönen sehen Dich die Augen aller Geschöpfe. Fürwahr, mein Herz gehört Dir. (Du bist in meinem Herzen.)“ Diese Vorstellungen, die hier wortwörtlich zitiert wurden, galten vor viertausend Jahren in Ägypten als Wahrheit.

Auch im Alten Griechenland herrschte ein ähnlicher Glaube an die Wiederauferstehung und die Unsterblichkeit der Seele. Der große Philosoph Pythagoras glaubte zum Beispiel, die Seele besitze beim Verlassen des Körpers ein eigenes Leben. Jede Seele verfüge bereits vor ihrem Aufbruch aus dieser Welt über diese Form von Leben. Alle Seelen seien auf Erden mit bestimmten Pflichten betraut. Wenn sie eine Sünde begingen, würden sie dafür bestraft, in die Hölle geworfen und von Dämonen gequält werden. Für gute Taten hingegen würden sie in einen hohen Rang erhoben und mit einem glücklichen Leben gesegnet werden. Berücksichtigt man die Tatsache, dass die Vorstellungen des Pythagoras im Laufe der Geschichte teilweise verfälscht wurden, wird deutlich, dass sie fundamentale Übereinstimmungen mit dem islamischen Glauben an die Wiederauferstehung aufweisen. Auch die Überzeugungen Platos weichen nicht allzu stark von diesen ab. In seiner berühmten Abhandlung *Der Staat* schreibt er, die Seele lasse beim Verlassen des Körpers das materielle (körperliche) Leben ganz hinter sich. Sie steige dann in eine ihr angemessene (spirituelle) Sphäre auf, in der Weisheit und Unsterblichkeit herrschen. Hier verliere die Seele alle

Bedürftigkeit, allen Mangel, alle Fehleinschätzungen und alle Furcht, Leidenschaft und Liebe, die sie während des Lebens auf der Erde plagten. Habe sie sich schließlich aller negativen Folgen der menschlichen Natur entledigt, werde sie mit ewigem Glück gesegnet.

Wenn wir genau hinschauen, ist die Lehre der Reinkarnation mit ihren verschiedenen Ausprägungen innerhalb der unterschiedlichen Glaubensrichtungen in Wirklichkeit eine verzerrte Version eines ursprünglich vernunftgemäßen Glaubens. Außer dem Islam haben alle Glaubenslehren solche Verzerrungen hinnehmen müssen. Das Christentum beispielsweise, eine einst von Gott offenbarte Religion, wurde insofern verfälscht, dass Jesus in den Rang eines Gottes erhoben wurde. Ohne die erhellenden und klärenden Koranverse und ohne den Einfluss des Islam wäre die formelle Position des Christentums in diesem Punkt wohl nicht als Abweichung erkannt worden. Wenn das Christentum die Einheit von Seele und Körper lehrt, dann verdankt es ihre Vorstellungen in diesem Punkt den andalusischen muslimischen Gelehrten. Einer der berühmtesten christlichen Philosophen ist der Heilige Thomas von Aquin. Die meisten seiner neuartigen Ideen und Synthesen hat er den islamischen Lehren entnommen. In seinem hervorragenden Buch *Summa Theologica*[67] sagt er, das Schlüsselkonzept des Menschseins laute, dass Seele und Körper in einem harmonischen System vereint sind. Er fügt hinzu, die Seelen der Tiere würden sich in den Körpern der Tiere entwickeln, die Seelen der Menschen aber seien irgendwann in einer frühen Phase der Entwicklung gesondert erschaffen worden (Artikel 3), daher lehne er die abstrakten Spekulationen der neuplatonischen Schule ab.

Auch die alten ägyptischen, indischen und griechischen Religionen hatten zweifellos unter verantwortungslos falschen Übersetzungen aus der Originalsprache zu leiden und waren später nicht mehr wieder zu erkennen, da sie immer weiter verzerrt wurden. Die Lehre der Reinkarnation mag durchaus eine solche Verzerrung eines ursprünglich richtigen Konzeptes der Unsterblichkeit der Seele und ihrer Rückkehr zum Gericht Gottes gewesen sein.

---

67 Thomas von Aquin, *Summa Theologica*, Teil I, Frage 90, Artikel 4

Nachdem die Reinkarnation Eingang in den Glauben der alten Ägypter gefunden hatte, wurde sie überall am Nil zu einem zentralen Gegenstand von Liedern und Legenden. Und die sorgfältigen Deutungen griechischer Philosophen sorgten dafür, dass sie mit der Ausdehnung des griechischen Einflusses zu einem sehr weit verbreiteten Phänomen wurde.

Die Hindus betrachten Materie als die ordinärste Manifestation von Brahma und sind der Auffassung, die Annäherung von Körper und Seele sei erniedrigend für die Seele und komme einen Abstieg zum Bösen gleich. Der Tod hingegen wird als eine Erlösung interpretiert, als eine Befreiung von menschlichen Unzulänglichkeiten und als eine Chance, sich auf ekstatische Art und Weise mit der Wahrheit zu vereinigen. Die Hindus praktizieren einen Polytheismus. Ihr höchster Gott ist Krischna, von dem man glaubt, er sei in menschlicher Gestalt erschienen, um das Böse zu vernichten. Ihr zweithöchster Gott ist Vischnu (d.h.: etwas, das den menschlichen Körper durchdringen kann). Dem Hinduismus zufolge ist Vischnu neunmal in verschiedenen Formen (Mensch, Tier, Blume) zur Welt hinabgestiegen. Man erwartet, dass er auch noch ein zehntes Mal erscheinen wird. Da die Hindus davon ausgehen, dass Vischnu beim nächsten Mal in der Gestalt eines Tieres in diese Welt kommen wird, ist das Töten von Tieren aller Art strengstens verboten und nur während des Krieges gestattet. Die glühendsten Anhänger dieser Religion essen normalerweise überhaupt kein Fleisch. Den *Veden*, dem wichtigsten religiösen Buch der Hindus, zufolge, ist die Seele ein Teil, ein Fragment des Brahma; sie wird niemals in der Lage sein, sich von Leid und Sorgen zu befreien, solange sie nicht zu ihrem Ursprung zurückkehrt. Die Seele erlangt Gotteserkenntnis, indem sie sich selbst vom Ego und von aller Lasterhaftigkeit, die zum Ego gehört, isoliert und so zum Brahma strebt, wie der Fluss ins Meer fließt. Wenn die Seele Brahma erreicht und sich mit ihm vereinigt, erlangt sie absoluten Frieden, absolute Ruhe und absolute Stille - eine andere Version dessen, was im Buddhismus das Nirwana ist: Während aber im Buddhismus von einer Einstellung der aktiven Suche und von einer Passivität der Seele die Rede ist, ist die Seele im Hinduismus dynamisch.

Einige jüdische Religionsgemeinschaften übernahmen die Lehre der Reinkarnation und machten sie sich zu Eigen. Nachdem die Juden, die im Allgemeinen sehr am Leben hängen und von der Unsterblichkeit der Seele fasziniert sind, den Glauben an Auferstehung und Gericht zurückgewiesen hatten, blieb ihnen kaum noch etwas anderes übrig, als die Reinkarnation anzunehmen. Den Kabbalisten gelang es später, sie über einige Klosterorden der Region in die Kirche von Alexandria einzuführen. Auf die Manifestation des Islam hatte die Lehre zwar nur geringe Auswirkungen, bedauerlicherweise aber wurde sie durch die *Ghulat asch-Schi'a* (eine extremistische Gruppe der Schia) auch unter Muslimen bekannt.

Alle Übernahmen der Lehre der Reinkarnation im Altertum, in der jüngeren Vergangenheit und in der Gegenwart haben ein gemeinsames Charakteristikum, eine gemeinsame Wurzel: den Glauben an die Inkarnation. Der menschliche Verstand versagt bei dem Versuch, die absolute Transzendenz Gottes zu begreifen und zu akzeptieren: Dieses Versagen übt einen schlechten Einfluss aus und bringt die Menschen zu der Überzeugung, dass sich das Göttliche mit dem Körperlichen vermengt und sich das Körperliche bzw. der Mensch seinerseits mit dem Göttlichen vermengt bzw. vermengen kann. Diese falsche Vorstellung ist zwar nicht im Islam, der sich seine strikte Reinheit des Glaubens mit Gottes Hilfe bewahrt hat, aber ansonsten in sehr vielen Religionen anzutreffen. Zentraler Punkt in jeder dieser verzerrten Religionen ist eine Inkarnation oder Reinkarnation - Aten im Atenismus, Brahma im Hinduismus, Esra (Uzair) im Judentum, Jesus im Christentum und Ali in der Ghulat asch-Schi'a, die man nicht zur islamischen Gemeinschaft zählen kann. Behauptungen, einige Schriften und Äußerungen bestimmter muslimischer Sufis würden die Lehre der Reinkarnation unterstützten, sind entweder schlichtweg böswillig oder aber auf die absurd wörtliche Interpretation des extrem symbolischen und esoterischen Diskurses der Sufis zurückzuführen. Die muslimischen Gelehrten, zumindest die Sunniten unter ihnen (die Sunniten stellen über 90 Prozent der Muslime), haben die Lehre der Reinkarnation allesamt unmissverständlich als dem Geist des Islam völlig widersprechend zurückgewiesen. Dies gilt für Gelehrte aller

Betätigungsfelder einschließlich Rechtsprechung, Theologie, Koranexegese *(Tafsir)* und Hadithinterpretation. Der Grund liegt auf der Hand: Im islamischen Glauben ist von zentraler Bedeutung, dass alle Individuen gemäß ihrer individuellen Vorherbestimmung leben und sterben, dass sie alle eine individuelle Last tragen, individuell auferweckt und für ihre Absichten und Handlungen und deren Folgen zur Rechenschaft gezogen werden und dass auf jeden von uns ein (absolut gerechtes) Urteil Gottes wartet, das auf einheitlichen Kriterien beruht.

Der Islam weist die Lehre der Reinkarnation ganz und gar zurück. Die Hauptgründe hierfür sind im Folgenden aufgelistet.

1. Der Glaube an den Islam setzt den Glauben an die Auferstehung und das Jüngste Gericht voraus, bei dem jeder individuellen Seele dem individuellen Protokoll ihres Lebens entsprechend Gerechtigkeit widerfahren wird. Wenn jede Seele viele Male leben würde, in welcher Form bzw. Persönlichkeit würde sie dann von den Toten auferweckt, zur Rechenschaft gezogen und belohnt oder bestraft werden?

2. Diese Welt ist eine Welt der Prüfung und der Probe; die Seele soll von ihr profitieren. Ein Schwerpunkt der Prüfung liegt im Glauben an das *Ghaib* (das Unsichtbare). Der Lehre der Reinkarnation zufolge werden jene, die ein sündiges Leben geführt haben, in eine niedrigere Lebensform (Tier, Baum usw.) überführt. In diesem Fall jedoch würden sie die Folgen ihres früheren Lebens kennen, und das Leben als Prüfung verlöre seinen Sinn. Um dieses Problem zu umgehen, behaupten die Anhänger der Lehre der Reinkarnation, die Seele würde ihre jeweils vorangegangene Existenz vergessen. Doch wenn das stimmen würde, was sollten frühere Leben dann überhaupt für eine Bedeutung haben?

3. Wenn jedes Individuum, um ewige Glückseligkeit zu erlangen, einen schmerzhaften Zyklus von Seelenwanderungen zu durchlaufen hätte, dann wäre das Versprechen Gottes, die schlechten Menschen und die Sünder zu bestrafen und die Guten und Rechtschaffenen zu belohnen, für das Leben des Einzelnen bedeutungslos. Warum sollte Gott etwas so Sinnloses von uns fordern?

4. Der Koran und auch andere Offenbarungsschriften Gottes betonen, dass (aufrichtig bereute) Sünden vergeben werden. Eine Lehre, der zufolge die Seele unzählige Zyklen durchlaufen muss, um Vergebung zu

erlangen, wäre also nicht mehr als ein unnötiges und beschwerliches Hilfsmittel. Die Vorstellungen von Barmherzigkeit und Vergebung passen da doch viel besser zu Gott, dem Wohltätigen, Barmherzigen Schöpfer.

Im Islam gibt es keine Sünde, die Gott nicht, wenn Er es für richtig hält, vergeben kann. Gott, der Allmächtige, offenbart und verspricht im Koran, dass Er denen vergeben wird, die bereuen, was sie falsch gemacht haben, und sich aufrichtig bemühen, es nicht wieder zu tun. Insofern schaut Gott also nicht darauf, wie groß oder klein unsere Sünden sind, oder wann wir sie bereuen. Es ist folglich durchaus möglich, dass auch einem Sünder, der Gott sein ganzes Leben lang den Gehorsam versagt und sich gegen Ihn aufgelehnt hat, von Gott verziehen wird, wenn er in einem einzigen Akt beweist, dass er absolut aufrichtig bereut und vollständig verstanden hat, was es mit dem Dienst und der Abhängigkeit von Gott auf sich hat. (Allerdings kennt ja niemand seine Zukunft, und niemand weiß, wann seine letzte Stunde schlagen wird - wie unklug wäre es also, die Reue aufzuschieben!)

5. Lange und ermüdende Zyklen der Wiedergeburt sind mit der Barmherzigkeit, Gunst, Gnade und Vergebung Gottes, des Barmherzigen, unvereinbar. Wenn Er es für angebracht hält, nimmt Er einfache, wertlose und minderwertige Dinge und macht daraus die reinsten, besten und wertvollsten. Seine Gunstbeweise und Seine Großzügigkeit sind in der Tat unendlich groß.

6. Unter den Anhängern der Propheten waren sehr viele, die ein lasterhaftes Leben geführt hatten, dann jedoch nach einer schnellen Läuterung für spätere Generationen zu verehrten Vorbildern an Rechtschaffenheit wurden. Nachdem sie den Propheten kennen gelernt und die Botschaft Gottes angenommen hatten, übertrafen einige von ihnen sogar die ersten Anhänger des Propheten und wurden deshalb noch mehr verehrt als jene. Dies deutet darauf hin, dass man durch die Gnade Gottes leicht und schnell zum Gipfel gelangen kann, selbst wenn man vorher zu jenen gehörte, denen offensichtlich der Abgrund der Hölle vorbehalten war. Weiterhin zeigt es, wie überflüssig eine Lehre ist, die besagt, dass die Seelen die höheren Ebenen des Seins durchlaufen: Möglicherweise bringt diese Lehre sogar den

Effekt mit sich, dass sie den Menschen den Anreiz nimmt, sich auf moralischer Ebene zu bemühen.

7. Der Glaube daran, dass Gott, der Allmächtige, für jedes Individuum eine eigene individuelle Seele erschaffen hat, ist Teil des Glaubens an Seine Allmacht. Der Glaube daran, dass eine begrenzte Anzahl von Seelen von einem Körper zum anderen wandert, impliziert hingegen die Schlussfolgerung, dass der Allmächtige gar nicht allmächtig ist. Die schiere Fülle des Lebens, seine unbegrenzte Vielfalt und seine Ablehnung bloßer Wiederholung der Form tritt überall deutlich hervor: Gott ist in der Tat allmächtig. Ca. 6 Milliarden Menschen leben auf der Erde. Erst vor relativ kurzer Zeit haben wir gelernt, wie wir beweisen können, dass jedes Individuum absolut einzigartig ist - eine Vorstellung, die in vielen Koranversen betont wird -, indem wir nämlich Fingerabdrücke oder Gencodes vergleichen. Kein Gencode und kein Fingerabdruck eines Individuums ist mit dem eines anderen identisch. Dieses Faktum ist so zuverlässig, dass es dazu beiträgt, Kriminelle zu identifizieren. Ein weiteres Beispiel: Ein deutscher Professor hat vor dreißig Jahren die Beobachtung gemacht, dass von Millionen von Schneeflocken, die er analysiert hat, keine zwei im Aussehen absolut übereinstimmen. Wie viele Schneeflocken in einer Jahreszeit an einem Berghang fallen bzw. wie viele Schneeflocken überhaupt jemals gefallen sind, übersteigt unser Vorstellungsvermögen bei weitem. Hieraus wird deutlich, dass der Allmächtige sehr wohl eine unbegrenzte Anzahl individueller Seelen erschaffen und sie mit einer unbegrenzten Zahl von Körpern versehen kann.

8. Wenn doch insgesamt etwa 6 Milliarden Menschen auf der Erde leben, sollten dann nicht einige von ihnen zumindest wenige Anhaltspunkte oder Zeichen an sich gehabt haben - Beweise bzw. etwas ähnlich Überzeugendes -, die von ihren Erinnerungen, Abenteuern und Erfahrungen in den unterschiedlichen Formen und Körpern künden? Müssten nicht zumindest einige von jenen, die schon mehrere Male in diese Welt gekommen sind oder ihre Zyklen sogar bereits beendet haben, über einen reichen Schatz an Wissen, Erfahrung und Kultur verfügen? Wenn wir dies nur für einen von einer Million Menschen für möglich halten, wäre es dann nicht auch wahrscheinlich,

dass heute eine große Anzahl von Menschen leben, die sich durch außergewöhnliche Rechtschaffenheit und Kompetenz auszeichnen? Würden wir dann nicht einigen von ihnen auch in unseren eigenen Ländern begegnen? Wo also sind sie?

9. Sollte man nicht erwarten können, dass die Seele dann, wenn ein Körper (sagen wir mit drei oder vier Jahren) das Alter erster physischer Reife erreicht hat, mit allen Errungenschaften und Leistungen früherer Leben zum Vorschein kommt? Könnten wir dann nicht davon ausgehen, dass es viele Wunderkinder gibt? In der aufgezeichneten Geschichte hat es zwar einige solcher Wunderkinder gegeben, aber ihre besonderen Gaben waren nicht zwangsläufig die Resultate vieler bereits geführter Leben. Sie können auch als besondere Kombination genetischer Eigenschaften gedeutet werden, die erstens zu einer bestimmten Zeit an bestimmten Orten auftraten und Gottes Gnade und Gunst zuzuschreiben sind, und zweitens von außerordentlichen Anstrengungen des Individuums begleitet waren, seine Gabe in der Tradition und im Zusammenhang, in der sie steht, zu verstehen.

10. Bei keiner anderen belebten oder unbelebten Daseinsform wurde jemals eine typisch menschliche Fähigkeit entdeckt. Das aber sollten wir doch eigentlich erwarten dürfen, wenn auch nur ein Fünkchen Wahrheit in der Lehre der Reinkarnation läge. Wenn eine niedere Lebensform sozusagen die Konsequenz (Strafe) für bestimmte schlechte Taten in einem früheren Leben darstellen soll, dann müsste doch eigentlich auch das (vom Bösen überlagerte) Gute aus diesem Leben weitergereicht werden. Mit anderen Worten: Bestimmte Merkmale des früheren Lebens des Individuums sollten auch Bestandteil dessen nächsten Lebens sein. Doch dann müssten wir wiederum davon ausgehen, dass die Grenzen bestimmter Formen ständig gesprengt werden - so müssten zum Beispiel Pflanzen über Eigenschaften verfügen, die im Zusammenhang mit dem Tierleben stehen, obwohl man diese doch nie bei ihnen festgestellt hat. Aber bei aller Barmherzigkeit Gottes! Weder Zoologie noch Botanik haben, trotz ihrer vielen gern gesehenen Fortschritte in jüngster Zeit, jemals solche Monster entdeckt!

11. Wenn die Taten in einem vergangenen Leben darüber entscheiden, ob man als Mensch oder Tier geboren wird, was existierte dann zu-

erst: Mensch oder Tier, das Höhere oder das Niedere? Die Befürworter dieser Lehre sind sich nicht darüber einig, wie das erste Lebewesen ausgesehen haben mag, denn jede Generation kündet ja insofern von ihrer Vorgängergeneration, als dass die Nachfolgegeneration als Konsequenz ihrer Vorgängergeneration zu betrachten ist. Und wenn das physische Leben ein Übel ist - wovon manche, die an die Reinkarnation glauben, ausgehen -, warum hat das Ganze dann überhaupt angefangen? Warum ist das Leben dann überhaupt entstanden? Die Lehre der Reinkarnation führt eindeutig immer wieder ins Absurde.

INDEX

A

Abd al-Qadir al-Dschilani, 206
Aberglaube, 101
Abessinien, 130, 141, 142, 147, 210
Abrahams, 122
Abschieds-Pilgerfahrt, 174
Abu Bakr, 8, 50, 53, 140, 141, 148, 209, 210, 215, 218
Abu Dharr, 5, 51
Abu Dschahl, 209
Abu Sufyan, 142
Adab, 50, 188, 217
Adam, 38, 50, 122, 201, 207
Adonis, 116
Afrika, 48
Aischa, 24, 140, 141, 144, 148, 215, 216, 219
Al-Aqsa Moschee, 50, 229
Alexander, 129, 223
Ali, 205, 214, 217, 238
Amerika, 172
Anatolien, 122
Anthropologie, xiii, 118
Arche Noahs, 172
Aschariten, 119
Astronomie, 85, 107
Astrophysik, 107
Atheismus, vii, 102, 120, 193, 194, 196, 199
Atom, 114
Ausbeutung, viii, 48, 49, 109, 223, 225

B

Babylon, 122
Badr, 69
Balance, 97, 127
Banu Makhzum, 139
Banu Mustaliq, 145, 146
Bilal, 50, 130
Biologie, xi, 85, 107
Bir'a ibn Malik, 160
Brahma, 116, 237, 238
Buddha, 116, 123
Buddhismus, 117, 237
Bukhari, 9, 18, 24, 37, 50, 128, 131, 144, 160, 182, 184, 188, 204, 209, 210, 214, 215, 217

C

Cäsaren, 129
Chemie, xi, 85, 107, 195
China, 116, 133
Chosroes, 130, 132
Christen, 62, 71, 116, 122, 142, 227, 229
Christentum, 116, 117, 123, 137, 142, 232, 236, 238

D

Dalala, 153, 155
Damaskus, 131, 227
Darwins, 195, 196
Dhimma, 131

Din, ix, 32, 34, 36, 41, 42, 44, 78, 187, 189
Dschahiliya, 18, 61, 145
Dschihad, viii, 131, 179, 201, 202, 204, 206, 208, 210, 214, 216, 218, 221
Dschuwairiya bint Harith, 145

E

Einsteins, 97
Embryos, 68, 93, 101
Endometrium, 93
Engels, 102, 183
Ephesos, 122
Europa, 46, 48, 172
Evangelium, 42, 123, 203
Evolutionstheorie, 195, 196

F

Fard, 188, 189
Faschismus, 109
Fasten, 43, 127, 178, 183, 185
Faust, 198
Feudalismus, 45
Fiqh, 56, 138
Fötus, 108
Frau des Pharao, 126
Freier Wille, 169
Führung, 32, 85

G

Gabriel, 34, 79, 91, 144
Galaxie, 96
Ganges, 31, 116
Gebet, 24, 27, 35, 38, 43, 186, 209, 214, 216, 218, 220, 229
Gefährten, 5, 19, 34, 68, 91, 124, 131, 147, 174, 184, 204, 210, 212, 214, 216, 218, 223, 224
Gerechtigkeit, x, 36, 51, 84, 118, 125, 179, 206, 227, 239
Ghazi, 213
Glückseligkeit, x, 18, 27, 172, 203, 207, 239
Gomorrha, vii, 122, 171

H

Hadith, vii, 18, 24, 51, 87, 104, 116, 124, 126, 131, 140, 159, 174, 184, 187, 188, 204
Hadsch, 43, 173
Hafsa, 147, 148, 218
Hanbal, 5, 18, 50, 87, 116, 121, 132, 146, 173, 184, 214
Harun ar-Raschid, 49
Haschemiten, 139
Himmel, 5, 14, 21, 23, 27, 32, 38, 66, 92, 94, 96, 97, 108, 124, 133, 157, 211, 216, 234, 235
Hinduismus, 237, 238
Hitler, 129
Hölle, 32, 36, 129, 179, 180, 220, 235, 240
Hubble, 96
Hud, 133, 173
Hudaibiya, 203

I

Ibn Abbas, 99
Ibn al-Masud, 215
Ibrahim Haqqi, 5
Ifsad, 189
Ilhad, vii, 193
Imam Maliks, 54
Imam Maturidi, 119
Imam Schafi'i, 185
Iman, 5, 18, 50, 78, 104, 105, 157, 189, 191, 204
Imperialismus, 225, 226

Inkarnation, 238
Intellekt, 87
Intuition, 83, 87, 88
Irak, 125, 130

J

Jerusalem, 50
Jesus, 116, 122, 173, 236, 238
Judentum, 123, 137, 232, 238
Jupiters, 123

K

Kaaba, 203, 204, 208, 209
Kabbalisten, 232, 238
Kalam, 6
Kant, 105
Kapitalismus, 45, 109
Karama, 190
Khadidscha, 24, 136, 139, 143, 148
Khaibar, 146
Kirche, xiii, 46, 227, 229, 238
Kirkuk, 125
Kommunismus, 45, 109
Konfuzius, 116, 117, 123
Konstantinopel, 132
Koran, vi, vii, 5, 27, 36, 41, 42, 43, 49, 52, 53, 61, 62, 63, 64, 65, 66, 67, 68, 69, 70, 71, 72, 73, 74, 75, 76, 77, 78, 79, 80, 82, 85, 87, 89, 90, 91, 93, 94, 95, 96, 97, 98, 99, 100, 101, 102, 103, 104, 105, 107, 108, 109, 110, 115, 116, 117, 118, 119, 121, 122, 123, 124, 125, 126, 132, 133, 137, 138, 140, 153, 154, 157, 158, 171, 173, 191, 201, 202, 203, 205, 206, 207, 208, 209, 210, 212, 214, 215
Krischna, 237
Kufr, 117, 142, 160

L

Lenin, 102
Liberalismus, 109
Lincoln, 56
Lot, 122, 133, 171, 172, 234
Lyra, 95

M

Makrokosmos, 92, 126, 165
Maria, 122, 123, 126, 131
Marokko, 133
Märtyrer, 223, 224
Marx, 102, 183
Masdschid al-Haram, 68
Materialismus, 86, 102, 198
Maturidi, 119
Mau-Mau, 124
Medina, 50, 130, 141, 146, 148, 204, 210, 211, 213
Mekka, 23, 79, 130, 203, 210, 228
Mikrokosmos, 92, 165
Milch, 23, 68, 93, 94
Mi'radsch, 27
Mitgefühl, ix, 14, 64, 71, 88, 126, 164, 198, 216
Moses, 122, 209
Mucay, 124
Muhammad, vi, vii, xiii, 4, 5, 8, 18, 23, 24, 27, 33, 37, 38, 51, 61, 62, 63, 67, 74, 76, 78, 79, 80, 84, 122, 128, 129, 130, 132, 133, 134, 135, 136, 137, 138, 139, 140, 143, 144, 146, 147, 148, 172, 173, 174, 184, 187, 188, 202, 205, 206, 207, 209, 216, 221
Murschid, 23
Muslim, 5, 18, 26, 34, 37, 50, 55, 57, 85, 116, 144, 149, 160, 173,

174, 179, 182, 204, 209, 210, 216, 217, 224
Mustahabb, 188
Muzdalifa, 174
Mystiker, 187

N

Nafi, 54
Nafs, 25, 161, 188, 204
Napoleon, 129, 223
Newtons, 97
Neyam-Neyam, 124
Nicäa, 123
Nil, 31, 237
Niobe, 233, 234
Nirwana, 237

O

Offenbarung, vi, 6, 7, 24, 25, 33, 42, 61, 63, 66, 74, 76, 79, 87, 91, 92, 96, 102, 108, 115, 116, 119, 126, 132, 133, 144, 145, 149, 205, 219
Olymp, 116
Oparin, 195
Orientalisten, 61, 69
Ovid, 232

P

Palästina, 225, 229
Paradies, xiii, 18, 39, 179, 180, 203, 217, 220
Parametrium, 93
Persien, 130, 161
Phänomene, 16, 31, 91, 107, 118, 232
Philosophie, 118
Physik, xi, 85, 96, 107
Plato, 123
Polytheismus, 120, 237
Prophetentum, 41, 206, 208
Psychologie, 71, 109
Pythagoras, 234, 235

R

Ramadan, 79
Reinkarnation, 232, 234, 236, 239, 242, 243
Religion, v, vi, x, 23, 31, 32, 33, 34, 37, 38, 39, 47, 52, 68, 71, 73, 78, 102, 103, 104, 117, 119, 120, 123, 132, 137, 138, 142, 155, 156, 183, 184, 185, 187, 188, 193, 194, 210, 219, 228, 235, 236, 237
Rida, 188
Römer, 68, 116

S

Saduddin Taftazani, 157
Safiya, 146, 147
Salih, 133, 172
Salman, 130
Satan, 180, 181, 198
Sauda bint Zam'a, 147
Säugetiere, 68, 108
Schafi'i, 185
Schahid, 213
Schamanismus, 117
Schuaib, 122, 133
Sklaverei, vi, 47, 49, 53, 57, 146
Sodom, vii, 122, 171
Sokrates, 123, 124
Sonnensystem, 95
Sozialismus, 45
Soziologie, 75, 109
Sufis, ix, 6, 92, 232, 238
Suhaib, 130
Sunna, vii, 54, 63, 137, 187, 191, 205, 221

Suraqa, 130
Syrien, 122

T

Tafsir, 5, 50, 138, 209, 216, 239
Tag des Jüngsten Gerichts, 38, 168, 202, 205
Tahtawis, 185
Tanasukh, viii, 231
Tasawwuf, 15
Tawus ibn Qaisan, 54
Thauban, 217
Thomas von Aquin, 236
Transzendenz, 63, 64, 238

U

Ubada ibn Samit, 130
Umar ibn Abd al-Aziz, 53
Umar ibn al-Khattab, 24, 147
Umayyaden, 143
Umm Habiba, 139, 142, 143
Umm Haram bint Milhan, 130
Umm Kulthum, 217, 218
Umm Salama, 140, 141
Umma, vii, 74, 130, 132, 135, 138, 148, 172, 174, 187
Unabhängigkeit, 83, 196
Ursache und Wirkung, 9, 10, 155, 158, 169
Uterus, 93, 108
Uthman ibn Affan, 203

V

Veden, 237
Venus, 123
Vischnu, 237

W

Wadschib, 188, 189
Weisheit, vi, 17, 27, 73, 74, 78, 80, 82, 84, 86, 90, 92, 108, 109, 115, 144, 146, 164, 205, 236
Weltraum, 95
Wissenschaft, vi, x, 66, 67, 81, 82, 83, 84, 85, 86, 89, 90, 91, 92, 97, 99, 101, 102, 103, 104, 165, 166, 195, 206, 226
Wudu, 25, 37, 43, 216
Wunder, 69, 71, 76, 92, 95, 190

Z

Zaid ibn Amr, 24
Zaid ibn Harith, 51, 55
Zainab bint Dschahsch, 139, 143
Zakat, 43
Zivilisation, x, 54, 70, 85, 118, 124, 172, 199, 227
Zukunft, xi, 16, 57, 64, 71, 72, 74, 77, 84, 91, 92, 96, 107, 165, 170, 179, 183, 189, 197, 199, 206, 226, 240
Zypern, 131